U0559974

周易家居環境與人生

李計忠解《周易》系列

易界名家 独门首传

李计忠 著

團结出版社

© 团结出版社，2010 年

图书在版编目（C I P）数据

周易家居环境与人生 / 李计忠著 . -- 北京 : 团结出版社 , 2010.7（2024.12 重印）
（李计忠解周易系列）
ISBN 978-7-80214-377-7

Ⅰ . ①周… Ⅱ . ①李… Ⅲ . ①周易 - 关系 - 住宅 - 居住环境 - 研究 Ⅳ . ① B221.5 ② TU241

中国版本图书馆 CIP 数据核字 (2010) 第 134752 号号

责任编辑：孟丹婷
封面设计：阳洪燕

出　版：团结出版社
（北京市东城区东皇城根南街 84 号　邮编：100006）
电　话：（010）65228880　65244790（出版社）
（010）65238766　85113874　65133603（发行部）
（010）65133603（邮购）
网　址：http://www.tjpress.com
E-mail：zb65244790@vip.163.com
tjcbsfxb@163.com（发行部邮购）
经　销：全国新华书店
印　装：三河市东方印刷有限公司

开　本：170mm × 230mm　16 开
印　张：18　　字　数：228 千字
版　次：2010 年 7 月　第 1 版　　印　次：2024 年 12 月　第 3 次印刷

书　号：978-7-80214-377-7
定　价：49.00 元
（版权所属，盗版必究）

自序

自伏羲画卦、文王演易以来,《易经》就被看成经典中的经典,哲学中的哲学,智慧中的智慧。道学专家萧天石先生曾说:《易经》“由无入有,由简入繁,由无极而太极、而阴阳、而四象、而八卦、而六十四卦、三百八十四爻,以至于无穷之象,无穷之数,无穷之变,无穷之理,均可推而得之,籍而用之。由一本而万殊,由万殊而复归一本;本一而无穷”(萧天石:《道德经圣解》)。不仅如此,《易》还是中华民族几千年文明的根源,为诸子百家之所祖。对中国文化影响最大的儒道两家,其中心思想无不以易为体,仅法易有别而已。儒法乾,道法坤。易之要在乾坤,以乾坤为门户。《系辞上传》曰:“乾坤其易之门邪。乾,阳物也;坤,阴物也。阴阳合德,而刚柔有体。以体天地之撰,以通神明之德;其称名也,杂而不越,于稽其类,其衰世之意邪?”儒法乾,乾为纯阳之卦,法乾之“天行健”,而主“自强不息”,主先、主动、主上、主刚、主强、主进取,主张积极作为,是入世之学;道法坤,坤为纯阴之卦,法坤之“地势坤”,而主“厚德载物”,主后、主静、主下、主柔、主弱、主顺应,主张消极无为,功成身退,为出世之学。也就是说,儒家学说以周易中的第一卦乾卦为自己的逻辑起点,立论乾卦刚健特性,以此推演出自己对人生、社会、国家以至于万事万物的看法;而道家学说以坤卦为自己的逻辑起点，立论坤卦厚德品性，以此推演出对人生、社会、国家以至于万事万物的看法。然乾阳极而阴生，泰极而否至，物不可极，极则必反；坤阴极而阳生，无为而无所不为。儒道虽立论不同，然异曲而同工。“两家思想之所以相反而又能终相合者，不穷通乎《易》，便无以得其几微矣”（萧天石:《道德经圣解》）。及至现代，中国科学教育最权威高校之一——清华大学的校训“自强不息”、“厚德载物”也出自《周易》乾坤两卦卦辞，即“天行健，君子以自强不息”（乾卦），“地势坤，君子以厚德载物”（坤卦）。意谓：天（即自然）的运动刚强劲健，相应于此，君子应刚毅坚卓，奋发图强；大地的气势厚实和顺，君子应增厚美德，容载万物。“自强不息，厚德载物”精辟地概括了中国文化对人与自然、人与社会、人与人的关系的深刻认识与辩证的处理方法。中华民族历经几千年时间的考验和兴衰变化，而一直能稳固地凝聚在一起，并保持一个伟大民族的生机与活力，是同这种深刻认识分不开的。事实上，“自强不息，厚德载物”已构成中华民族的民族精神与民族性格的重要表征。（徐葆耕:《关于校训的解释》）。由此可见,《易经》对中华文化影响之巨大、之深远！

古有三《易》，曰“连山易”、曰“归藏易”、曰“周易”。连山易属神农（也有认为属伏羲），归藏易属黄帝，周易属周。前二易已失传，独周易仅存，经孔子等人发扬光大而更加流光溢彩。周易是一部集理、象、数为一体的特殊的哲学专著。虽“《易》本为卜著而作”（《朱子语类》），其中却包含了深邃的哲学思想，其卦形、卦爻辞无不渗透着深刻的哲学道理，经孔子（孔子对周易的哲学提升主要见诸“十翼”，即《彖上传》《彖下传》《象上传》《象下传》《系辞上传》《系辞下传》《文言传》《序卦传》《说卦传》

《杂卦传》）、王弼、朱熹、程颐等人的发展，已上升为体系完整的哲学著作，由此产生了专以阐释周易哲学大义为主要内容的“易理派”。而周易之要在理、象、数，其奇特之处、运用之妙几尽在其象数。离开象数，周易也就不再是周易，而仅仅是一部普通的哲学著作了。因此，只有“易理”、“象数”相互掺用、才能辨明周易大旨。南怀瑾先生也曾说：“理、象、数通了，就能知变、通、达，万事前知了”（南怀瑾：《易经杂说》）。就易理而言，可以说，各有各的理，正理只有一条，歪理可有千条（南怀瑾语，见《易经杂说》）。正如《系辞传》所说，“仁者见之谓之仁，知（智）者见之谓之知（智）。”然而周易的象数，却是科学，科学只有真理与谬误之分。

周易的魅力在于其蕴涵的深刻哲理性，周易的哲理性又依附在卦画的无穷变化上，而卦画的变化又是基于数的严密推演。因此，作为一部博大精深的哲学著作，周易中还包含着其他哲学著作没有的以象、数为基本要素的特殊逻辑推演体系。《系辞上传》中就有专门阐释“大衍之数”的内容。辞曰：“大衍之数五十，其用四十有九。分而为二以象两，挂一以象三，揲之以四以象四时，归奇于扐以象闰，五岁再闰，故再扐而后挂。天一地二，天三地四，天五地六，天七地八，天九地十。天数五，地数五，五位相得而各有合。天数二十有五，地数三十，凡天地之数，五十有五，此所以成变化而行鬼神也。”这是对周易蓍筮推演程序的介绍，但具体如何断卦，则没有说明。其实，古今易学专家皆精于象数和筮法。孔子及其周易传人梁丘贺、丁将军、孟喜以及西汉的焦延寿、京房等，都是以善占而名流史册。仅以孔子为例，孔子晚年酷爱周易，常爱不释手，读《易》韦编三绝，还说“假我数年，若是，我于《易》则彬彬矣。”也就是说，再给几年时间，就能够把周易融会贯通了。不仅如此，孔子还常常自筮。《孔子家语·好生》中就记载孔子自筮情况。原文如下：

孔子常自筮，其卦得贲焉，愀然有不平之状。子张进曰："师闻卜者得贲卦，吉也，而夫子之色有不平，何也？"孔子对曰："以其离耶！在周易，山下有火谓之贲，非正色之卦也。"

意思是孔子常常自己占卦。有一次占得贲卦，脸色变得很难看，显示出不高兴的样子。孔子的弟子子张，走上前来问道："我听说占卜得贲卦，十分吉利。老师，您的脸色为什么显得不高兴呢？"孔子回答说："因为它偏离我意。在《周易》上，山下有火叫贲卦，不是正色的卦。"贲卦，内离外艮，《彖·贲》曰："文明以止"，也就是说内离明而外艮止。孔子本打算行道于天下，没有遇见乾龙等卦而得到贲卦，止以《诗》《书》，所以不高兴。这一案例说明，孔子晚年学易以后非常看重占卦。

周易象数及占卦方法随着历史的发展而不断丰富完善，并派生出了门类繁多、异彩纷呈的各种流派，诸如八卦六爻、四柱命理、梅花易数、奇门遁甲、大六壬、小六壬、紫微斗数、铁板神数、手相、面相等。这些流派虽各具特色，各有自己的逻辑体系和预测技法，其皆根源于周易八卦。近代易学专家尚秉和先生曾总结不同历史阶段周易占卦方法的区别，说："盖《易》之用代有阐明，而其别有三：伏羲以来察象，周用辞而兼重象，至西汉乃推本辞象而益以五行。五行明而筮道乃大备矣。是以汉之焦、京，魏晋之管、郭，唐之李淳风，宋之邵尧夫，其筮法之神奇，有非春秋太史所能望见者。则以春秋太史局于辞象，后之人能兼用五行也"（尚秉和：《周易古筮考自叙》）。也就是说，伏羲时期，占卦主要看卦象，以卦象推吉凶；周朝时期，虽也兼用卦象，但已重视根据卦爻辞判断吉凶；到西汉时期，已经把八卦和五行配合起来，按照一定的逻辑关系进行推演预测。所以，才出现西汉焦延寿、京房，魏晋管辂、郭璞，唐朝李淳风，宋朝邵尧夫等人的神奇占筮技法。这些技法是春秋时期专管占筮的太史们所无法企及的。

记得恩师曹宝件先生曾对我说："要想进入易学的殿堂，八卦是必修课。只有学好了八卦，才能起卦断事，明辨吉凶祸福。"还指出："学好手面相，可以识人面而知人心，又是为人排忧解难最快捷、最方便的门径；四柱命理易学难精，但必须要掌握，因为四柱和八卦是打开一切术数大门的两把钥匙，要为人解灾就离不开事主的四柱八字；奇门三式可学可不学，但要成为易学专家，至少要弄懂奇门遁甲术。易学专家的必精之术是地理风水，但要切记，十年之内不可研习风水之术，必须待到有一定生活阅历后，才可以深研风水，而且必须在研读十年风水之后，把玄空、三合、八宅等几个大门派的风水技法综合掌握，才能进行独立操作。因为风水术不同于其他术数，应用其他术数稍有误差只是误事，而应用风水术出了差错会损人家性命，甚至会损害人家的子孙后代。切记！"从此以后，我一直沿着恩师指导的这条道路往前走。如今，已过知天命之年的我，深感周易八卦之精妙，习之愈深，愈感其"洁静精微"，妙不可言、神不可言。

在长期的断卦实践和总结前人的基础上，我首创了"一卦多断"独门技法，并创新发展了"八卦断风水"、"八卦配十二宫"、"大小限断流年"、"三飞"、"一卦断终生"等技法，以化煞、解灾、调理、改运等方法为人化解灾难，常有奇妙效果。断卦和化解灾难的实践使我深信周易八卦的科学价值。然而，易学知识博大精深、易学典籍浩如烟海，使人如站在易学殿堂之外，遥望宫殿的锦楼翠阁而望洋兴叹。

长期以来，我希望把自己几十年来学习积累的这些宝贵的周易八卦断卦技法公之于众，献给社会，造福于百姓，使中华民族易道发扬光大。2010 年 1 月，我出版了《周易·一卦多断入门》《周易·一卦多断点窍》《周易·一卦多断精解》《周易与家居环境》四部著作，深受广大读者的喜爱，在 4 个月内销售一空，5 月份又再次印刷。

之后，我又整理撰写了《周易·家居环境入门》《周易·家居与人生》《周易·家居与调理》《周易·环境与建筑》《周易·八卦与阵法》《周易·八卦健康案例精典》《周易·八卦案例通解》《周易·玄空大卦例解》等八部易学著作，以飨读者。这些书以周易八卦为理论基础，结合现代社会现实情况进行创新，源于古法而不拘于古法；在学理分析上，力求由浅入深、层层剖析、循序渐进、通俗易懂。

当然，周易之用，圆融活泼、运舞无休，由于本人才学有限、时间仓促，在撰写过程中难免有错漏之处，欢迎广大读者批评指正。

李计忠

庚寅年壬午月于海口

目录

第一章　风水学基础知识

第一节　阴阳学说基础知识

在古代，我国劳动人民通过对各种事物与现象的观察，把宇宙万物万象分为阴阳两大类，建立了朴素的唯物论和辩证论，这种唯物论与辩证论的哲学思想体系称为阴阳学说。阴阳学说认为，一切事物的形成、变化和发展，都是由于阴阳二气的运动而引起的。它总结出来的自然界阴阳变化的规律，与对立统一的哲学思想是一致的。阴阳学说是一种朴素的唯物论和辨证法思想，是我国自然科学的唯物主义世界观的理论基础。阴阳学说分为阴阳基本概念、阴阳对立、阴阳互根、阴阳消长、阴阳转化等内容。

一、阴阳的基本概念

阴阳是对自然界相互联系的某些事物和现象对立双方的概括，既可以代表两个相互对立的事物，也可以代表同一事物内部存在的相互对立的两个方面。阴阳二气的变化，构成了一切事物，并推动了事物的发展。

《素问·阴阳应象大论》说："阴阳者，天地之道也，万物之纲纪，变化之父母，生杀之本始，神明之府也。"由此而知，阴阳学说是把世界本身看成是阴阳二气对立统一的结果，认为宇宙间一切事物都包含着阴阳相互对立的两个方面，如白昼与黑夜，晴天与阴天，炎热与寒冷。

把自然界里一切事物对立着双方概括为阴阳，并不是局限于某一特定的事物。一般地说，凡是活动的、外在的、上升的、明亮的、温热的、兴奋的、机能亢进的事物，都归属于阳的范畴；凡是静止的、下降的、晦暗的、寒冷的、抑制的、机能减退的事物，都属于阴的范畴。比如，以天地而论，则天为阳，地为阴；以水火而论，则火为阳，水为阴；以动静而论，则动者为阳，静者为阴；以物质的运动变化而论，则阳化气，阴成形。这就是阴阳的基本属性。

二、阴阳的对立关系

阴阳学说认为，自然界一切事物或现象都存在相互对立的阴阳两个方面，如上与下、左与右、天与地、高与低、升与降、明与暗、昼与夜、寒与热、水与火等等。

《素问·阴阳应象大论》记载："阴胜则阳病，阳胜则阴病"，说明了阴阳的胜负与失调，都会导致疾病的发生。阴阳二气的相互对立，主要表现在它们之间的相互制约与相互消长，在宇宙的正常运动状态下，阴阳两个对立面不是毫不相干、平静地处于一个统一体中的，而是在不断地相互排斥、相互斗争的过程中推动着宇宙的变迁。

三、阴阳的互根关系

阴阳之间的互根关系就是指阴阳二气的相互依赖的关系，两者既对立又统一，任何一方都不能脱离另一方而单独存在，一方的存在是以另一方的存在做为前提条件。例如，上与下，上为阳，下为阴，没有上就没有下，没有下亦没有上。左与右，左为阳，右为阴，没有左就没有右，没有右也就不会有左。可见，阳依存于阴，阴依存于阳，一方的存在都以另一方的存在为前提条件。《素问·阴阳应象大论》记载："阴在内，阳之守也；阳在外，阴之使也。"就充分地说明阴阳二气间的既对立又统一的辩证关系。

虽然，阴阳二气之间存在着相互依存的关系，一方不能脱离另一方而单独存在，但是由于某种原因，也会使阴阳双方的这种相互作用，相互依存的关系遭到破坏，导致“孤阴”、“独阳”现象的发生，出现“阴阳离诀，精气乃绝”的特殊情况。

四、阴阳消长的辩证关系

阴阳消长是指事物相互对立、相互依存的两个方面，不是处于静止不变的状态，而处于不断的运动和变化之中，这种运动变化的形式是以“阳消阴长”与“阴消阳长”的形式进行的。阴阳两个对立的方面，只有始终处在彼消此长、此进彼退的动态平衡之中，才能保持事物的正常发展变化。如白昼为阳，黑夜为阴；热为阳，冷为阴。由白天变黑夜，由黑夜变白天，就是天气由热变冷、由冷变热的阳消阴长、阴消阳长的事物变化发展的过程。如果这种变化出现了反常，也就是阴阳消长的异常反应。

五、阴阳转化的辩证关系

事物的阴阳属性不是绝对的，而是相对的。阴阳的相对性有两个方面的内容，一方面表现了在一定的条件下，阴阳两个方面可以互相转化，阴可以转化为阳，阳可以转为阴；另一方面体现了事物阴阳有无限的可分性，即阴阳之中的各方还可以再分阴阳。例如，昼为阳，夜为阴，昼的上午为阳中之阳，下午为阳中之阴；夜的前半夜为阴中之阴，后半夜为阴中之阳。因此，自然界中的任何事物都可以概括为阴阳两大类，任何事物的内部又都可以分为阴阳两个方面，每一事物中的阴或阳还都可以再分阴阳的，以致无穷。

阴阳对立的双方，在一定条件下，可以各自其相反的方向转化，阴可以转化为阳，阳可以转化为阴。《素问·阴阳应象大论》记载的“重阴必阳，重阳必阴”、“寒极生热，热极生寒”、“乐极生悲”，说明了阴阳相互转化的辩证关系，这种转化也就是《易经》爻象“阳动变阴，阴动变阳”的阴阳相互转化，都是指阴重可以转化为阳，阳重可以转化为阴。正如，寒极时便有可能向热的方面转化，热极时便可能向寒的方向转化。

总而言之，阴阳学说是中国古代劳动人民在改造自然界的实践中，总结认识而形成的宇宙观与认识论，是中国古代的唯物论和辩证法。阴阳学说始终贯穿《易经》中八卦卦象的阴阳标志，要想解读阴阳学说，必须做到真正领悟《易经》卦象阴阳动静的本质含义。卦象中的符号“—”表示阳，“--”表示阴，这就是易经八卦中的阴阳标志。阴阳学说具有朴素的辩证法色彩，是先哲们认识世界的比较正确的思维方式。风水理论认为，人是由阴阳二气派生出来的，因此人要适从于阴阳，不得违背阴阳，顺之者昌，逆之者亡。如风水理论认为，住宅朝南，为朝阳，为吉宅；住宅朝北，为朝阴，为凶宅。俗语曰：“大门朝南，子孙不寒；大门朝北，子孙受罪。”

第二节　五行学说基础知识

五行学说是我国古代劳动人民独创的、具有朴素的唯物辩证法的思维方式，它贯穿于古代思维现象的各个领域，是中国古代的唯物主义哲学思想。五行学说认为，宇宙中的一切事物，都是由金、水、木、火、土五种最基本的物质元素构成的，自然界中各种事物的运动、变化和发展，都是这五种物质元素不断运动和相互作用的结果。

一、事物五行的特性

五行的特性就是古人在长期的生活和生产实践中，采用取象比类的方法，把需要说明的事物或现象，朴素地分为金、水、木、火、土五类，将具有相似属性的事物归于同一五行之中，并在五行属性认识的基础上，进行抽象概括而形成的理论概念，用以分析各种事物的五行属性和研究事物之间相互联系及变化的基本法则。

木的特性：古人称“木曰曲直”。“曲直”是指树木的生长形态，即是枝干曲直，向上、向外或周围舒展的情况。引申为，具有生长、升发、条达、舒展的特性的事物均归属木。如园林行业五行属木。

火的特性：古人称“火曰炎上”。“炎上”是指火具有温热、上升的特性。引申为具有燥热、升腾特性的事物均归属于火。

土的特性：古人称“土爰稼穑”。“稼穑”是指土有插种和收获农作物的作用。引申为，具有生化、承载、受纳作用的事情均归属于土，故有“土载四行”、“万物土中生，万物土中灭”和“土为万物之母”的说法。如桥梁和房地产行业的五行属土。

金的特性：古人称“金曰从革”。“从革”是指变革的意思。引申为，具有清洁、肃降、收敛等作用的事物均归属于金。如机械业的五行属金。

水的特性：古人称“水曰润下”。“润下”是指水具有滋润和向下的特性。引申为，具有寒凉、滋润、向下运行特征的事物均归属于水。如水产养殖行业的五行属水。

二、事物五行的归属和推演方法

事物五行属性的推演，是将事物的性质和作用来类比金、水、木、火、土五行的本质特性，得出具体事物的五行属性，并不是金、水、木、火、土的五行本身。

例如，事物五行的推演：

若事物的性质与木五行特性相类似，则将该事物的五行归属于木；

若事物的性质与火五行的特性相类似，则将该事物的五行归属于火；

若事物的性质与土五行的特性相类似，则将该事物的五行归属于土；

若事物的性质与金五行的特性相类似，则将该事物的五行归属于金；

若事物的性质与水五行的特性相类似，则将该事物的五行归属于水。

方位五行的推演：由于日出东方，东方与木的升发特性相类似，故东方五行归属于木；

由于南方炎热，南方与火的炎上特性相类似，故南方五行归属于火；

由于日落于西方，西方与金的肃降特性相类似，故西方五行属于金；

由于北方寒冷，北方与水的寒凉润下的特性相类似，故北方的五行归属于水。

人体五脏五行的推演：

由于肝主升发，与木的五行特性相似，故肝脏的五行归属于木；

由于心主温煦，与火的五行特性相似，故心脏的五行归属于火；

由于脾主运化，与土的五行特性相似，故脾脏的五行归属于土；

由于肺主宣降，与金的五行特性相似，故肺脏的五行归属于金；

由于肾主水，与水的五行特性相似，故肾脏的五行归属于水。

除了运用取象类比的方法可以演绎事物的五行属性外，还可以用间接的方法推演事物的五行属性。如，确定人体的肝脏归属于木五行后，因肝主筋和开窍于目，故将筋和目也归属于木五行；心脏归属于火，因心主脉和开窍于舌，故将脉和舌也归属于火五行；脾脏归属于土，因脾主肉和开窍于口，故肉和口也归属于土五行；肺脏归属于金，因肺主皮毛和开窍于鼻，故皮毛和鼻亦归属于金五行；肾脏归属于水，因肾主骨和开窍于耳，故骨和耳亦归属于水五行。

除此以外，五行学说还认为，属于同一五行属性的不同事物，都是彼此相互关联的。如《素问·阴阳应象大论》上记载的“东方生风，风生木，木生酸，酸生肝，肝生筋……”，即说明了东方方位、自然界的风、木、酸味这些物质都与人体的肝脏相关联，因此有人认为五行学说是说明人与自然环境统一的基础理论。

三、事物五行的生、克、制化

五行学说并不是只简单地将事物归属于五行，而是把五行之间的相生、相克紧密地联系起来，探索和阐述事物间的相互联系和相互协调的关系，说明事物复杂的运动、变化与发展的过程，阐释和概括事物联系和变化发展的基本观点。

1. 五行相生

五行相生就是指不同五行的事物之间，一种事物对另一种事物具有促进、助长和滋生的作用。五行之间相生的次序是：木生火、火生土、土生金、金生水、水生木。在五行相生关系中，任何一行都“生我”和“我生”两方面的关系，生我者为父母，我生者为子孙，因此五行之间的相生关系又称为“母子关系”。

2. 五行相克

五行相克就是指不同五行的事物之间，一种事物对另一种事物的生长和功能具有克制、约束的作用。五行之间相克的次序是：木克土、土克水、水克火、火克金、金克木。在五行相克的关系中，任何一行都有“我克”和“克我”两方面的关系，我克者为“妻财”，克我者为“官鬼”。

3. 五行制化

五行制化是指事物之间有相互制约和生化的意思，是把相生、相克联系在一起而言的。在五行相生关系中，有生我和我生两个方面；

在五行相克关系中，有我克和克我两个方面。五行的相生、相克，就象阴阳二气一样，是事物不可分割的两个方面，没有生就没有事物的发生和成长，没有克就不能维持事物在发展和变化中的平衡协调关系。因此，五行的相生相克是不能截然分开的，没有相生就没有相克，没有相克也就没有相生，这种生中有克、克中有生、相辅相成、互相为用的关系，推动并维持着事物正常的生长、变化和发展的全过程。

四、事物五行的亢乘和反侮

据《黄帝内经》记载，事物五行之间的亢乘和反侮，是指五行之间的生、克、制化的平衡协调关系，遭到破坏后出现的不正常的相克现象。

亢乘：事物五行盛极称为亢，是太过之意；以强凌弱称为乘，是强盛欺负弱小之意。五行中的亢乘，是指五行中力量强盛的某一行对被克的另一行克制太过，从而引起一系列的相克的异常反应。引起亢乘的原因有两个方面；一方面是五行中的某一行本身力量过于强盛，对被克制的一行克制太过，促使被克的一行更为虚弱，引起五行之间生克制化的平衡关系发生异常。例如，木过于强盛，则克土太过，造成土的不足，称为“木乘土”；另一方面是五行中的某一行本身虚弱，感到来克的一行力量相对增强，而本身更加衰弱。例如，木本不过于强胜，其克制土的力量处于正常范围，但是由于土本身的力量不足，造成了木克土的力量相对增强，土的力量更加不足，称为“土虚木乘”。五行生多为克的情况。

反侮：五行反侮即是五行反克。五行中的反侮，是指由于五行中的某一行过于强盛，对来克的一行进行反克。例如，木本受金克，但在木特别强盛时，不仅不受金的克制，反而对金进行反克（即反侮），这种情况称为“木侮金”；另一个方面是，由于金本身十分虚弱，不仅不能对木进行克制，反而受到木的反侮，这种情况称为“金虚木侮”。

五行亢乘和反侮，都是属于不正常的相克现象，两者之间是既有区别又有联系的。亢乘与反侮的主要区别是：亢乘是按照五行的相克次序发生过强的克制，引起五行间的生克制化的异常；反侮是与五行相克次序发生相反方向的克制现象，引起五行间的生克制化的异常。亢乘与反侮之间的联系是：在发生亢乘时，也可以同时发生反侮；在发生反侮时，也可以同时发生亢乘。如，木过强时，既可以乘土，又可以侮金；金虚弱时，就可以受到木的反侮，又可以受到火乘。因而，亢乘与反侮之间存在着密切的联系。

阴阳学说和五行学说，合称为阴阳五行学说，它是《易经》重要的哲学思想理论根源。

风水理论认为，五行是阴阳之纲领，造化之权衡，事物变化发展的奥妙尽在五行之中。山川形势有直有曲，有方有圆，有阔有狭，各具五行。概其要，惟测其气与验其质而已，质以气成，气行质中。地理千变万化，关键在于五行之气。

五、五行生克图解

五行生克图

六、五行四季的旺相休囚

春季：木旺、火相、土死、金囚、水休。

夏季：火旺、土相、金死、水囚、木休。

秋季：金旺、水相、木死、火囚、土休。

冬季：水旺、木相、火死、土囚、金休。

衡量五行在四季的旺相休囚的原则是：以当令得旺的五行为"我"，即我为当令值旺，我生者相，我克者死，克我者囚，生我者休。

七、五行生克制化宜忌

金：

金旺得火，方成器皿。

金能生水，金多水浊，水多金沉；强金得水，方挫其锋。

金能克木，木坚金缺；弱木逢金，木被砍折。

金赖土生，土多金埋，金多土变。

水：

水旺得土，方成池沼。

水能生木，木多水缩，水多木漂。

水能克火，火多水干；弱火遇水，火被熄灭。

水赖金生，金多水浊，水多金沉。

木：

木旺得金，方成栋梁。

木能生火，火多木焚；强木得火，方化其顽。

木能克土，土多木折；弱土逢木，土被倾陷。

木赖水生，水多木漂，木多水缩。

火：

火能生土，土多火晦，火多土焦；强火得土，方止其焰。

火能克金，金多火熄；金弱火强，金被销熔。

火赖木生，木多火炽，火多木焚。

土：

土能生金，金多土变，土多金埋；强土得金，方制其壅。

土能克水，水多土荡；弱水逢土，水被淤塞。

土赖火生，火多土焦，土多火晦。

总之，在五行生克制化的关系中，表现为两种最基本的情况：一是生多为克的情况，木能生火，木多火塞（炽）；火能生土，火多土焦；土能生金，土多金埋；金能生水，金多水浊；水能生木，水多木漂。二是受克一方太强引发反克的情况：木能克土，土厚木折；土能克水，水多土荡；水能克火，火旺水干；火能克金，金多火熄；金能克木，木坚金缺。

第三节　天干、地支与六十甲子

一、干支的起源

1. 十天干

甲、乙、丙、丁、戊、己、庚、辛、壬、癸。

甲、丙、戊、庚、壬为阳干，乙、丁、己、辛、癸为阴干。

甲乙同属木，甲为阳木，乙为阴木；

丙丁同属火，丙为阳火，丁为阴火；

戊己同属土，戊为阳土，己为阴土；

庚辛同属金，庚为阳金，辛为阴金；

壬癸同属水，壬为阳水，癸为阴水。

甲木为纯阳之木，名为大林之木，有参天之势，其性质坚硬，栋梁之材，故为阳木。

乙木为纯阴之木，名为花草之木，有娇艳大地之美，其性柔质软，情满人间，故为阴木。

丙火为纯阳之火，名为太阳之火，有光明天地之功，其性猛烈，欺霜侮雪，普照万物，故为阳火。

丁火为纯阴之火，名为灯烛之火，有照千家万户之功，其性柔质弱，为人不为己，故为阴火。

戊土为纯阳之土，名为城垣之土，为万物之司命，其性高亢质硬而向阳，生育万物，故为阳土。

己土为纯阴之土，名为田园之土，有培木止水之能。其性湿质软，低洼向阴，造福人间，故为阴土。

庚金为纯阳之金，名为剑戟之金，有刚健肃杀之力，其性刚质硬，肃杀万物，故为阳金。

辛金为纯阴之金，名为珠玉，有镶嵌珠宝之用，其性柔弱，质温清润，装饰人间，故为阴金。

壬水为纯阳之水，名为江河湖海之水，通天河而川流不息，其性猛质硬，灌溉万物，故为阳水。

癸水为纯阴之水，名为雨露之水，有气化之神，其性至静至弱，滋生万物，故为阴水。

2. 十二地支

子、丑、寅、卯、辰、巳、午、未、申、酉、戌、亥，为十二地支。

子、寅、辰、午、申、戌为阳。

丑、卯、巳、未、酉、亥为阴。

寅卯属木，寅为阳木，卯为阴木。

巳午属火，午为阳火，巳为阴火。

申酉属金，申为阳金，酉为阴金。

子亥属水，子为阳水，亥为阴水。

辰戌丑未属土，辰戌为阳土，丑未为阴土。

未戌为干土，丑辰为湿土。干土中藏火，湿土内含水。

二、六十甲子

以一个天干和一个地支相配合排列起来，天干在上，地支在下，天干由甲起，地支由子起，阳干配阳支，阴干配阴支（阳干不配阴支，阴干不配阳支），共有六十个组合，叫做“六十花甲”。我国以六十花甲循环纪年月日时，由来已久，尤以纪年为普遍，例如前赤壁赋“壬戌之秋，七月既望”之句，壬戌即指壬戌年而言。以六十花甲纪数，较之以数目来记数，不易错误，例如先师孔子诞辰之日干支为庚子，或以为系阴历八月二十一日，或以为系八月二十七日，或以为系八月二十八日，颇有争论，因在载籍上有年月日干之可考，始得由考正。兹将六十花甲排列如下：

甲子	乙丑	丙寅	丁卯	戊辰	己巳	庚午	辛未	壬申	癸酉
甲戌	乙亥	丙子	丁丑	戊寅	己卯	庚辰	辛巳	壬午	癸未
甲申	乙酉	丙戌	丁亥	戊子	己丑	庚寅	辛卯	壬辰	癸巳
甲午	乙未	丙申	丁酉	戊戌	己亥	庚子	辛丑	壬寅	癸卯
甲辰	乙巳	丙午	丁未	戊申	己酉	庚戌	辛亥	壬子	癸丑
甲寅	乙卯	丙辰	丁巳	戊午	己未	庚申	辛酉	壬戌	癸亥

第四节　八卦及方位学说

一、八卦的衍生

八卦是由阴阳派生出来的。古人眼里八卦产生的过程在《易经》一书有记载，《易经·系辞》云：“易有太极，是生两仪，两仪生四象，四象生八卦。”这是太极化生八卦的基本理论，古代朴素的唯物论和辩证法就是在这个理论基础上逐步建立起来的。

现将八卦产生的过程图解如下：

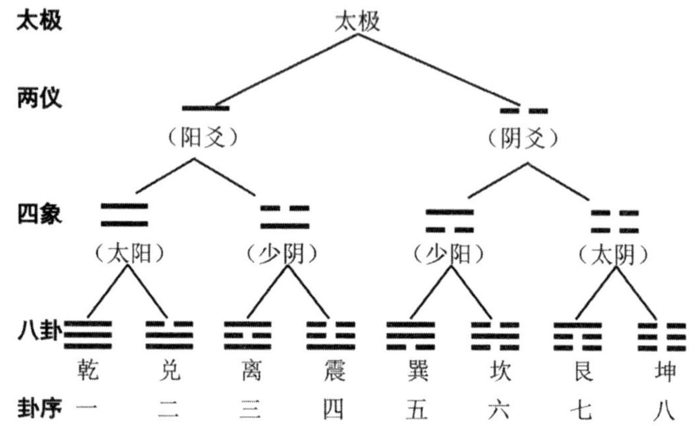

太极为万物之源，表示混沌不分的状态。

用易理来解释说，太极之后的演变分为：

第一步是由太极分出阴阳两仪，以阳爻 — 代表阳仪，阴爻 - - 代表阴仪。

第二步是由阴阳两仪分出四象，在阴阳爻上面各加阴爻或阳爻，即：

一画阳爻加一画阳爻变成 ⚌，叫太阳。

一画阳爻加一画阴爻变成 ⚍，叫少阴。

一画阴爻加一画阳爻变成 ⚎，叫少阳。

一画阴爻加一画阴爻变成 ⚏，叫太阴。

因此，由阴阳两仪演变而来的太阴、太阳、少阴、少阳就称为四象。

第三步是在太阳 ⚌ 的上面加阳爻变成 ☰，为乾卦，卦数排序为一。

在太阳 ⚌ 的上面加阴爻变成 ☱，为兑卦，卦数排序为二。

在少阴 ⚍ 的上面加阳爻变成 ☲，为离卦，卦数排序为三。

在少阴 ⚍ 的上面加阴爻变成 ☳，为震卦，卦数排序为四。

在少阳 ⚎ 的上面加阳爻变成 ☴，为巽卦，卦数排序为五。

在少阳 ⚎ 的上面加阴爻变成 ☵，为坎卦，卦数排序为六。

在太阴 ⚏ 的上面加阳爻变成 ☶，为艮卦，卦数排序为七。

在太阴 ⚏ 的上面加阴爻变成 ☷，为坤卦，卦数排序为八。

这就是八卦产生的过程。这个过程是由太极分出阴阳两仪后，又由阴阳相配分出四时，四时变成四象，进而演变出八卦乾、兑、离、震、巽、坎、艮、坤。

二、八卦阴阳

乾、兑、离、震四原卦是由阳爻衍化出来的，为阳卦；巽、坎、艮、坤是由阴爻衍化出来的，为阴卦。

八卦学说认为，宇宙万物以及社会的人与事，时时刻刻都在演变和发展之中，这种运用阴阳对立统一原理来说明万事万物的运动与变化，不但与唯物辩证法原理相契合，也与当代科学对宇宙的认识相接近。

三、八卦歌诀与卦象

乾三连，卦象为 ☰ 。

坤六断，卦象为 ☷ 。

震仰盂，卦象为 ☳ 。

艮覆碗，卦象为 ☶ 。

离中虚，卦象为 ☲ 。

坎中满，卦象为 ☵ 。

兑上缺，卦象为 ☱ 。

巽下断，卦象为 ☴ 。

八卦乾、兑、离、震、巽、坎、艮、坤分别代表八种不同自然现象，即乾为天、坤为地、震为雷、巽为风、坎为水、离为火、艮为山、兑为泽。

四、八卦数及八卦的五行属性

1. 八卦数

第一组是八卦序数，由于八卦的产生是有先后排序的，根据八卦产生的先后顺序把八卦数定为：乾一、兑二、离三、震四、巽五、坎六、艮七、坤八。八卦序数主要用于周易预测，在风水中没有运用。

第二组是先天八卦数，即坤一、巽二、离三、兑四、艮六、坎七、震八、乾九。先天八卦数是将先天八卦方位配洛书图而得出来的，主要用于玄空大卦风水学。

第三组是后天八卦数，即坎一、坤二、震三、巽四、中五、乾六、兑七、艮八、离九。后天八卦数是将后天八卦方位配洛书图而得出来的，是玄空风水学及其他风水流派普遍运用的。

2. 八卦的五行属性

乾卦与兑卦的五行属金；

震卦与巽卦的五行属木；

坤卦与艮卦的五行属土；

离卦五行属火；

坎卦五行属水。

五、八卦图

由于八卦方位的分配有先天和后天的分别，八卦图有先天八卦图和后天八卦图。

1. 先天八卦图

先天八卦图又称伏羲八卦图，相传是伏羲氏创造的。伏羲氏仰观日月星宿的分布，俯看地球的自然环境，画八卦以配河图，成为先天八卦。以乾配天、坤配地、兑配泽、离配火、震配雷、巽配风、坎配水、艮配山。以乾坤两卦代表天地定位形成中轴经线，以坎离两卦代表水火之界作为横轴纬线，相对二卦的阴阳爻相反而互成错卦。依着阳自左边转、阴自右边转的原则，天尊而地卑，天居上而位于南方，地居下而位于北方。阳爻组成的四卦在左边，逆时针依次由乾到兑、兑到离，离到震排列出来；阴爻组成的四卦在右边，顺时针方向转旋依次由乾到巽、巽到坎、坎到艮、艮到坤排列出来。由此产生了先天八卦图。

伏羲先天八卦图

把洛书数装入先天八卦图中，得先天八卦配洛书图。先天八卦配洛书图中，从内往外看，第一圈的数是八卦产生的先后序数，称为八卦序数，即乾一、兑二、离三、震四、巽五、坎六、艮七、坤八；第二圈表示八卦名称；第三圈为先天八卦的卦象符号；第四圈表示先天八卦的所在的八大自然方位，即乾卦居南方，兑卦居东南，离卦居东方，震卦居东北，巽卦居西南，坎卦居西方，艮卦居西北，坤卦居北方；第五圈为洛书数。如下图：

从先天八卦配洛书图中可以看出，先天八卦数即是坤一、巽二、离三、兑四、艮六、坎七、震八、乾九。

先天八卦配洛书图（从内往外看）

2. 后天八卦图

后天八卦图是周文王根据先天八卦演变出来的，故后天八卦图又称为文王八卦图。后天八卦图与先天八卦图不同，它是以震卦位列正东为起始点，按顺时针方向，依次为巽卦居东南，离卦居正南，坤卦居西南，兑卦居正西，乾卦居西北，坎卦居正北，艮卦居东北。后天

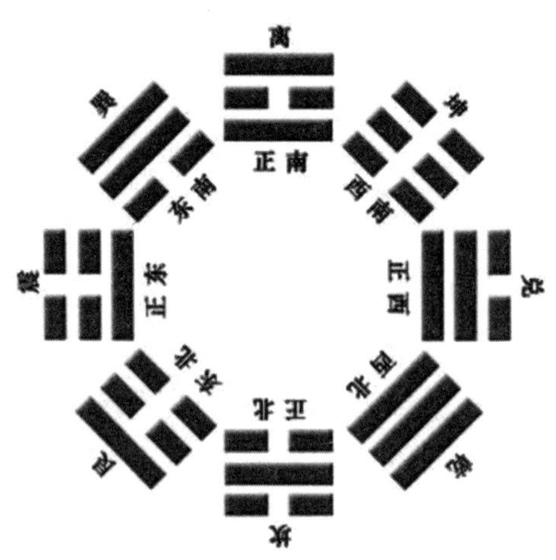

后天八卦图（从内往外看）

八卦又象征节气，分别是震为春分，巽为立夏，离为夏至，坤为立秋，兑为秋分，乾为立冬，坎为冬至，艮为立春。

把洛书数装入后天八卦图中，得后天八卦配洛书图。如下图：

后天八卦配洛书图

在后天八卦配洛书图中，由内往外看，第一圈为代表自然方位，即东、南、西、北；第二圈是洛书数，也就是后天八卦数，即坎为一数，坤为二数，震为三数，巽为四数，中宫为五数，乾为六数，兑为七数，艮为八数，离为九数；第三圈为八卦的卦象，即震仰盂 ☳，巽下断 ☴，离中虚 ☲，坤六断 ☷，兑上缺 ☱，乾三连 ☰，坎中满 ☵，艮覆碗 ☶；第四圈是表示后天八卦名称；第五圈表示八卦所代表的事物。

把后天八卦装入洛书图中，就形成了洛书九宫图。洛书九宫图是风水理气基础中最重要的一个图表，玄空风水学中的玄空飞星盘就是根据洛书九宫图推演而出的。玄空风水运用飞星断事，就是运用紫白九星飞伏与组合来判断吉凶的，而紫白九星源于后天八卦配洛书图的理气图表。如下页图：

古人标记方位的做法与当代人的做法刚好相反。古人标记方位的法则是上南下北、左东右西，而当代人标记方位的法则是上北下南、

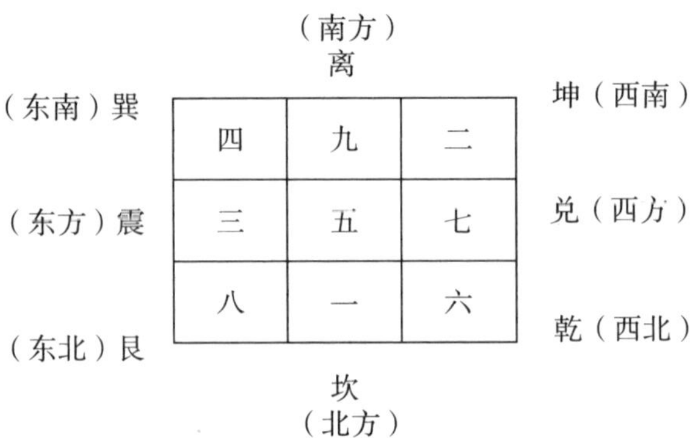

左西右东。从洛书九宫图中可以看出数、卦与方位的对应关系。

一代表坎卦，位居正北方；

二代表坤卦，位居西南方；

三代表震卦，位居正东方；

四代表巽卦，位居东南方；

五代表中宫，位居中央；

六代表乾卦，位居西北方；

七代表兑卦，位居正西方；

八代表艮卦，位居东北方；

九代表离卦，位居正南方。

洛书九宫图是紫白九星的元旦盘，从图中可以看出紫白九星所代表的卦象及其所处的方位等情况，也可以看出九星运行的轨迹，这个图在学习和运用玄空飞星风水时大有用场，希望读者要熟记图中的数、卦与方位的一一对应关系。

第二章　当代住宅风水学的原则

风水学，实际上就是地理环境学、地球磁场学、地质学、星象学、气象学、自然景观学、建筑学、生态学以及人体生命信息学等多种学科综合一体的一门自然科学。其宗旨是谨慎周密地考察、了解自然环境，顺应自然，有节制地利用和改造自然，创造良好的居住与生存环境，赢得最佳的天时、地利与人和，达到“天人合一”的至善境界。

在长期的风水操作实践中，风水学积累了丰富的经验，同时吸收融合了古今中外各门科学、哲学、美学、伦理学以及宗教、民俗等诸多方面的智慧，最终形成了内涵丰富、综合性和系统性很强的独特理论体系——当代住宅风水学。

当代住宅风水学，主要有以下几项原则：

一、整体系统原则

风水理论的指导思想，把自然环境作为一个整体系统，这个系统以人为中心，包括天地万物。自然环境中，又分为无数个子系统，如山的系统、水的系统、建筑物系统和草木系统等等。环境中的每一个子系统，都是相互联系、相互制约、相互依存、相互转化的，而不是孤立地存在的。当代风水学的功能，就是要宏观地把握协调各系统之间的关系，寻求最佳组合，正确处理人与环境的协调关系。

整体原则是当代住宅风水学的总原则，其原则都应服从于整体原则，并以整体原则来处理人与自然环境的关系，作为当代住宅风水学的基本点。

二、顺乘生气原则

风水罗盘体现了生气方位。生气就是万物的勃勃生机，是生态表现出来的最佳状态。风水学很讲究生气，提倡在有生气的地方修建城镇房屋，这叫做乘生气。只有得到生气的滋润，植物才会欣欣向荣，人类才会健康长寿。

风水学理论认为：房屋的大门为气口，如果住宅大门前有路或有水流弯曲而至，就称为得气，这样的环境便于住宅与大自然交流信息又可以反馈信息，对住宅主人的身体健康有很大的好处。如果把大门设在闭塞的一方，谓之不得气，不仅屋内阴暗灰秃，而且也不利于居宅之人与大自然交流信息。

三、观形察势原则

清代的《阳宅十书》指出："人之居处宜以大山河为主，其来脉气最大，关系人之祸福最为切要。"

风水学重视山形与地势，把山形地势构成的自然环境分为小环境和大环境，把小环境放入大环境中考察。绵延的山脉称为龙脉，龙脉的形与势有区别：千尺为势，百尺为形，势是远景，形是近观；势是形之崇，形是势之积；有势然后有形，有形然后知势，势位于外，形在于内；势如城廓墙垣，形似楼台门第；势是起伏的群峰，形是单独的山头，认势惟难，观形则易；势为来龙，如马之驰，如水之波，欲其大而强，异而专，行而顺。形是山丘，厚实，积聚，藏气。

从大环境观察小环境，便可知道小环境受到外界的制约和影响，诸如水源、气候、物产、地质等，都是由自然大环境所决定的。又如中医切脉，从脉象之洪、细、弦、虚、贤、滑、浮、沉、迟、速的状态，就可以知道身体的一般状况，因为这是由心血管的机能状态所决定的。任何一块宅地表现出来的吉凶，都是由其所处的大环境决定的，只有环境的形势完美，宅地才完美，每建一座城市，每盖一栋楼房，每修一个工厂，都应当先考察山川环境，从大处着眼，从小处着手。

四、地质检验原则

风水学认为，地质决定人的体质，因此在风水选址上对地质很讲究，甚至是挑剔。当代科学证明这种风水思想是具有很高的科学性的，并且认为地质对人体至少有以下四个方面的影响。

1. 土壤中含有微量的锌、铂、硒、氟等元素，在光合作用下放射到空气中，会直接影响人的身体健康。

2. 潮湿或烂臭的地质，会导致关节炎、风湿性心脏病、皮肤病等。潮湿腐败之地是细菌的天然培养基地，是产生各种疾病的根源，因此潮湿之地不宜建宅。

3. 地球磁场对人体会造成很大的影响，这种磁场的影响存在有利与不利两个方面。地球是一个被磁场包围的星球，人感觉不到它的存在，但它时刻对人发生着作用。强烈的磁场可以治病，也可以伤人，甚至引起头晕、嗜睡或神经衰弱。风水师常说的，巨石和尖角冲射住宅的门窗不吉，实际是指巨石或尖角放射出的强磁场对门窗里的住户干扰。

4. 地下有害放射波对住宅主人会构成不利的影响。如果在住宅地面 3 米以下有地下河流，或者有双层交叉的河流，或有坑洞，或者有复杂的地质结构，都可能放射出长振波或污染辐射线或粒子流，导致人的头痛、旋晕、内分泌失调等症状。

以上四种情况，古代风水师知其然而不知其所以然，不能用科学的道理加以解释，在风水实践中总是采取回避或使之神秘化的态度。在相地时，有的风水师亲临现场，用手研磨，用嘴尝泥土，甚至挖土井察看深层的土质和水质，俯身贴耳聆听地下水的流向及声音。所有这些，看似是装模作样，其实不无道理。

五、水质辨析原则

古代风水著作《堪舆漫兴》论水的善恶，云："清涟甘美味非常，此谓喜泉龙脉长。春不盈兮秋不涸，于此最好觅佳藏。"

当代科学研究表明：不同地域的水分中，含有不同的微量元素及化学物质，有些会导致病灾，有些可以治病。因此，当代风水学理论主张，要考察水的来龙去脉，辨析水质，掌握水的流质，优化水环境。这条原则值得深入研究和推广。

六、因地制宜原则

因地制宜就是根据环境的客观性，采取与自然相协调的生活方式。中国地域辽阔，东、西、南、北方的气候差异很大，土质也不一样，建筑形式也不相同。应根据实际情况，采取切实有效的方法，使人与建筑适合于自然，这就是风水学中所说的"回归自然，天人合一"的真谛所在。

七、适中居住原则

适中，就是恰到好处，不偏不倚，不大不小，不高不低，尽可能优化而达到至善至美的境界。风水学理论主张，山脉、水流、朝向都要与穴地协调；房屋的大与小也要协调，房大而人少不吉，房小而人多也不吉，房小门大不吉，房大门小也不吉。

清代的吴才鼎在《阳宅撮要》中指出："凡阳宅，须地基方正，间架整齐。若东盈西缩，定损丁财。"

适中的原则要求中心突出，布局要整齐，附加设施应紧紧围绕轴心。在典型的风水景观中，都有一条中轴线，中轴线与地球的经线平行，向南北延伸。中轴线的北端最好是横行的山脉，山脉与中轴线形成丁字型组合；中轴线的南端最好有宽敞的明堂（池塘或平地）；中轴经的东、西两侧，要有建筑物簇拥，还可以有弯曲的河流。

八、依山傍水原则

依山傍水是风水学最基本的原则之一。山体是大地的骨架；水域是万物生机的源泉，没有水，人就不能生存。住宅的后面有山体或绵延不断的山脉，前面有溪流环抱或有池塘放光，是吉祥的宅相。

九、坐北朝南原则

中国处于地球的北半球，位于欧亚大陆的东部，大部分陆地位于北回归线以北，一年四季的阳光都由南方射入。坐北朝南的房屋，不仅有利于采纳阳光，还可以避开寒冷北风的影响。中国的地势决定了气候是以季风型为主，冬天有西伯利亚的寒流，夏天有太平洋的凉爽的东南风，一年四季风向都变换不定。

坐北朝南原则，是对自然现象的正确认识，顺应天道，得山川之灵气，受日月之精华，颐养身体，陶冶情操，地灵方出人杰。

第三章 住宅环境的选择

第一节 住宅位置的选择

自古以来，人们在建造房宅时，都要对建宅位置和地形做一番选择，总希望选择到最佳的位置和地形，让住宅处于一个最佳的环境之中，使居宅之人能够“得山川之灵气，受日月之精华”，陶冶精神情操，颐养浩然之气，增强人的身体素质。

传统的风水观念对住宅选址有一套复杂的方法。

一、山地观脉，脉气重于水

在山区建房选址，十分注重看山势龙脉，认为势雄、脉大、气壮，气势两全，以脉为本，以砂水为用，方为福地。在丘陵地带建房选址，力求选择宽广平夷，四面拱卫，无空缺凹陷，既要地大宽阔，又要藏风得气的地方。

二、平地观水，水神旺于脉

在平原地带建房选址，看起来平原地区似乎没有龙脉，传统风水学认为，土地高一寸为山（龙），溪、湖、河的堤坝均视为山，田野中的大小田埂都是龙，还可以看水。古人曰：“凡到平洋莫问踪，只见水绕是真龙。”

几千年来，传统风水学在给人们提示建房选址经验的同时，也提出了不少禁忌：

住宅旁边不宜有庙宇、神社、教堂。因为庙宇、神社是阴气凝聚之处，会给人以幽深、冷清、淡漠的印象，容易使人产生厌世、不求进取的思想，同时也容易使人产生迷信观念。庙宇与神社的香火太旺，噪声不断，缺乏宁静感，不宜于旁边建房居住。特别是庙宇、神社与教堂多数处于风水宝地之上，周围附近的旺气尽被夺走，若把住宅建在庙宇、神社或教堂的附近，住宅的生旺之气就会呈现外强内弱的现象，对住宅主人的身体健康十分不利。

住宅不宜建在路巷的尽头。路巷的尽头气流不通畅，气流就像人的血脉一样，气流不通则意味着没有生机，难于向前发展，向后也没有回旋余地。总而言之，路巷的尽头处属于死气之地，不会给住宅主人带来生机的。

住宅不宜建在丁字路口面对直马路的地方。一条直路一柄剑，住宅门口直对着马路，主人易遭横祸。从居住安全的角度来讲，这个位置确实不是佳址，因为汽车夜间行驶时，灯光和噪音会影响宅主的情绪，司机酒后开车或疲劳驾驶也会带来严重的安全隐患。

住宅不宜建在十字路口的拐角位置上。住在十字路口处，仿佛暴露无助，没有心理庇护，不能藏风聚气。理想的住宅位置，应处于避免风吹的藏风聚气之地，稳藏而不外露，才能借助大自然的生气颐养浩然正气、陶冶情操。

住宅不宜有桥梁挡门，尤其是桥梁不宜正对直冲住宅的门口。若住宅低于桥梁，则桥梁就会对住宅形成压迫之势，住宅处于外强内弱的状态，压抑感会使居住者的身心受到严重影响；若住宅与桥体处于同一平面上，噪声、灯光、气流、尘土等不利因素的影响，也不利于长久居住。

住宅门口前不宜有反弓水或反弓路。宅前的路、河、溪呈反弓形，生气聚不住，易使宅主败财。反弓的水或路像一把弯刀，会对居住者的心理造成压迫感，容易引发车祸等。若住宅门前的路、河、溪流呈现玄弓环抱形状，风水学认为是“玉带揽腰”，是聚气生财的风水宝地，居住在这里的人将会富贵俱全。

住宅不宜建在风口上。有些山地的农村住宅，建在群山环绕的缺口处，而且宅门正对着缺口，这种住址根本就无法达到藏风聚气的要求，长久居住此地的人家将会遭受丁财两败的下场。若城市中两排高大建筑之间的间距较小，中间形成一条窄缝缺口，这种情况与山地中两山峰之间所形成的缺口给住宅主人带来的影响是相类似的。住宅正对窄缝缺口位置的气流极强，居住在向着两排高大建筑中间缝隙的住宅，主人心理上仿佛有一把立着的刀刃对着住宅，有威逼的感觉，会严重损害住宅主人的身心健康。

住宅四周不宜高楼环绕压迫。理想的住宅周围环境是前低后高，两旁有苍翠的树木环抱，门前有清澈河水流淌。如果住宅的四周都高，视野受阻，那么主人会感觉心理压抑，是缺乏生气的地方，不宜居住。

从中国人的居住习俗来看，住宅的南方应有空地。这是中国人的居住文化观念，是心理习惯的产物。住宅的前方属明堂之位，宅前有宽阔的空地，代表气运潜藏、平衡稳健。从现实角度来看，中国人大多居住坐北朝南的房屋，南方是出入通道与活动场所，若南方有空地，则有利于人们的休息与交流。

官府、衙门的前面不宜居住。原因是官府衙门（含当代的公检法机关）的杀气重，倘若住宅的门口向着官府衙门的大门，就会首当其冲，主人承受不起便会造成人口伤亡。

住宅不宜建于斜坡之上或斜坡之下。从风水学角度来看，房屋建在地势平坦的地方较为平稳，建在斜坡之上或斜坡之下颇多凶险。如果房屋的大门正对着一条很徒的山坡，不单会使家财泄漏，而且还会家人离散，一去不见其归。一般来说，建在斜坡上的房屋易漏财，建在斜坡下的房屋易损丁。房屋建在急冲而下的斜坡底下，因煞气太急太劲，往往会导致人口伤亡。

第二节　住宅与周围事物的关系

一、住宅与住宅之间的关系

在风水学中，住宅与住宅之间的关系也是十分重要的，从古至今，人们在房屋修造的实践中曾总结出一系列的经验，也有许多禁忌。

《海州民俗志》一书记载海州民间建房习俗说："平行几家建房，必须在一条线上，俗叫一条脊，又叫一条龙，又必须同样高低。若有错前的，叫孤雁出头，屋主会丧偶；若错后的，叫错牙，小两口会不安；若高低不同的，叫高的压了低的气。左边的房子可以高于右边的房子，绝不允许右边的房子高于左边的房子。俗规是：左青龙右白虎，宁叫青龙高万丈，不让白虎抬寸头。在同一院内，即使是自家盖房子，偏房不能大于或高于主房，前边的房子不能高于后边的房子，否则叫奴欺主。"

住宅门口前，不宜有无人居住的破屋。因宅前面有破屋，会招来阴气，容易使人很扫兴；破屋还会滋生细菌，影响人的身体健康；破屋容易倒塌，小孩在里面玩耍时，会构成生命危险；破屋还会使人梦见鬼神，引起幻觉。

住宅的大门口被别家住宅围墙角冲射，称为犯冲射煞。若围墙尖角冲射向左边，则对男人不利；若尖角冲射向右边，则对女人不利。

二、住宅周围的水环境

传统风水学的说法：气界水则止，天地之生气可以用水使它留住。住宅的周围有水，是理想的藏风聚气的风水模式，将其演变到人们的心理上，水就成了福泽的象征。

住宅四周的水分为六种。一是朝水，即指九曲水和洋朝水；二是环形水，即是指弯抱腰带水和弯弓水；三是横水，即是指一字形水；四是斜流水，即指侧斜流过宅前的水；五是反弓水，也称反跳水，即指流到宅前但未过堂就反跳流走的水；六是直流水，也称牵鼻水或直冲水，即是指向着住宅直冲而来的水，或从住宅前向着住宅朝向方位直流而去的水。前三者为吉水，后三者为凶水。

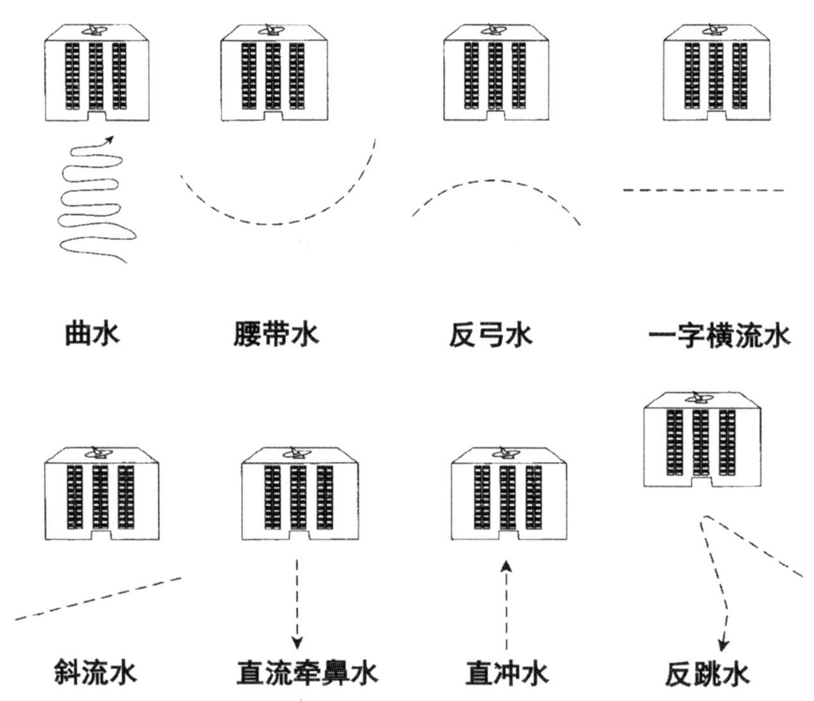

当代住宅的水环境，主要有以下三种情况：

1. 天然水环境

住宅天然水环境，主要包括江、河、湖、海的天然水景。由于水最容易吸收微波，特别是天然的流水，不仅能吸收微波，也能收拢宇宙之气，因此古人在勘察风水的过程中，得出了一条风水定律："山环水抱必有气。"在风水学中，水脉不如山势深受重视的原因，主要是水道特征的形成在很大程度上是依山势而定的，但从理论上讲，山势所形成的吉地前必须要有水。若有一条宽缓舒展的河流从住宅吉地前一定的距离处流过，左右还有小的水流来照应，这些水流在住宅风水中是非常关键的。住宅的风水穴位是指从龙脉主山上传递而来的生气的聚结处，位于吉祥地的住宅穴位前面的水有助于生气聚止于宅中。若住宅前面无水，生气就会从住宅中荡散出去，因此在住宅穴前无水的情况下，可以修筑水塘来做必要的补救。

天然水道的流向，不能与山脉走向平行，因为水道流向与山脉走向平行的水道不能贮藏穿越水流的生气，所以水道和山脉走向一致时以不吉论。理想的水道应是迂曲行进、横穿山脉，好像欲从山脉走向的角度来保护吉地，将生气聚积在某地上，等待慈善仁义之人来居住。不管怎样，住宅前面的水道流速必须平缓、蜿蜒迂迴，不能笔直地流过。凡水流逶迤前行，荡荡悠悠，好像对住宅穴地满怀留恋之情，一步三顾，都以吉论；凡水流湍急、冲射、反跳或水路转变陡急，离穴而不顾，均以凶论。吉利的水道应从吉方流来，向凶方流去，来去水的吉凶之方是运用风水学中的理气来计算的。

山静为阴，水动为阳，阴性特征是恒定不变，而阳性则变化无常。住宅的吉凶与天然山水存在密切的关系，山就好比是人体，水即是人体中的血液，人体的生长和衰老取决于血液的状况。当血管绕着人体周身循环，血液流通顺畅，则人体健康强壮。相反，则人体易患疾病或死亡，这是人生的自然法则，无一人可例外。这条法则要求，水路的流向要正确，山脉分布的位置要得当，才可构成吉祥宝地。

住宅穴前的水道交汇处（水口）很重要，从白虎和青龙二方而来的天然水道，应交汇于明堂之中，明堂是风水穴前的平台。水口要闭合，并且要与两座抱山的距离相等，才能使青龙和白虎二者平衡，地形的平衡对称才符合风水的原则。

风水学认为："山之血脉乃为水，山之骨肉皮毛为石土草木"、

"山管人丁水管财"，水之所以伟大，最重要的就是水能够造就生命，没有水也就没有人，它是人体和世界万物的最主要的成份。古人曰："水者，万物之本源也，诸生之宗室也。"草木得到了水，就会生长得更加茂盛；鸟兽得到了水，就会长得更加肥壮；水最精华的部分凝聚起来就形成了人，人的"九窍五脏"都是从水而生的，人的体质、容貌、性情和道德品质也会因水质的不同而各俱特性。

水意味着财富，住宅前有水聚集能给宅主带来好的财运。源于青龙和白虎二方的水道从穴前穿过，其流向应自生位（吉方）往衰位（凶方）流淌为佳，水道的交汇处（水口）关锁有力，才能使水流缓慢，才符合风水所要求的条件。

住宅附近的水为内水，远离住宅穴位的水为外水；从穴左流向穴右的水道为阳水，从穴右流向穴左的水为阴水。水随山而行，山界水则止，吉地不可无水。

在山峦之中，水来之处谓之天门，若水来之处遥远而看不见源头谓之天门开，天门开则财源茂盛；水去之处谓之地户，站在穴位上，看不见水之去处谓之地户闭，地户闭则财富取之不尽、用之不竭。水曲则财禄聚，水直则贫贱夭亡；水飞走则生气散，水融注则生气聚，水的作用是聚气，宅旁有水大吉，但物极必反，若穴位太近水，则犯割脚煞，潮湿是产生各种疾病的根源，住宅太靠近水，居住者容易患关节炎、风湿病、皮肤病等等，也容易滋生各种蚊虫。

众水停注之地，为池为湖，乃真龙栖息之所。"气为水之母，水为气之子，子母相随，环聚斯美"，"水深处，民多福；水浅处，民多贫；水聚处，民多稠；水散处，民多离。"

住宅前的来水要屈曲，横向水流要有环抱之势，流去之水要有盘桓欲留之形，汇聚之水要有清净悠扬之象，正如此者乃为吉象。在河流的弯曲弓形的内侧之处，其基地为水流三面环绕，风水学上把这种形势称为"金城环抱"，又称为"冠带水"、"眠弓水"、"揽腰水"，是风水形局中的大吉形势。住宅周围有山泉融注于宅前者，凡味甘色莹气香，四时不涸不溢，夏凉冬暖者为佳泉，主富贵长寿。

风水学中的水，不但要求水要环，要澄，要源远流长，水要朝对山脉的来龙，要从生旺方来，从衰死方去，水口一方是众水的总出之处，也是众水的聚会之所。

在自然界中，天然水流的形态千差万别，千姿百态，自然水法对住宅的影响和作用范围很广，在风水学中占有非常重要的分量，具有无可非议的科学性和实用性，值得进一步研究和开发。

2. 人造水环境

人造水环境是指在住宅旁修造的喷泉、水池、水道、瀑布、游泳池等装饰用水景，也包含住宅内摆设的风水轮、雾化水盆景、养鱼缸等人造水景。此为人造水景，一方面起到装饰住宅环境的作用，另一方面是祈福吉祥的用意。

一般地说，住宅门前有水池或喷水池比较好，但在住宅门前设置水池或喷水池等水景，有一点必须注意，那就是应根据玄空飞星风水的原则论宜忌。著名风水大师蒋大鸿在其著作《阳宅指南》中指出："正神方见水为零水，零神方见水为正水。"当运方位称为正神方，正神的对宫称为零神方。正神方是旺位，代表正神旺气，零神方是失运衰位，代表零神衰气。

《天玉经》云："明得零神与正神，指日入青云。"正神的正字是指当运之气，零神的零字是指失运之气。正神方是指当运的旺位，零神方是指失运的衰位，水是以衰为旺，因此正神方见水反主失运，故称为零水，零神方见水便是当运之水，故称正水。也就是说，正神方宜开门收气，见水反为不吉，主财运破耗；零神衰位见水便是旺财运的水。例如，八运以东北方为正神旺气之方，其对面的合十位置西南方为零神衰气之方。在东北方开门为旺气门，纳气最吉利，所纳的是当运之气，称为正气，若东北正神方见水，称为衰气水。古代圣贤以零字代替失运、衰气，因为零者，没有也，故衰气水又称为零水。西南方的失运方位，开门纳气称为零气，即纳失运的气。

在住宅旁设水池，虽然池水可以给住宅周围干燥的空气带来水份与湿润，但从风水的角度来说，设置水池的形状存在吉凶的说法。

（1）半圆形水池。圆方朝前，弦方向内，主家庭兴旺发达。

（2）四方形水池，兴旺吉祥。

（3）圆形、椭圆形与曲线形水池，富贵圆满。

（4）尖形与三角形水池。水池的尖角对着住宅，家人容易生病。

第四章　住宅的建筑形式

中国是一个幅员辽阔的、多民族的、具有悠久历史文化的国家。在民居住宅建筑方面，汉族居民分布的范围最广，住宅形式多种多样，数量最多。除了汉族之外，其他各民族的住宅形式也各有特色，呈现出繁复多样的面貌。

住宅是人类最基本的生存条件之一，也是人类文化的重要组成部分。中国民居住宅的木构架形式，远在原始社会末期就已经开始萌芽，在以后的几千年中，经过各民族的不断努力改进，创造出各式各样的住宅建筑形式。虽然这些住宅建筑形式有它的历史局限性，但都是历代先民的智慧结晶，是中国的传统文化，也是人类住宅文化宝库中的珍贵遗产。

第一节　古代住宅形式的演化

根据考古资料记载，母系民族社会时期的房屋有许多种形式，主要是地穴式，也就是从地面向下挖一个浅土坑，以坑壁为墙，然后在坑口搭建屋顶；有的是全部在地面上建造。其特点是墙壁很矮，最高的不过一米左右；墙芯是用树枝和草绳编扎的篱笆，然后在篱笆两侧抹上黄泥；墙壁的上部向外倾斜，上面接着屋顶；房屋门不是开在墙壁上，而是开在屋顶上，其原因是墙太矮。房屋的平面有圆形和方形两种，中间是较高的屋顶部位，房子低矮而且面积很小，只能容纳三四人居住。一般的村落里有几座大房子，大房子的四周有许多间小房子，小房子的门都是朝向中央的大房子开口的，主要是为了方便族群之间的联系。大房子每边长约十几米，入口处有一个长约四、五米的人字形屋顶通道；大房子是一个族群的中心，是族群祭祀神明的地方，也是男性、婚龄前女性和超过生育期女性集体居住的地方；大房子的中心设火炉，也就是族群的大食堂。小房子分配给婚龄妇女每人一座，每到夜晚，女主人便会叫她的意中男子前来同居。

商代的民居，在一定程度上还保留着部分半地穴式住宅的特点，但随着木工的发展，人们已经掌握了运用板筑夯制土墙的方法，因此民居住宅的高度也大大地增加，住起来也较为舒适。当时室内已经铺席，人们坐于席子上，而且有床、案等家具。

西周至春秋时期，人们已经发明了瓦，这是中国古代民居建筑史上的一个重大进步。建筑的住宅形式由此转变为有门、有塾、有堂、有房、有院的综合型院落住宅。

汉代是住宅形式比较繁多的一个朝代。住宅屋顶的形式更加多样，楼层也越来越高，木结构的形式也更加复杂。当时的住宅已经有了回廊和阳台，附属建筑包括功能各不相同的车房、马厩、库房、牲口房、奴婢住房等，甚至还有为观赏而修建的园林。

到了唐、宋、元、明、清几代，中国的民居基本定型为院落式住宅。但皇家统治者，制定了严格的住宅等级制度，在某种程度上限制了民居住宅的顺利发展。譬如，明代颁布的《舆服志四·室屋制度》中规定："一品二品厅堂五间九架，三品五品厅堂五间七架，六品至九品厅堂三间七架，不许在宅前后左左多占地，构亭馆，开祠堂"、"庶民庐舍不过三间五架，不许用斗栱，饰彩色。"

虽然古代的民居住宅形式多种多样，饱含着深厚的文化价值，构成了民居文化的坚实基础，但座落于旧时城市和乡村中的住宅，是与当时的生活方式与民间习俗紧密联系的，其建筑结构十分简单，随着时代的变迁和传统民居文化背景的消逝，几千年来所形成的住宅建筑形式也随之消失。流传至今的四合院是古代民居中历史悠久、应用最广泛的院落式住宅，它能够被今人继续使用的原因，主要是其构建格局符合住宅风水学中的理气原则，能够满足人们趋吉避凶的需要。

一、四合院

四合院是古代民居住宅中流传下来的一种最常见的院落住宅形式，它是古代建筑技术和文化艺术的结晶。四合院也叫做方整四合房，《词典》上的注解是：一种旧式房子，四面是屋子，中间是院子。

1. 四合院的构成

在建房的地面上先画一条纵轴线，这条线又称为前、后轴线，把一个或几个主要的建筑布置在这条轴线上，如布置厅堂等。然后，在每一个主要建筑的前面再画一条横轴线，在横轴线上布置两个体积较小的次要建筑，互相对峙，如布置东、西厢房，这就是三合院。若再在主要建筑的对面，建一座次要的建筑，如倒座房，就形成了由一座主要建筑和三面次要建筑围合的正方形或长方形庭院，这就是四合院。

四合院四周都是实墙，是由实墙围合成的四方四正封闭式住宅实体，院内隔绝了外部尘嚣的干扰，具有相当高的防御能力，形成了一个安定舒适的生活环境。中国各地的地理条件迥然不同，走遍大江南北都可以看到四合院。纵观全国各地的四合院，北京四合院最具代表性，不仅院子方方正正、大小适当，而且内部设施布局完整、合理，营造考究，所蕴含的浓郁文化气息和规矩，是其他地区居民住宅无可比拟的。

2. 典型的北京四合院

古代四合院的布局方式，是结合中国古代社会的宗法和礼教制度的，家庭成员因尊卑、长幼、男女、主仆的不同，在使用房间的分配上有其特定的规矩。典型的北京四合院，房间的配置也不逾越伦常。北京四合院，除了中心院落之外，尚有前面的倒座院以及后面的后罩院，一共三个院落，每个院落所占的地面面积约 270 平方米至 300 平方米，这种格局明确体现出了中心院落居于核心地位。中心院落的北侧是四合院里最大、最重要的正房（称为上房或主房）。正房的中央一间是家庭祖堂，供奉祖先牌位，正房的东西两侧两个次间，是家长（祖父母、父母）的居所。正房前面东西两侧的厢房是儿子的居所，通常是大儿子和三儿子住东厢房，二儿子和四儿子住西厢房。这种安排，是与旧时家庭祭祀时左昭右穆的规定相符合的。

中心院落正房的两侧都建耳房，尺度比正房小。若将正房比喻做人的脸，那么耳房就相当于人的双耳。正房两侧耳房有各一间的，也有各两间的。耳房为各一间的被称为“明三暗五”，因为从庭院里只能看到正房的三个房间，耳房却被游廊遮挡了，但实际正房的三个房间加上两间耳房共是五间；耳房各两间的，被称为“明三暗七”。至于北京的四合院的正房不直接盖五间或七间，而是先盖三间再加盖耳房的原因，并不是这种做法能给宅主带来吉祥，这是因为古代人盖房不敢逾越皇家规定的严格的住宅等级制度。在当今社会里盖四合院，不要墨守陈规地遵照前人的古板做法，可以直接把中心院落的正房的房间数增加到五间或者七间，这样既美观大方，又便于住宅风水布局的操作。

耳房前方是正对着东西厢房的北山墙，它们之间形成一个私密的小院子，这个小院子不铺砖石，是四合院中的“露地”，在这些小的“露地”上栽植主人喜爱的花木。很多文人学者喜欢将

北京四合院格式一

书房陈设在耳房中，当阳光直射房中时，日影斑驳，轩窗静寂，可以说是极好的读书环境。

北京四合院格式二

四合院体现了一个家庭的天下。四合院最后的狭长院落是后罩院，是房屋主人的女儿及女仆居住的地方，女儿住在后罩院，倘若四合院后面临街，那么后罩院的西北角还会设一个后门，方便出入。四合院最前面的一排房屋称为倒座房，也称为南屋，因为这是指坐北向南的四合院。倒座屋中央几间房子，是作为接待一般客人的客厅，至于贵客是安排在中心院落的厅堂里款待的；最东面的一间房是私塾，其旁边设置大门，再旁边是门或男仆居住的房间；最西面的一间，即院落的最西南角，规划为卫生间，卫生间退藏角落，不在人们进出的主要路线上，体现了它的隐蔽性。

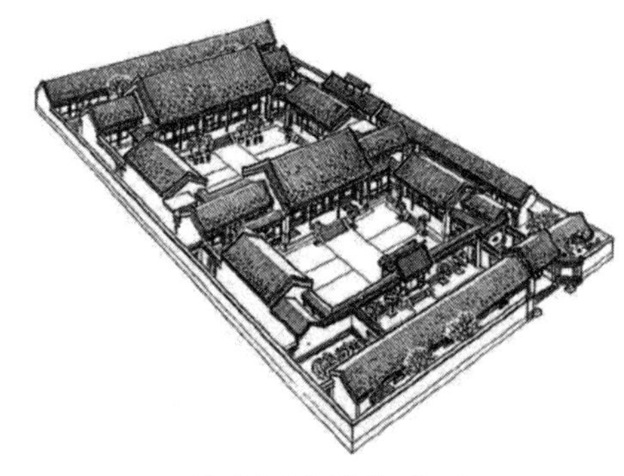
北京四合院格式三

北京四合院是从倒座屋挪出一间房设置大门。用于设置大门的这间房子，屋顶要比别的房子的屋顶高出一点，大门两边的墙也向外边凸出一点，增添了非凡的气势。通常大门的地基会垫高，门口前筑三级或五级台阶，让大门地面比外头街道的路面高，当房主人从院子里面出来时，有居高临下之感，而外面的人进入四合院，则有步步登高之意。

二、古代文人故居与家族大院风水

（一）文人故居

俗语云："山不在高，有仙则名；水不在深，有龙则灵。"在古代，大多文人墨客的故居，不但其所处的环境清静、幽雅，而且建筑技艺精湛，造型也很有特色，实在让人赏心悦目，品味无穷，能给予人美好和舒适的享受。它体现出来的不仅仅是一种民俗风情，更有那流传于世的美妙的风水传说。

1."三苏"故居

"三苏"故居，坐落在四川成都平原的眉山。眉山，在宋时属嘉州府，是嘉州通往省府成都的必经之地。如今，眉山镇大体保留了古镇的风貌，建筑质朴，古韵犹存。"三苏"故居是一所面积约五亩的庭园，古朴而典雅。苏东坡曾在他的诗中描绘道："家有五亩园，么凤集桐花，是时乌与鹊，巢彀可俯拏。"苏家的宅院构建别具气派，常有乌鹊栖树做巢，啼声不绝于耳。庭院内四时飘香，引得凤鸟来仪。后来，苏家举家迁往京城开封。在明代洪武年间，眉山的人们为纪念苏洵、苏轼、苏辙三大文豪，捐资将其故居改建为"三苏祠。"解放后，"三苏祠"又几经维修，现占地面积为五万余平方米，已成为眉山镇最重要的古迹胜地。"三苏祠"四周红墙环绕，墙下有碧水潺潺流过，在落日的余晖中，显得更加空灵、悠远。"三苏祠"中点缀着许多雅致的亭台楼阁，其中地理位置最佳的是"百坡亭"，伫立其中，极目四览，皆是宜人的美景，曲水流觞，小径幽长，萋草芳洲，构成了一幅流动着诗情画意的山水图。

故居的大门正上方悬有"三苏祠"三个大字，字体雄浑豪迈，笔力遒劲，是清代大书法家何绍基亲笔题写的。门框两旁挂有一幅对联："一门父子三祠客，千古文章四大家。"上联是说苏氏父子三人文才出众，位于"唐宋八大家"之列，为后世敬仰；下联是说苏轼与韩愈、柳宗元、欧阳修又并称为"四大家"，为当时的文坛领袖。

进入大门，有一条长约二十余米的大甬（yǒng）道，甬道两旁古木参天，绿荫如盖。沿大甬道向前行，一路清香扑鼻，面前矗立着一座雄伟的大殿，这就是“三苏祠”的中心建筑。正殿大门的正中悬挂着三张朱红墨字的大匾，分别是“是父是子”、“文章气节”、“文峰鼎峙”，均是赞扬苏氏父子的高洁人格和文学成就。主殿的圆柱上，挂着几幅长联，其中最引人注目的是清代光绪年间云南状元杨庆远题写的：“宦迹渺难寻，只博得三杰一门，前无右，后无今，器识文章浩若江河行大地；天心原有属，任凭他千磨百炼，扬不清，沉不浊，父子兄弟依然风雨共名山。”此联高度赞扬了苏氏父子在宦海沉浮，风雨坎坷之中，仍自持气节，志高格清，人品崇高，文风纵逸，如江河浩荡，日月霈光。正殿中央挂着两幅明清两代绘制的木刻像《三苏图》《东坡答展图》。殿内墙壁上挂有不少题诗，其中有朱德委员长1963年游“三苏祠”时所题的诗句：“一家三父子，都是大文豪。诗赋传千古，峨眉共此高。”

三苏祠

正殿的后面是一个花园。园中种着各种奇花异草，在微风的吹拂下，花香丝丝缕缕，袭人襟怀。花丛中有一口古井，传说是苏家当年遗留下来的，井水清澈甘美，苏氏父子就是饮了其中的水，文章才写得如行云流水般流畅、自然。

古井前面约十米处是“启贤堂”，虽然“启贤堂”没有正殿那样雄伟，但十分精巧别致。门窗均为雕花漆木，韵致古雅。堂内存放着苏轼大量的诗文书画，散发出淡淡的墨香，烘托出“启贤堂”的艺术气息。诗文书画作品，大多是苏轼所作的，有的是他的亲笔手书，如脍炙人口的《念奴娇——赤壁怀古》《前后赤壁赋》《浪淘沙》和《天际乌云贴》等；画中的竹茎节峭拔、枝叶飒爽，呈现出各种不同的姿态，内含清美、疏朗的气质，体现了苏轼个性化的审美意识，他的题为《书晁补之藏与可画竹》的诗，表达了他的审美理想，“与可画竹时，见竹不见人。岂独不见人，嗒然忘其身。其身与竹化，无穷出清新。庄周世无有，谁知此凝神”。“身与竹化”说的是在创作时，主体与客体在瞬间合而为一，在凝神静气之中达到“忘我”的境界，清新之美自然散溢于书画之中，这个观美启发了清代画竹名家郑板桥。堂中还保存苏轼十分珍爱的一个方宝砚“端溪砚”，据说这块砚石是他和弟弟苏辙在园中挖土偶然得之，拂去尘土，砚石色泽润滑柔美，带有细致的青色赤纹。苏轼如获至宝，告诉其父苏洵，苏洵就将砚石雕刻打磨，并刻上碑铭，赠与苏轼作为磨墨的砚石。带着这个天赐的宝物，苏轼踏遍大江南北，写出了一篇篇绝唱千古的传世之作。

“启贤堂”的后面有一间碑亭，亭角八面玲珑，向上飞翘的檐角充满无限的活力。亭内竖立着苏轼撰写的各式碑和存放纪念三苏的一些文物。

碑亭的远处是“木假山堂”。厅堂前面矗立着三座木山，这就是“木假山堂”得名的由来。“木假山”的造型精致，凸石云洞，栩栩如生，如同天工造物，给人以美的享受。沿着一条小径向前，有一口约三亩地宽的水塘，这就是苏家的遗池——瑞家池。池中荷叶枯败，但在月光下仍然可以浮动着和谐的光影，即使残叶败梗，也没有瑟瑟寒秋、不胜凄凉的感觉，反而弥漫着朦胧含蓄之美。池中有一个亭，名叫“抱月亭”，此名取于苏轼的诗句：“挟飞仙以遨游，抱明月而长终”。

苏轼向来对月情有独钟，曾有“但愿人长久，千里共蝉娟”的美好祈愿。站在“抱月亭”内，有“乘风归去”、“青天揽月”之意。“瑞池亭”附近还点缀着许多雅致的亭台楼榭，如“云屿楼”与“披风榭”，还有地理位置最佳的“百坡亭”。

2. 司马光的独乐园

宋朝司马光在洛阳盖一座亭园，面积有二十余亩，名为“独乐园”。他说，自己不能像孟子所说的与众乐乐，也不能像孔子或颜回一般有圣贤之乐，自己只是优游于林木，取得自己的快乐。独乐园中有读书堂，有山台，有竹斋，有水轩等等，景色相当优雅别致。司马迁闲居独乐园时，来往的人并不多，他曾在诗中写道：“独乐园中客，朝朝常闭门，端居无一事，今日又黄昏。”、“春风与汝不相关，何事潜来入我园？曲沼揉蓝通底绿，新梅剪彩压枝繁。”可见司马光的独乐园是个幽静的环境，园中的构建布局也是很有特色的。

从苏轼与司马光往来的诗信中可以看到司马光园中的生活是相当幽静且有乐趣的。苏东坡一首诗曰：“青山在屋上，流水在屋下，中有五亩园，花竹秀而野。先生卧不出，冠盖倾洛社，虽云与众乐，中有独乐者。先生独何事，四海望陶冶。儿童诵君实，走卒知司马。名声逐吾辈，此病天所赭。抚掌笑先生，年来放喑哑。”

3. 蒲松龄故居

清代蒲松龄的故居，位于淄川区洪山镇蒲家庄，是一座幽静古朴的庭院。院落坐北朝南，前后四进，西有侧院。门楣上悬挂着郭沫若题写的匾额“蒲松龄故居”，院内月门花墙，错落有致，山石水池，相映成趣。北院正房三间，是蒲松龄的诞生处和他的书房“聊斋”，室内陈列着他74岁时的画像。南院有两间平房，旧时称“磊轩”，是以蒲松龄长子蒲箬的字命名的。西院是新建的陈列室，陈列着蒲代家谱、手迹和多种著作的英、俄、日、法等外文版本。聊斋正房后面为六间展室，展出中外蒲氏研究家的多种论著，以及当代文化名人老舍、藏克家、丰子恺、李苦禅、李桦等书画家，为故居创作的书画和题词100余幅。1977年，被定为省级重点文物保护单位。

蒲松龄墓，位于淄川区蒲家庄东南约500米处，墓地四周系砖石砌的围墙，围墙内松柏树 10 株，郁郁葱葱。墓院系蒲氏老林，院内有古墓几十个，蒲松龄墓在墓园北侧，墓堆封土高约 2 米，墓穴方向呈“头部向西南，足部向东北”之势。墓穴前建立了一座四脚碑亭，在亭前建立沈雁冰撰写的“蒲松龄柳泉先生之墓”竖碑。

聊斋园位于淄川蒲家庄村东，于 1987 年建造，占地面积约 2.4 万平方米，建筑面积 6100 平方米。聊斋园分为艺术陈列馆、狐仙园、石隐园、聊斋宫、满井寺、观狐园共六个部分。艺术陈列馆共三个展室，第一和第二展室陈列反映蒲松龄生活的诗词、文稿及颂扬蒲松龄的图画、诗歌、书法等艺术作品；第三展室，展出了十八组蒲松龄生平塑像，形象逼真；狐仙园内建筑错落有致，小巧美观，包括共笑亭、留仙桥、柳拉碑、奇幻门、聚仙峰、卧狐、独眼狐等景观；石隐园内建有远心亭、同春堂、迟月亭、九回廊、文梓树、蔓松桥、霞饴轩及各种石景等，还有假山、怪石及花草；聊斋宫内有《罗刹海市》《席方平》《画皮》《娇娜》和《尸变》等聊斋故事艺术雕塑作品，并运用当代科技声光设施，采取灯光、音响和电影特技等表现手法，再现蒲松龄笔下神鬼狐妖的艺术形象；观狐园内，有各种狐狸 1400 余只，享有极高的观赏价值和经济价值。

4. 徐霞客故居

明代杰出的旅行家、地理学家徐霞客的故居，座落在江阴马镇南阳岐村的东端，占地面积一千一百六十平方米，原有房屋五进二侧厢，现存的前三进，基本上保持原有的风貌，现在已被开辟为徐霞客纪念馆。正厅前天井东侧一棵高大的罗汉松，相传是徐霞客的祖父从京师带回的盆景，由徐霞客将它移栽在庭院中，至今仍然枝繁叶茂，傲然挺立。

徐霞客（1587－1641），出生在江阴马镇南岐一个没落的士绅家庭。他自幼聪明过人，少年时代博览祖遗绎云楼藏书，特别喜欢古今史籍、游记等一类书籍。青年时代，在母亲的鼓励和支持下，从二十二岁起，他开始了旅行和地理考察。前后三十余年中，他跋山涉水，风餐露宿，途中曾多次遇盗和绝粮，都没有动摇他考察山川奥秘的决心，足迹踏遍了大半个中国。后人把他沿途记述的旅行路线、地理地貌、地质水文、植物矿产、名胜古迹和风土人情等，进行整理，编辑成了六十余万字的具有极高科学价值和文学价值的《徐霞客游记》。

明代万历四十八年（1620 年），徐霞客在其母亲大病初愈后，在故居西南方位盖了一座住宅，堂宅落成时，正是“四月清和雨乍晴，南山当户转分明”，于是取名为“晴山堂”。崇祯三年（1630 年），徐霞客的母亲逝世，他为了纪念贤母，特请元明两代名家，将祖上和母亲教子的史料，以及自己的生平事迹镌刻于石碑上，并将石刻嵌砌在壁间。到了明末，晴山堂毁于兵焚，但石刻幸存。1978 年，重建晴山堂，这是古色古香的仿明式建筑，三间敞连，堂内屏门前置徐母教子的白色塑像，端坐着的徐母身略前倾，拉着徐霞客的手，抚摸着儿子的肩，而徐霞客双目凝视母亲慈祥的面容，聆听着慈母的谆谆教诲。

晴山堂的后院环境幽静，穿过鹅卵石小径，是移建的徐霞客墓。墓园按《徐氏宗谱》载墓制图重建。墓地置坟丘，前立清初花岗石墓碑，碑额镌“十七世”三字，中间直书阳文“明高士霞客徐公之墓”，墓碑前用砖砌成祭台，祭台下有三级台阶和砖石铺砌成的甬道。墓前立有一尊徐霞客全身塑像，左右有石刻李先念题词“热爱祖国，献身科学，尊重实践”的碑石。墓园内遍植松柏花卉，使整个墓地幽静雅致。

在徐霞客故居的东南面内河道上，横跨着一座普通的石板桥，取名“胜水桥”，是针对这一带号称“三百六十亩荡”屡遭的水患之地，取胜水吉祥的意思。相传，徐霞客每次出游，他的母亲都要送到桥畔，望着儿子乘船远行。这座石桥是明代建造的，曾几经被水冲毁，现存的石桥是民国年间重建，全长十九米，共有二十四级台阶，桥面石板两侧各刻“胜水桥”三字。

（二）历代家族大院

1. 乔家大院

除了这些古代文人墨客的故居与众不同外，还有那些在某个历史时期曾经叱咤风云的人物，实在令人欣赏和赞叹，通过他们建造的家族大院，隐约可见昔日的繁华景象，同时也可以领略当时住宅建筑布局的独特风格。曾被人们誉称为中国清代四大家庭豪宅的王家大院、常家大院、渠家大院和乔家大院，其设计精巧，工艺精细，充分体现了我国清代民居建筑的威严气派，具有相当高的观赏、科研和历史价值。特别是位于山西省祁县乔家堡村正中的“乔家大院”，是一座雄伟壮观的建筑群，从高空俯视院落布局，很似一个象征大吉大利的双“喜”字，整个大院占地 8724 平方米，建筑面积 3870 平方米。分六个大院，内套 20 个小院，313 间房屋。大院形如城堡，三面临街，四周全是封闭式砖墙，高三丈有余，上边有掩身女儿墙和瞭望探口，既安全牢固，又显得美观气派，充分体现了我国清代民居建筑的独特风格，确实是一座无与伦比的艺术宝库，被专家学者们赞美为“北方民居建筑的一颗明珠。”乔家大院的大门内是一条长 80 米笔直的石铺甬道（指院落中用砖石砌成的路或走廊），把六个大院分为南北两排。乔家大院的大门坐西向东，为拱形门洞，上有高大的顶楼，顶楼正中悬挂着山西巡抚受慈禧太后面喻而赠送的匾额，匾额上写着“福种琅环”四个大字。黑漆大门扇上装有一对大铜环，并镶嵌着铜底板对联一幅：“子孙贤，族将大；兄弟睦，家之肥。”字间流露着乔家主人的治家之道以及对人丁兴旺、家资万贯的希望和追求。大门顶端正中嵌着青石一块，上书“古风”，两字笔力雄健，代表着承接古代质朴生活作风的本意。大门对面的掩壁上，刻有砖雕“百寿图”，一字一个样，字字有风采。进入大门，走完那长长的甬道，西面尽头处是雕梁画栋的乔氏祠堂，与大门遥相对应。祠堂装点得十分讲究，三级台阶，庙宇结构，以狮子头柱，汉白玉石雕，寿字扶栏，通天棂门木雕夹扇。出檐以四条柱子承顶，两明两暗。祠堂里陈列着木刻精雕的三层祖先牌位。

大院始建于清乾隆二十年（公元 1756 年），以后有过两次扩建，一次增修。第一次扩建约在清同治年间，第二次扩建约在光绪中、晚期，最后一次增修是在民国十年后。从始建到最后建成现在的格局，中间经历过两个世纪。依照传统的叫法，乔家大院的北面三个大院，从东往西依次叫老院、西北院、书房院；南面三个大院依次为东南院、西南院、新院。南北六个大院的称谓，体现了乔家大院中各个院落的建筑顺序。

在清乾隆年间，老院是现在乔家大院坐落的地方的东北角。当时处于乔家堡村的大街与小巷交叉的十字口，是乔家人乔全美和他的两个兄长分家后，买下十字口东北角的宅地建起楼房，主楼是硬山顶砖瓦房，砖木结构，有窗棂而无门户，室内筑楼梯上楼。特点是墙壁厚，窗户小，坚实牢固，为里五外三院。主楼的东面是原先的宅院，后把原先的宅院进行了翻修作为偏院，还把偏院中的二进门改建为书塾，这就是乔家大院最早的院落，也就是老院。主院与偏院之间有一

乔家大院一景

大型砖雕土地祠，雕有石山及口衔灵芝的鹿等。土地祠额有四个砖雕狮子和一柄如意，隐喻四时如意吉祥。祠壁上还雕梧桐和松树，六对鹿双双合在一起，喻意“六合通顺”。乔家子孙乔致庸当家后，为光大门庭，继续大兴土木，他在老院西侧购买了一大片宅基地，盖了一座楼房院。楼房院也是里五外三，形成两楼对峙，主楼为悬山顶露明柱结构，通天棂门的门楼卡口是南极星骑鹿和百子图木雕。上有阳台走廊，走廊的前沿有砖雕扶栏，正中为葡萄百子图，往东是奎龙和喜鹊儿登海，西南为鹭丝戏莲花和麻雀戏菊花。站在阳台上可观全院，故称为明楼。明楼竣工后，乔致庸又在与两楼隔遥相望的地方建筑了两个横五竖五的四合斗院，使四座院落正好位于街巷交叉的四角，奠定了后来连成一体的格局。

光绪中晚期，乔家的景仪、景俨花了很多银子，买下了当时街巷的占用权，把巷口堵了，建成西北院和西南院的侧院；东西堵了街口，修建了大门，西面建了祠堂，北面两楼院外又扩建两个外跨院，新建两个芜廊大门。跨院间有栅栏通过，并以拱形大门顶为过桥，把南北院互相连接起来，形成城堡式的建筑群。

民国初年，因乔家人口增多，住房不足，因而乔家又购买地皮，向西扩张延伸。民国十年后，乔家的乔映霞、乔映奎又在紧靠西南院建起新院，格局与东南院相似，但窗户全部装上大格玻璃，西洋式装饰，采光效果也很好。与此同时，西北院也设计改建，把与老院相通的外院之敞廊堵塞，连同原来的灶房，改建为客厅。还在客厅旁建了浴室，修了“洋茅厕”，增添了异国民宅风情。靠西北院旁，原来有一个小院，是乔家的家塾，叫做书房院。分家后，乔建打算建内花园，从太谷县一个破落大户家买回了全套假山，正待兴建时，日本侵华的“七七事变”爆发。日军侵占时期，工程停止，全家外逃，剩下空院一处延至今天，乔家大院成了北方民居中一颗光彩夺目的明珠。

甬道把六个大院分为南北两排。北面三个大院均为开间暗棂柱走廊出檐大门，便于人、马车、轿出入。从东往西，一院、二院为三进五连环套院，是祁县一带典型的里五外三穿心楼院，里外有穿心过厅相连。里院北面为主房，二层楼，和外院门道楼相对应。从进正院门到上面正房，需连登三次台阶，它不但寓示着“连升三级”和“平步青云”的吉祥之意，也是建筑层次结构的科学安排。南面三个大院为二进双通四合斗院，硬山顶阶进式门楼，西跨为正，东跨为偏。中间和其它两院略有不同，正面为主院，主厅风道处有一旁门和侧院相通。整个南院，正院为族人居住，偏院为花庭和佣人宿舍。南院每个主院的房顶上盖有更楼，并配置修建相应的更道，把整个大院连了起来。

乔家大院之所以闻名于世，不仅因为它拥有建筑群的宏伟壮观的房屋，主要是因为它建造上的一砖一瓦，一木一石都体现了精湛的建筑技艺。南北六个大院内，砖雕、木刻、彩绘，到处可见。从门的结构看，有硬山单檐砖砌门楼、半出檐门、石雕侧跨门、一斗三升十一踩双翅仪门等。从窗子的格式看，有仿明酸枝棂丹窗，通天夹扇菱花窗、栅条窗、雕花窗、双启型和悬户型及大格窗等，各式各样，变化无穷。从房顶看，有歇山顶、硬山顶、悬山顶、卷棚顶、平房顶等等，表现为平的、低的、高的、凸的、无脊的、有脊的、上翘的、垂弧的。总之，乔家大院的每地每处都是别有洞天，细细看来，实在让人赏心悦目，品味无穷，它既是建筑艺术的宝库，也是民俗学的殿堂。

2. 王家大院

王家大院地处山西省的腹部地区，位于灵石县城东 12 公里处的静升镇。王家大院包括东大院，西大院和孝义祠，总面积 34650 平方米。

王家大院是山西最大的、保存完好的建筑群，被称为“三晋第一宅”。

东大院俗称高家崖，建于清嘉庆初年，是一个不规则城堡式串联住宅群。俯瞰东大院，是由三个大小不同的矩形院落组成：中部是两座主院和北围院；东北部是俗称“柏树院”的小偏院；西南部是大偏院。城堡是依地布局，顺势建的，四面各开一个堡门。东堡门位于主院前大通道的东端，西堡门开在大偏院的西南角，南堡门开在主院前大通道的中间，北堡门开在小偏院的东北角。南堡门外是一条长 50 米、宽 3 米的石板坡路，直通村中的五里后街。主院前的大通道长 127 米、宽 11 米，全部用青石铺成。大通道的南面是高高的砖砌花墙，墙内建有 60 多米长的风雨长廊。

东大院主体建筑是两座三进四合院，院门前都有高大的照壁、上马石、旗杆石、石狮、石台阶等。从布局看，每座主院都有宽敞的正院、偏院、套院、穿心院、跨院等；按用途分，有堂屋、客厅、厢房、绣楼、过厅、书院、厨房之别。院内修有甬道、幽径、低栏、高墙等。院中有院，门内有门，窑顶建窑，房上座房。主院西南角的大偏院是由座花园式庭院组成的，可供主人小憩；主院正北的后院是由一排 13 孔窑洞组成而分隔为四个小院的护堡院。整个东大院建筑规模宏大，结构严谨。

通过东大院的西堡门，走过一条马蹄形的沟涧小道，就是西大院。西大院俗称红门堡，是一处十分规则的城堡式封闭型住宅群，面向和背靠与东大院完全相同。俯视西大院，其平面是个十分规则的矩形，东西宽 105 米，南北长 180 米。只有一个堡门，开在南堡墙稍偏东的位置，正对着城堡的主街。雄伟的堡门为两进两层，刻有青石牌匾，镶嵌在堡门的正中央，因堡门为红色，所以人们都叫西大院为“红门堡”。堡墙外高八米，内高四米，厚二米多，用青砖砌筑。堡门外正对堡门的地方，有一座砖雕照壁。堡门左右及堡墙东北角、西北角各有一条堡墙。堡内南北向有一条用大块河卵石铺成的主街，人称“龙鳞街”，街长 133 米，宽 3.6 米。主街将西大院划为东、西两大区。东西方向有三条横巷，横巷把西大院分为南北四排，从下往上数，各排院落依次叫底甲、二甲、三甲、顶甲。一条纵街和三条横巷相交，正好组成一个很大的“王”字。堡墙东北角和西北角各有更楼一座，堡内东南角、西北角各有水井一口。堡内共有院落 27 座，除顶甲为 6 座外，其余三甲均为 7 座。各院的布局大同小异，多数为一正两厢二进院，大部分院落以南北中心线为对称轴，东西基本对称。也有一部分院落为偏正套院，院门偏在东南方向。院门内是一条较长的甬道，甬道西侧南端是通往前院的门，北端是通往后院的门。

王家大院是一组民居建筑群，也可说是一座建筑艺术博物馆。它的建筑技术、装饰技艺、雕刻技巧超凡脱俗，别具一格。院内外，屋上下，房表里，随处可见精雕细刻的建筑艺术品。

这些艺术品从屋檐、斗拱、照壁到神龛、门窗，造型逼真，构思奇特，既具有北方建筑的雄伟气势，又具有南国建筑的秀雅风格。这里的建筑群将木雕、砖雕、石雕陈于一院，将绘画、书法、诗文熔为一炉，又将人物、禽兽、花木汇成一体，姿态纷呈，各具特色。王家大院如此雄踞一方，鹤立鸡群，成为黄土高坡上亮丽风景，真是北方民居建筑艺苑中的一颗璀璨明珠。人们自会关注到王家大院的主人，是静升王氏家族，开户于元代，鼎盛于明清，迄今六百多年，虽无治国安邦之人杰和施道立言之圣人，可传承 28 世孙，有其过人之处。

王家大院一景

仅就现存建筑、家谱县志、州府通志以及各种碑碣、匾额、牌坊上的文字，可以看到其历代先祖的业绩和行踪。

始祖王实，起自寒微，迁入静升村后，以农为本，经营豆腐，一生行善积德。

明洪武年间，静升王氏“一脉迁河南称为巨族，一脉遗山东比隆本宗”。到万历时，家族中才有人走出本土，弃农经商，“业贾燕齐”、“逐利湖海”，才开始辉煌。但是，王氏家族真正的昌盛繁荣却是在进入清代以后。当时的十四世王谦受、谦让等兄弟五人，天赋很高，胆略也大。他们五位一体，有的外出闯荡，相机逐利，有的维持农耕，执家政，内外结合，家囊渐实，王氏家族走向富裕的基础，才得以牢牢奠定。

据传，清军入关后，为巩固其统治，1671 年颁布禁令时，深知民心民情的王谦受、王谦和兄弟闻风而动，当即转向口外蒙古一带，贩马内牵，售以广需急求者。其时，山高路远，千里迢迢，艰难险阻甚多，可兄弟俩凭其耐得苦劳之毅力和善于应变之精明，竟先后疏通了官路、商路、山路、财路而做到了路路畅通。

康熙十二年（1673 年），吴三桂叛乱，陕西提督王辅臣响应。国临危险，朝廷急需军马粮草，王氏兄弟审时度势，毅然向平阳府献骏马 24 匹，表示愿为朝廷分忧，后来果然被委以重任，为清军筹集粮马军饷。战事结束后，朝廷嘉奖功臣，王谦受、王谦和名噪一时，生意做进了京城，店铺不断增多。康熙六十一年（1722 年），年届古稀的王谦受还有幸以京畿富绅身份参加了朝迁的“千叟宴”，并捧回御赐龙头拐扙一把。

此后，王氏家族有许多人走向仕途。从县志家谱和一些残碑断碣上可知，王家七品以上至二品的官员，有名有姓者达 43 人。王氏家族中共出过举人 9 名，进士 4 名（其中一名涉嫌参与戊戌变法被罢官）。

王家人做官经商所及之地，北至内蒙古、辽宁，南至广东、福建，西至新疆、甘肃，东至山东、江苏，几乎遍及全国。商业字号，不知其数，可从道光二十八年（1848 年）的一通庙碑上看，仅以“广、聚、万、德、晋、天、永恒”8 个字起首者，就达百家。

家道中兴之后，除修宅筑院、建造祠堂和坟茔外，王家人还好善乐施，多行义举，并因此家声远扬。据现有资料记载，仅乾隆、嘉庆年间历次赈灾，王家人累计捐银达 18560 两、粮食 90 石。捐银最多者计 4800 两，是现开放的高家崖敦厚宅主人刑部山东司郎中 17 世王汝聪。16 世孙王中极，除了为县城防洪堤和介子推庙等处多次捐银外，村中义学房舍不足，他捐资增建 23 间。村道被暴雨山洪冲毁，他捐资并督工筑排洪暗渠 200 余米。王中极为此除出资整修道路外，还在高寒山岭下东西两边路旁，各建旅店一处，供行人投宿，并在两边店里均备有皮袄数十件。他便民惠民，故 200 年传为佳话。

第 15 世孙王麟趾，捐地筑塘、蓄水造渠，并在县城捐资修复学馆；13 世孙王佐才，在外村买地办学堂；16 世孙王中行，在县城修建会文馆；20 世孙王廷仪还将别人卖掉的孩子赎回来为其培育成人等，都为静升王氏家族播远了家声，留下了百年光彩。故屡树美德，仕途见忠勇，仅朝廷嘉恤嘉勉者便有：17 世王如玉在任贵西道兼理贵州提刑按察司事时，特简因川军营委用，乾隆三十八年（1773 年）在小金川战役中，奋勇牺牲。20 世王鸿渐，任两淮盐运司经历，咸丰三年（1864 年）在太平军攻打扬州时，与城共亡，王家总体实力自此元气大伤。20 世孙王奎聚，在投幕山东阳谷县期间，咸丰四年（1865 年）太平军攻城，他甘愿马革裹尸，终致城破身亡。17 世孙王如琨，在任顺天府督粮通判时，曾两次供职于顺于府乡试、会试庶务。21 世孙王鸿儒、王鸿翔，仍追随左宗棠，分任要职，直到左宗棠剿灭了阿古柏匪帮，遏制了俄、英帝国对新疆的侵略，王氏兄弟还被赏戴花翎，并由军机大臣祁隽藻为之题匾：“为善最乐”。

纵观静升王氏家族，由贫到富裕，由蛰居到振翅，既闻达于朝廷，更显耀于乡野。在其经济基础雄实之后，还追求大德大智，但由于社会历史的客观潮流和个人心志的不一样，精神砥柱自不相同，情趣、步调难免各异，再加年代久远，人丁渐众而教化不良，出现不肖子孙滑向纨绔，家风尽弃，后辈挥金如土。大家族虽历经奋发与辉煌，最终还是随着清王朝的覆灭而日渐销声匿迹了。

第二节　当代住宅形式

自古至今，住宅风水的选址与布局艺术，都体现了人们为了能使自身与自然达到和谐统一，采取了各种自我完善的手段，选择适应人类居住的生存环境。经过几千年的历史变迁，风水的含义与核心内容已经有了很大的变化，当代风水学的内涵与使命，就是要将传统风水学中的朴素真理，结合当代的社会条件和自然环境，进一步研究环境景观的美学、建筑学、植物绿化学、磁场方位学、材料、色彩以及房屋外形等，对人类生理和心理产生的信息作用力，选择和营造出有利于人类身体健康和事业发展的居住环境。

自古以来，我国民房住宅都十分重视风水设计和布局，房屋形状和住宅内外的吉凶都离不开金、木、水、火、土五行之理。虽然这些不同外观宅形的房屋，已在社会中得到普遍使用，但是它们给人们的感觉是大有不同的，从风水学的角度来论，就是存在着吉与凶的区别。

一般地说，我国当代住宅的形式大都是由古代宅形演变、发展而来的，其中经历了近代、当代的改进和创新，最后形成了当今社会的民宅形式，四合院与三合院基本上保留着我国古代宅形的构架特征，还保留着传统风水学中许多有关宅形的说法。但是，由于当代世界各国往来频繁，各行各业的技术和经验得到了广泛的交流，我国在引进了外国先进的工业电子和农业种植等方面技术的同时，也吸收了房产建筑技术，促使住宅造型发生了很大的变化，并存着四方形、三角形、圆形与椭圆形、T 字形、十字形、凹形、凸形、L 形等多种外观宅形。

一、四方形房屋

四方形的房屋有两种宅形，一是正方形，二是长方形。四方形的宅形是上吉宅形，以长方形为最佳。无论是古代还是当代民宅中的四合院、三合院，都是设计成四方形的；城市大厦和住宅楼中的单元个人住宅，大多数都设计为四方形。四方形的住宅，其方方正正，能聚气生财，能给以安全、稳定的感觉，利于主人健康和成长。

1. 正方形住宅

正方形的住宅是吉利宅相。在古代，人们都认为正方形的地形只适合建寺庙和佛堂，或盖贵人的住宅，一般平民身份的人不能使用，否则属于凶相之地，因此一直很少被民间百姓采用。据传说资料记载，古时候的人认为，正方形的地相属于阴，阴属坤，是最能显示地界恩德的地形，所以具有清高的吉气，高贵人士居住才符合身份，若一般民众使用，则适得其反，属于凶相，因此造成古代民众对正方形的地形敬而远之。这种能够显示地德的地形只有贵人才可以居住的看法是不符合实际的，是一种欺民行为，判断地形的吉凶原则，不能从人的身份与地位去考虑，既然高贵人士居住可以获吉，就不能否定平民居住同样可以获吉的可能性。经长期的风水实践验证，正方形的地相是吉利的，无论是什么身份、何种地位的人居住都能获吉。当代住宅中，正方形的格局占主要地位，是吉祥的宅相，用之大吉大利。

2. 长方形住宅

长方形的住宅、长方形的庭院、长方形的土地和宅形均是吉利的，但对于日光的照射来说，土地（宅形）的南北长而东西窄与东西长而南北窄的情况，是有吉凶区别的。因为宅基或宅形的吉凶，完全取决于南方是否宽敞，是否可得到阳光的普照。如果南边狭窄，那么得到的光线必定不足；如果南边宽阔或有马路，那么可以得到足够的阳光照射，住宅属于吉相，但房子与马路之间若没有缓冲的空间，那么也会使吉相的住宅变为凶宅。

南北长而东西狭窄的住宅，南边有宽敞的空间，利于通风和采光，属于吉利的宅相；东西长而南北狭窄的住宅，南面没有足够的空间，阳光无法普照，通风和采光条件都极差，此屋属于凶宅。

二、三角形与多边形住宅

三角形与多边形的房屋不吉。从五行来论，这种形状属于火形，住在这种不规则的房子里，会让人感到心绪不宁，也会影响主人的身体健康和事业不顺。

自古以来，三角形的住宅基地都被认为是凶相的地基，古人往往在三角形宅基最尖锐的顶点处，盖小寺庙或土地公庙，压住尖角顶点处的煞气；当代人可以在三角形宅地的尖锐部分筑围墙，使其形成四方形，消除其凶气。无论是住宅形状，还是宅基地形状，凡呈现三角形状的均按缺角论，为大凶之象。如果三角形中尖锐部分位于南方，因南方是火旺之地，那么容易使宅主患眼病和心脏病；如果尖锐部分位于西南内鬼门方位，那么对家中的老母或 45 岁以上的女性十分不利，容易使人患脾胃疾病；如果尖锐部分位于东方或外鬼门东北方，那么对家中的人丁不利，也不利事业的发展，东方尖锐则宅主肝气不足，东北方尖锐则脾胃病难免；如果尖锐部分位于西方，那么宅主容易患口角、呼吸系统（支气管炎）、咽喉和舌头方面的疾病，特别对家中的少女不利；如果尖锐部分位于东南方，那么家人容易患中风、抽筋与肝胆疾病，特别对家中长房女性或 31 岁以上的女性不利；如果尖锐部分位于西北方，那么家中的老父，长子或45岁以上的男性容易患头痛或肺部、呼吸系疾病。

三角形的宅基地或住宅，都无法维持家庭的平稳发展，若住进三角形的住宅，即使一时很兴隆，但好景也不会长久，在不久的将来，必定会厄运降临。无论是住宅用地还是家居房子，要绝对避免三角形状的。

三、圆形、椭圆形宅基与住宅

一般而言，圆形和椭圆形的地形或住宅形状很少。在古代，这种形状的土地，都是用来盖寺庙或佛堂的，民众都不喜欢使用，虽然民众的看法毫无凭据，但在住宅风水实践中验证，凡是呈圆形和椭圆形的土地或房子，都属于凶相。因为圆形和椭圆形，象征制约、束缚和闭塞，居住者无法发挥自身的能力，一生走穷途末路。从世界上各个国家的国土来看，凡是国土呈现圆形和椭圆形的国家，一定会经常发生国际性纠纷，如捷克和匈牙利等就是典型的例子。

四、“T”字形住宅与宅基

宅基与房子的形状，像英文字母“T”，有的是吉相，有的是凶相，其吉凶的程度是根据住宅的朝向方位而定的。

“T”字形的土地，有一边特别长时，无论土地是面向何方，都会因气流分布不均匀，被判为凶相之地。

分析“T”字形住宅的吉或凶，要从十二支方位中的三合方位去判断，看T字凸出部分的长度与较长的一边的两端，是否形成三合。合，则为吉相；不合，则为凶相。

三合有木局、火局、金局与水局四种。木局即指亥、卯、未三个方位合；火局即指寅、午、戌三个方位合；金局即指巳、酉、丑三个方位合；水局即指申、子、辰三个方位合。

五、十字形土地与住宅

十字形的土地或住宅，有四个部分凸出去，空凹的部分也有四个地方，这是凹凸情况十分明显的形状。

十字形状的住宅，无论其朝向什么方位，都是吉凶参半，而且变化的幅度很大，在十字形的土地上盖房居住，或居住在十字形的住宅里，会使人终生坎坷不定，成功还是失败变化无常。

六、凹形住宅

凹字形状的房屋，实际上属于缺位房屋，与缺角房屋给人们带来的不利因素相同。房屋的各个八卦方位，都有其独特的功能，住宅某个部分有缺陷，就意味着房屋的功能不全，就像人的身体上缺少了某个脏腑功能一样。住宅的南面有凹陷不好，风水学把住宅的南面惯称为阳面，阳面凹陷会影响采光，影响阳气的吸收，住宅的阳气不足会使人体气虚弱。住宅的东方是紫气东升之地，俗语曰："紫气东来"，意味着出生与成长的顺利，暗示幸运的降临。房屋的东侧是属于震方，在风水上有运动和活跃的意义，若房屋的东侧有凹陷，意味主人的成长、发展不顺利。

无规则住宅造型的吉凶，应视其具体情况而定。总之，住宅的外观能够给人以稳定感和安全感才以吉论，那些体量大而基座小或有斜墙的房子，会给人以不稳定、不安全的感觉，容易引邪气上身，使主人身体生病或行为品德不良。

第三节　住宅的面积与间数

一、住宅面积与家庭人口的关系

从风水学角度来说，住宅应讲究聚气。若房屋的面积过大而人口稀少，则宅气涣散，不吉利；若面积适中，人口多，能聚气，就是兴旺茂盛的吉利景象；若家里的房子太小，虽然能够提升小孩和大人之间的亲和感，增进家庭和睦的强度，但每个房间各有其用途，房屋过小容易引起家里每个人思绪繁杂，增加家人的心理压力。

依人之常情，如果家庭经济条件许可，就购买一套面积大一点的住宅来居住。但从风水学、人的心理和生理角度来说，并不是住宅的面积越大越好。家居住宅，最好不要购买相邻的两套房子将其打通合为一套，这是家居住宅风水上的大忌，很不吉利的。屋大房多不是福，因为两套房屋打通合为一套，屋大房多而人少，冷冷清清，毫无生气，久而久之，必定会影响宅主一家人的运程。据一份社会调查资料得知，从生理上分析，一个家庭主妇每天打扫房屋清洁卫生的面积大约在 60—100 平方米才算适量，如果房屋面积过大，就会使家庭主妇积劳成疾，严重影响其生理健康。

现在提供两种计算合适的家庭住宅面积的方法。第一种方法：用家中各人岁数的总和乘以一点一平方米（1.1 ㎡）就得出合适这家人居住房屋面积。例如，家中男主人是三十五岁，女主人是三十岁，两个小孩分别是十岁和五岁，全家人岁数总和是八十岁。用八十乘以一点一等于八十八（即 80×1.1=88 ㎡），也就是说适合这家人在小孩十八岁前的住宅面积是八十八平方米左右。第二种计算方法：这种方法是依三代人来计算的，夫妻二人适合住宅面积全为五十平方米，学龄前的小孩每人为十平方米，小学至高中的小孩是每人十五平方米，大学的孩子和老人是每个二十平方米。

二、房屋里房子的间数

俗语云：“一间凶，二间自如，三间吉，五间留一，七空二。”这是对房屋中的房间吉凶数的描述，是前人在房屋修造实践中总结出来的经验。

天之数生于一，极于三，退于七，穷于九，而又复生于一。易经中提到：天圆地方，天清地浊。天是圆的，地是方的。一般而言，三间最佳，即有三间房的住宅最吉；七间房的住宅是退宅，是保守的住宅，住进此宅的人情绪会消沉，缺乏进取精神，正在谋求事业前途的人士不宜居住七间房的住宅；九间房的住宅是穷宅，一般的私人住宅不适合采用此数。

物尽其用，各有功能。凡住宅中每个空间都有用途的，均视为房间论之。住宅的房间包括客厅、卧室、书房、厨房、卫生间等各个具有独立功能的空间。

第四节　家居住宅的温度与湿度

自古以来，风水师们都非常重视住宅的朝向与日照，认为向阳背阴的住宅才符合风水之道。风水学非常重视朝向的原因，是由于住宅向前有水才能给宅内输送吉利的信息，如宅前有蜿蜒曲折的河流或在宅前修一口池塘，不仅有利于灌溉、饮用和排污，还可以使住宅周围近处和室内的微气候保持稳定的湿度；追求住宅的日照，能使住宅的小气候处于良好的温热状态，以保证居住者机体温热的大致平衡，避免体温调节机能长期处于紧张状态。

在住宅内，人们正常衣着、静坐或中度劳动的情况下，机体的发热量、体温、肤温、皮肤发汗量及散热量，以及其它的有关生理指标（呼吸、脉博等）的变化范围，都不能超过正常的限度。因此，住宅小气候的各个因素都必须保持在一定的范围内，在时间和空间上要保持相对的稳定性，气温过高或过低都将导致不良的后果。一般地说，住宅中的空气湿度可以增加机体的传导，使热量流散而引起体温下降，促使神经系统和其它系统的机能活动能力随之降低，导致出现一系列病态。如果人们长期生活在湿度较大的寒冷污浊环境中，就容易患感冒、冻疮、风湿病等；如果长期生活在湿度较低的干燥环境中，就会对人的身体健康造成不利影响，从医学角度来看，干燥与喉咙的炎症存在着一定的因果关系，因此居室内的相对湿度，一般要求为30% ~ 65% 的范围内。

通过实验和推算，夏季室内的适宜温度为 21° ~ 32°C，最适宜的温度范围为 24° ~ 26°C；冬季室内最适宜的温度为 19° ~ 24°C，若温度在 18° ~ 20°C 的范围而湿度为 60%，房间也是舒适的，因为这样的温度相当于冬季在室内换衣服时不至于感到冷。目前，全球的气候整体普遍变得温暖起来，住宅温度也顺从自然界气温的变化而开始升高了。为了使人类居宅的气温与大自然的气温相适应，客厅和卧室的气温要求保持在 22° ~ 24°C 的范围，餐厅的气温要保持在21° ~ 23°C 的范围，厨房因有热气源，温度保持在 22°C 左右即可。

为了保证室内拥有适宜的温度，应当采用住宅建筑围护结构作为最基本的方案。建筑物的围护结构是指外墙壁、屋顶、地板和门窗。要使居室有利于防寒防暑，设置围护结构的建筑材料应尽可能选择导热系数小的建筑材料，导热系数小于 0.25 的建筑材料为保温材料，导热系数小于 1.5 时，就可满足要求。建筑材料导热系数越小，热阻就越大，导热性能就越差，就越有利于建筑物的保温、隔热。但这些导热系数小的材料，往往都是松软的物质材料，不能起结构支撑作用，因此只能把它附在建筑围护结构层中，形成一种保温隔热结构方式，让其发挥承重和保温隔热的双重作用。

除了室内小气候的温度外，人体对建筑材料的触感温度也是不容忽视的。特别是在冷天，人们的皮肤接触到冰冷的瓷砖，身体会觉得发噤，容易产生一种畏缩的感觉。人体对冷热的感觉，在很大程度上受皮肤温度的影响。在住宅中，人体皮肤直接触及的地方很多，但经常接触的莫过于住宅中的地板了。据相关资料记载，有人曾经测量过脚掌和地面装修材料之间温度下降的情况，如果是木地板，当地面温度为22°C时，那么脚掌温度就会下降1°C。从实验结果和日常生活经验中得知，当地面为木地板，其表面具有18～19°C的温度时，才能使人感到舒适，也就是说如果人的脚掌接触地面的瞬间，下降温度在1°C以内，那么对人的身体是有利的。因此，在住宅中，人的皮肤经常触及的地方，应选择那些体感较好的材料，如用木材做家具、地板、墙裙、楼梯和门窗等等。

夏季，室内小气候受太阳辐射，对围护结构的隔热性能和室内通风情况的影响较大，应通过住宅内部的合理设计和选择房间的合理朝向，加强绿化，设置遮阳来发挥围护结构的隔热作用，有条件时可设置机械通风和空调等，保证夏季室内具有适宜的温度。冬季，室内小气候主要受室外气温、门窗漏风和围护结构传热性能、采暖设备的影响，为保证室内有适宜的温度，一般采用较厚且保温性能较好的围护结构、密闭门窗，以及采暖设备和空调等。

第五章　选择住宅楼层的方法

风水学理论认为，一栋住宅楼宇的外部环境吉者，住在楼宇里的人就会受益，但是由于人的命相五行（生肖五行）与楼宇层数五行，以及房屋磁场信息相互作用对人体产生的影响，在同一栋楼内不同楼层的居住者的贫富程度会有明显的差异。当代社会生活中离不开数字，人们都喜欢谐音吉祥的数字而去选择日常生活中所需的数字号码，甚至购买楼宇住宅单元时，很多人都偏向挑选八楼或带八字尾数的楼层，忌带有四字尾数的楼层。但住在八楼或带有八字尾数的楼层里的人不一定都是兴旺发达的，住在同一层楼里的住户，有的人发达，有的人却倒霉，因此以谐音为吉凶依据挑选住宅楼层的方法，只能满足人们的心理需要，不能起到趋吉避凶的作用。

世界上任何事物都有阴阳、五行的属性，人与自然、人与建筑物的关系，只有通过阴阳、五行进行分析，才能发现它们之间的利与弊。五行的每一元素不是独立存在的，而是互相依赖、互相制约的，这就是五行相生相克的基本原理。

五行相生的定律是：金生水、水生木、木生火、火生土、土生金；

五行相克的定律是：金克木、木克土、土克水、水克火、火克金。

一、楼层数与阴阳五行的关系

楼层的五行是运用河图之数来定义的。

1. 楼层阴阳

奇数的楼层属阳，偶数的楼层属阴。

2. 楼层五行

“一六属水，居北方”，故楼宇的第一层与第六层五行属水，尾数是一或六的楼层五行亦属水，如十一楼、二十一楼、三十一楼等。

“二七属火，居南方”，故楼宇的第二层与第七层五行属火，尾数为二或七的楼层五行亦属火，如十二楼、十七楼等。

“三八属木，居东方”，故楼宇的第三层与第八层五行属木，尾数为三或八的楼层五行亦属木，如十三楼、十八楼等。

“四九属金，居西方”，故楼宇的第四层与第九层五行属金，尾数为四或九的楼层五行亦属金，如十四楼、十九楼、二十四楼、二十九楼等。

“五十属土，居中央”，故楼宇第五层与第十层五行属土，尾数为五或十的楼层五行亦属土，如十五楼、十楼、二十楼、二十五楼等等。

二、人与阴阳五行的关系

人的阴阳五行属性是根据出生年地支的阴阳五行（按易历推算）来确定的。

1. 地支阴阳

子、寅、辰、午、申、戌为阳支；丑、卯、巳、未、酉、亥为阴支。

2. 地支五行

年支为辰、戌、丑、未的年份五行属土，寅、卯、年份的五行属木，巳、午年份的五行属火，申、酉年份的五行属金，亥、子年份的五行属水。运用六十甲子分配到各个年份上，可得出各年出生的人的五行属性：

三、楼层与人生克断

甲子年、丙子年、戊子年、庚子年、壬子年出生的人，生肖属鼠，五行属水。

乙丑年、丁丑年、己丑年、辛丑年、癸丑年出生的人，生肖属牛，五行属土。

甲寅年、丙寅年、戊寅年、庚寅年、壬寅年出生的人，生肖属虎，五行属木。

乙卯年、丁卯年、己卯年、辛卯年、癸卯年出生的人，生肖属兔，五行属木。

甲辰年、丙辰年、戊辰年、庚辰年、壬辰年出生的人，生肖属龙，五行属土。

乙巳年、丁巳年、己巳年、辛巳年、癸巳年出生的人，生肖属蛇，五行属火。

甲午年、丙午年、戊午年、庚午年、壬午年出生的人，生肖属马，五行属火。

乙未年、丁未年、己未年、辛未年、癸未年出生的人，生肖属羊，五行属土。

甲申年、丙申年、戊申年、庚申年、壬申年出生的人，生肖属猴，五行属金。

乙酉年、丁酉年、己酉年、辛酉年、癸酉年出生的人，生肖属鸡，五行属金。

甲戌年、丙戌年、戊戌年、庚戌年、壬戌年出生的人，生肖属狗，五行属土。

乙亥年、丁亥年、己亥年、辛亥年、癸亥年出生的人，生肖属猪，五行属水。

根据五行的相生相克原理，在选择住宅楼层时应注意：楼层五行对居住者命相的五行，有相生或扶助作用的为吉利；相反，楼层五行对居住主人的命相起相克作用的，以凶断。也就是说，楼宇层数五行生命主、助命主，均以吉论；楼宇层数五行克命主者，以凶论；命主五行克楼层五行者，以中等论；命主五行生楼层五行者，以泄气论。例如，生肖属猪的人，五行属水，居住在一楼或六楼，则可得水助命主之水，以吉论；若居住在四楼或九楼，则可得金生命主之水，以吉论；若居住在五楼或十楼，则遭到土克命主之水，以凶论；若居住在三楼或八楼，则木会泄命主之水，以凶论；若居住二楼或七楼，则主命之水克制楼层之火，以中等论，但主人八字命局水旺者，为旺局，“我克者为财也”。

生肖属龙、狗、牛、羊的人，五行属土，宜选择五楼、十楼或二楼、七楼居住。

生肖属虎、兔的人，五行属木，宜选择三楼、八楼或一楼、六楼居住。

生肖属蛇、马的人，五行属火，宜选择二楼、七楼或三楼、八楼居住。

生肖属猴、鸡的人，五行属金，宜选择四楼、九楼或五楼、十楼居住。

生肖属猪、鼠的人，五行属水，宜选择一楼、六楼或四楼、九楼居住。

第六章　人命配屋的方法

选择家居住宅，必须结合主人命中五行的喜忌，才能收到较好的效果。根据宅主需要的五行选择适合自己居住的房屋，一般是从宅主八字五行、命卦五行和生肖五行这三个方面入手，分析房屋的朝向是否能补益自己的命中不足之处，起扶助作用。因为房屋的朝向，决定了住宅的五行属性，住宅的五行会与宅主命中五行发生旺、生、克、泄、耗的作用，所以选择房屋的朝向非常重要。

第一节　八字与住宅朝向的吉凶效应

住宅的五行以坐方定论，即坐北向南的房屋为水宅，坐南向北的房屋为火宅，坐西北向东南与坐西向东的房屋为金宅，坐东向西与坐东南向西北的房屋为木宅，坐东北向西南与坐西南向东北的房屋为土宅。

人的四柱命局中，都蕴藏着五行气场，但由于出生时间不同，每个人的八字都各具特点，即使是同一年出生的人，他们命中的五行喜忌也不相同，显然各自需要的外界五行气场也不相同。有的人出生于春季，命中五行缺金，需要补金；有的人出于夏季，命中五行缺水，需要补水；有的人出生于秋季，命中五行缺木，需要补木；有的人出生于冬季，命中五行缺火，需要补火。不管人的命中缺了哪一种五行，都会使命局五行失去平衡，如果不采取有效措施给予补救，就会导致败财伤官、刑克六亲，甚至发生疾病或撞伤等凶灾。因此，在选择住宅时，能通过房屋的朝向来补救命中所缺的五行，也可以起到雪中送炭的作用。

选择房屋的朝向，应根据宅主命中五行喜忌作为出发点，具体选择方法如下：

命局中缺水并且水是喜用神者，居住坐北向南、坐西北向东南和坐西向东的房屋，可以得到有效的补救。以房屋坐山五行生旺宅主命局喜用神五行为主。

命局中缺金并且金是喜用神者，居住坐西北向东南、坐西向东、坐东北向西南、坐西南向东北的房屋，可以得到有效补救。以房屋坐山五行生旺宅主命局喜用神五行为主。

命局中缺木并且木是喜用神者，居住坐东向西、坐东南向西北和坐北向南的房屋，可以得到有效补救。以房屋坐山五行生旺宅主命局喜用神五行为主。

命局中缺火并且火是喜用神者，居住坐南向北、坐东向西和坐东南向西北的房屋，可以得到有效补救。以房屋坐山五行生旺宅主命局喜用神五行为主。

命局中缺土并且土是喜用神者，居住坐东北向西南、坐西南向东北和坐南向北的房屋，可以得到有效补救。以房屋坐山五行生旺宅主命中喜用神五行为主。

根据命中所缺五行，选择了适合自己居住的房屋后，如果能在屋内布置相应的五行能量气场，那么宅命相配的效果就会达到锦上添花的美好境界。在金宅里布置金与土气场，可以旺金宅；在木宅里布置木与水气场，可以旺木宅；在水宅里布置水与金气场，可以旺水宅；在火宅里布置火与木气场，可以旺火宅；在土宅里布置土与火气场，可以旺土宅。

第二节　命卦与住宅朝向的吉凶效应

风水学上，人的命卦也称为人的生命气数。命卦主要是用于调节人与住宅的关系，满足人们选择住宅朝向的心理需要。

一、命卦（气数）的推演公式（二十世纪适用）

男性命卦 =[100 －（出生年份后两位）]÷9，取余数为命卦数。

女性命卦 =[（出生年份后两位）－ 4]÷9，取余数为命卦数。

二、八宅风水论命卦配屋的方法

易卦风水理论著，依据八卦的阴阳与五行属性，把卦分为东四卦与西四卦。又根据东、西四卦，把房屋分为东四宅与西四宅，同时把人的命分为东四命与西四命。具体分法如下：

1. 东四卦与西四卦

坎卦、震卦、巽卦和离卦，称为东四卦。

乾卦、艮卦、坤卦和兑卦，称为西四卦。

2. 东四宅与西四宅

东四宅：

坎宅（坐北朝南）

震宅（坐东朝西）

巽宅（坐东南朝西北）

离宅（坐南朝北）

西四宅：

乾宅（坐西北朝东南）

艮宅（坐东北朝西南）

坤宅（坐西南朝东北）

兑宅（坐西朝东）

3. 东四命与西四命

（1）东四命：坎卦命、震卦命、巽卦命、离卦命。

（2）西四命：乾卦命、艮卦命、坤卦命、兑卦命。

4. 选择房间的法则

易卦风水认为：东四宅不同西四宅，俱以水木相生、木火通明，尽合游年上生气、天医、延年吉星；西四宅不同东四宅，俱系土金相生比和、宫星相生比和。经勘察富贵之家，没有不合三吉而能发福的。如果东四宅混入西四宅或西四宅混入东四宅，不是木克土，就是火克金、金克木；以游年论，不是六煞、祸害，就是五鬼、绝命；克阴即伤妇女，克阳即伤男人，无一幸免的。

现将不同命卦人的吉利房间和门位公布如下：

（1）东四位坎宫生人

坎宫吉凶方位分配口诀：坎——五天生延绝祸六。

福元宜居南房东间上上大吉，居东房南间上吉，居北房中间亦吉。

住宅朝向，宜住坐北向南宅上上大吉，坐南向北宅上吉，坐西向东亦吉（西方为坎卦的先天方位）。虽然是坎命人，但生肖属马者，不能居住坐北向南宅；生肖属鼠者，不宜居住坐南向北宅；生肖属兔者，不宜居住坐西向东宅，特别是坐酉向卯的住宅更忌，否则犯冲克，大凶。

惟坐东向西宅不宜居住，因不便开大门。

（2）东四位离宫生人

离宫吉凶方位分配口诀：离——六五绝延祸生天。

福元宜居南房东间上上大吉，居东房南间上吉，居北房中间亦吉。

住宅朝向，宜住坐北向南宅上上大吉，坐南向北宅上吉，坐西向东宅亦吉。虽然都是离命人，但应避免生肖犯冲，生肖属马者，不宜居住坐北向南宅，特别是坐子向午宅，否则坐山冲克宅主生肖，大凶；生肖属鼠者，不宜居住坐南向北宅，特别是坐午向子的住宅，否则坐山冲克宅主生肖，大凶；生肖属兔者，不宜居住坐西向东宅，特别是坐酉向卯的住宅更忌，否则坐山冲克宅主生肖，大凶。

惟坐东向西宅不宜居住，因为不便开大门。

（3）东四位震宫生人

震宫吉凶方位分配口诀：震——延生祸绝五天六。

福元宜住东房南间上上大吉，住南房东间上吉，住北房中间亦吉。

住宅朝向，宜居住坐北向南宅上上大吉，居住坐南向北宅大吉，居住坐西向东宅亦吉。虽然都是震命人，但生肖属马者不宜居住坐北向南宅，生肖属鼠者不宜居住坐南向北宅，生肖属兔者不宜居住坐西向东宅。马者最忌坐山子位，鼠者最忌坐山午位，兔者最忌坐山酉位，错坐则犯冲克，大凶。

惟坐东向西宅不宜居住，因不便开大门。

（4）东四位巽宫生人

巽宫吉凶方位分配口诀：巽——天五六祸生绝延。

福元宜居东房南间上上大吉，居南房东间上吉，居北房中间亦吉。

住宅朝向，宜居住坐北向南宅上上大吉，住坐南向北宅上吉，居住坐西向东宅亦吉。虽然都是巽命人，但生肖属马者不宜居住坐北向南宅（特别是坐子向午宅），生肖属鼠者不宜居住坐南向北宅（特别是坐午向子宅），生肖属兔者不宜居住坐西向东宅（特别是坐酉向卯宅），否则坐山与生肖相冲，大凶。

惟坐东向西宅不宜居住，因开大门不便。

（5）西四位乾宫生人

乾宫吉凶方位分配口诀：乾——六天五祸绝延生。

福元宜居西房西间上上大吉，居北房西间、东间大吉，居南房西间亦吉。

住宅朝向，宜居住坐北向南宅上上大吉，居住坐南向北开乾门宅上吉，居住坐东向西开乾、坤门、兑门上吉，居住坐南向北宅开艮宫丑字门亦吉，居住坐西向东宅开艮宫寅字门亦吉。

（6）西四位坤宫生人

坤宫吉凶方位分配口诀：坤——天延绝生祸五六。

福元宜居西房西间、南间、北间均上上大吉，居北房西间和东间亦吉，居南房西间亦吉。

住宅朝向，宜住坐北向南开坤门宅上上大吉，住坐南向北开乾门宅上上大吉，住坐南向北开艮宫丑字门上吉，住坐东向西宅开坤门、兑门、乾门上吉，住坐西向东开艮宫寅字门亦上吉。

（7）西四位艮宫生人

艮宫吉凶方位分配口诀：艮——六绝祸生延天五。

福元宜居西房西间上上大吉，居北房西间与东间亦吉，居南房西间亦吉。但北房与南房的中间不可居，因为北房的中间谓之五鬼，南房的中间谓之祸害。

（8）西四位兑宫生人

兑宫吉凶方位分配口诀：兑——生祸延绝六五天。

福元宜居西房西间上上大吉，居北房与南房的西间上吉，居北房的东间亦吉。

住宅坐向，宜住坐北向南宅开坤门上上大吉，住坐南向北宅开乾门上上大吉，住坐南向北开艮宫丑字门亦上吉，住坐东向西宅开坤门、乾门、兑门也吉，住坐西向东开艮宫寅字门亦吉。

以上坐向的住宅，虽然兑宫生人均可居住，但应该避开住宅的坐山与宅主的生肖形成冲克。生肖属马者，不宜居住坐北向南的子山午向宅；生肖属鼠者，不宜居住坐南向北的午山子向宅；生肖属鸡者，不宜居住坐东向西的卯山酉向宅；生肖属兔者，不宜居住坐西向东的酉山卯向宅。

第三节　十二生肖与房屋的吉凶效应

一、十二生肖的寓意

1. 昼夜十二时辰与十二地支、生肖的配属关系

子时：

黑天苟地，混沌一片。时近夜半之际，鼠出来活动，将天地间的混状态咬出缝隙，即“鼠咬天开”，因此子时代表鼠。

丑时：

天开之后，接着要辟地。牛能耕田，该是辟地之物了，即“地辟于丑”，因此丑属牛。

寅时：

寅时是人出生之时，有生必有死。能置人于死地的莫过于猛虎，寅又有敬畏之义，因此寅属虎。

卯时：

卯时为日出之象。太阳本应属于离卦，离卦象火，内中所含阴爻为太阴，太阴即月亮之精玉兔也，因此卯就属兔了。

辰时：

辰为三月的卦象，此时正值群龙行雨的时节，因此辰自然属于龙了。

巳时：

巳为四月卦象。值此之时，春草茂盛，正是蛇出没的好日子，如鱼儿得水一般。另外，巳时为上午，这时候蛇正归洞，因此巳属蛇。

午时：

正午之时，阳气达到极端，阴气正在萌生，马驰骋奔跑，回蹄腾空，但又不时踏地。腾空为阳，踏地为阴，马在阴阳之间跃进，因此马成为午的属相。

未时：

午后是羊吃草的最佳时辰，容易上膘，此时即为未时，故未属羊。

申时：

未时之后，是日近西山，猿猴啼鸣的时辰，且猴子喜欢在此时伸臂跳跃，故申属猴。

酉时：

申时之后为月亮出现之时，月亮属水，应在坎卦。坎卦上下均为阴爻，而中间的阳爻代表太阳金鸡之精，因此酉属鸡。

戌时：

酉时之后，夜幕降临，狗正是守夜的家畜，此时狗在家园狂吠，因此戌属狗。

亥时：

戌时过后，天地间又浸入混沌一片的状态，好像果实包裹着果核那样，夜里覆盖着世间万物，此时只有猪知道需要吃东西，故亥属猪。

2. 十二生肖组合

十二生肖两两组合，六道轮回，体现了我们的祖先对后人的期望及要求。现将十二生肖动物两两组合的情况剖析如下：

第一组是鼠与牛的组合

鼠代表智慧，牛代表勤劳，两者一定要紧密结合在一起。如果只有智慧没有勤劳，就会变成小聪明；如果光是勤劳，不动脑筋，没有智慧，就变成了愚蠢，因此两者一定要结合。这是我们的祖先对后人的期望和要求。也是最重要的一组。

第二组是老虎与兔子的组合

老虎代表勇猛，兔子代表小心和谨慎，两者一定要紧密结合在一起，才能做到胆大、心细。如果只有勇猛，没有谨慎，就变成了鲁莽；如果只有谨慎，没有勇猛，就会变成胆怯。这一组合也很重要，因此把它放在第二位。

第三组是龙与蛇的组合

龙代表刚猛，蛇代表柔韧。太刚者，容易折断，但若只有柔的一面，就会失去主见，因此刚柔并济是我们历代的祖训。

第四组是马与羊的组合

马代表一往无前，直奔目标；羊代表和顺。如果一个人只顾自己直奔目标，不考虑周围环境的协调，就必然会和周围产生磕碰，最后还是不能达到目标；如果一个人只考虑自己与周围的和顺，没有选定奋斗方向，那么目标也就失去了。因此一往无前的秉性必须要与周围和顺紧紧地结合在一起。

第五组是猴子与鸡的组合

猴子代表灵活，鸡能定时叫鸣代表恒定，古代主张灵活与恒定必须要紧紧结合起来。如果一个人先有灵活性，没有恒定性，那么再好的策略也不能得到收获；

第六组是狗与猪的组合

狗是代表忠诚，猪是代表随和。如果一个人太忠诚了，没有随和感，那么它就会排斥他人；反过来，如果一个人太随和了，没有忠诚，那么这个人就会失去原则。因此，无论是对一个民族或一个国家的忠诚，对一个团队的忠诚，还是对自己理想的忠诚，一定要与随和紧紧结合在一起，只有这样，才能保持内心深处真正的忠诚。

在中国，每个人都有属于自己的生肖，用生肖代表人的含义，实际上是我们的祖先期望我们要圆融，不能偏颇，要求我们要懂得面对人生。比如，属猪的人个性随和，要求他能够在随和的本性中去追求忠诚；属狗的人本性忠诚，要求他能够在忠诚的本性中去追求随和。

3. 不同民族十二生肖纪年法

我国是一个多民族的国家，一共有 56 个民族，除了汉族外，其中少数民族就占有 55 个。

汉族使用十二生肖纪年，是依鼠、牛、虎、兔、龙、蛇、马、羊、猴、鸡、狗、猪十二个动物排序的，但在中国这个多民族的国家里，这种生肖纪年法不是汉民族的专利，许多少数民族都使用这十二个生肖动物纪年。需要指出的是，虽然大多数少数民族的生肖纪年法与汉民族相同，但还有一些少数民族仍然保留着各自古老的十二生肖纪年，纪日方法。例如：

⑴ 桂西彝族

十二兽的种类与排序：龙、凤、马、蚁、人、鸡、狗、猪、雀、牛、虎、蛇。

⑵ 哀牢山彝族

十二兽的种类与排序：虎、兔、穿山甲、蛇、马、羊、猴、鸡、狗、猪、鼠、牛。

⑶ 川、滇 、黔彝族

十二兽的种类与排序：鼠、牛、虎、兔、龙、蛇、马、羊、猴、鸡、狗、猪。

⑷ 海南黎族

十二兽的种类与排序：鸡、狗、猪、鼠、牛、虫、兔、龙、蛇、马、羊、猴。

⑸ 云南傣族

十二兽的种类与排序：鼠、黄牛、虎、兔、大蛇、小蛇、马、山羊、猴、鸡、狗、象。

⑹ 广西壮族

十二兽的种类与排序：鼠、牛、虎、兔、龙、蛇、马、羊、猴、鸡、狗、猪。

⑺ 蒙古族

十二兽的种类与排序：虎、兔、龙、蛇、马、羊、猴、鸡、狗、猪、鼠、牛。

⑻ 新疆维吾尔族

十二兽的种类与排序：鼠、牛、虎、兔、鱼、蛇、马、羊、猴、鸡、狗、猪。

⑼ 柯尔克孜族

十二兽的种类：鼠、牛、虎、兔、鱼、蛇、马、羊、狐狸、鸡、狗、猪。

可以看出，我国许多少数民族使用的十二生肖和汉族的生肖文化影响，与汉族基本一致，比如蒙古族、壮族的生肖与汉族的生肖种类相同，只是排序不同罢了。但是，有的民族在吸收汉族生肖文化的同时产生了一些变异，如哀牢山彝族同胞的十二生肖中，以穿山甲代替了龙；新疆柯尔克孜族以鱼代替龙，又以狐狸代替猴；海南黎族同胞是以十二生肖纪日，其次序是以鸡排首，以猴居于尾位；西双版纳地区的傣族，以黄牛代替牛，以山羊代替羊，以象代替猪。各族生肖文化的差异，是由于他们所处的生存环境不同，造成所拥有的物种不同，在选择十二生肖动物时都是挑选他们最亲近的动物种类，这样就给生肖文化带来了一定差异。

4. 十二生肖竞选卫士的故事

关于十二生肖动物，在汉族民间有一个传说。

在远古时代，轩辕黄帝要选十二动物担任宫廷卫士。猫知道后，托老鼠代为报名，可老鼠给忘了，结果猫没有被选上，从此猫与老鼠结成了冤家。大象也闻讯赶来参赛，被老鼠钻进鼻子，憋得上气不接下气，只好逃离现场。其余动物中，牛是大力士，原本推为首选，但机灵的老鼠却窜到牛背上，猪也跟着拱起来，于是老鼠排行第一，牛排第二，猪排最后。三者选定，本成定局，但猪性愚笨懒惰，也能被录用，虎和龙都不服气，被封为山中之王和海中之王，排在鼠和牛的后面。龙被选中，兔子又不服，与龙赛跑，兔赢了，结果排在龙的前面。兔子入局了，狗又吠不平，一气之下把兔子咬伤了，因此被罚排在倒数第二位。蛇、马、羊、猴、鸡都因路途遥远，未能及时赶来参赛，但黄帝照顾它们，经过一番较量，根据各自的成绩一一排定了位置，最后形成了鼠、牛、虎、兔、龙、蛇、马、羊、猴、鸡、狗、猪的排序。

二、十二生肖与住宅风水

1. 生肖与房屋大门朝向风水

人的生肖属相与家居风水存在着密切的关系。生肖属相与住宅风水的搭配宜忌，关键是看门向，主人居住房屋的大门不能向着自己的生肖方位，即宅主属相的方位可坐不可向。比如说，宅主的生肖属鼠，住宅的大门朝东方、西方或南方均可，不能朝向正北方，无论属鼠的人是哪年出生的，住宅大门朝北都不是吉利方位；如果居住大门朝正北的房子，那么房子的坐山必是午山，对于属鼠的人来说，生肖属相与坐山方位犯冲，事业上容易受阻、不顺。反过来说，生肖属马的人，居住大门朝正南的房子就不好，因为大门朝正南的房子，坐山必在正北方位的子山，造成坐山与生肖犯冲，不吉。

如果住在城市中大厦楼宇里的单元套间，大厦楼宇的朝向无所谓，关键是宅主自己整套住房的大门朝向，房屋里的房间（卧室）主要是论房门朝向。

(1) 十二地支在罗盘中所属的八卦方位：

坎卦——子　离卦——午

震卦——卯　兑卦——酉

乾卦——戌、亥　坤卦——未、申

艮卦——丑、寅　巽卦——辰、巳

(2) 十二地支与十二生肖属相的对应关系：

子——鼠　丑——牛　寅——虎，

卯——兔　辰——龙　巳——蛇，

午——马　未——羊　申——猴，

酉——鸡　戌——狗　亥——猪。

生肖属鼠的人，不宜居住大门朝向正北方子位的房屋，即不适合居住坐午向子的房屋；适合居住坐北向南（不走午门）、坐东向西、坐西向东的房屋。

生肖属牛的人，不宜居住大门朝向东北方丑位的房屋，即不适宜居住坐未向丑的房屋；适合居住坐北向南、坐东向西、坐南向北的房屋。

生肖属虎的人，不宜居住大门朝向东北方寅位的房屋，即不适合居住坐申向寅的房屋；适合居住坐北向南、坐东向西、坐南向北的房屋。

生肖属兔的人，不宜居住大门朝向正东方卯位的房屋，即不适合住坐酉向卯的房屋；适合居住坐北向南、坐东向西、坐南向北的房屋。

生肖属龙的人，不宜居住大门朝向东南方辰位的房屋，即不适合居住坐戌向辰的房屋；适合居住坐北向南、坐东向西、坐西向东的房屋。

生肖属蛇的人，不宜居住大门朝向东南方巳位的房屋，即不适合居住坐亥向巳的房屋；适合居住坐南向北、坐北向南的房屋。

生肖属马的人，不宜居住大门朝向正南方午位的房屋，即不适合居住坐子向午的房屋；适合居住坐南向北（不走子门）、坐北向西（即主房向南，院门向西）、坐西向东的房屋。

生肖属羊的人，不宜居住大门朝向西南方未位的房屋，即不适合居住坐丑向未的房屋；适合居住坐北向南、坐南向北、坐东向西的房屋。

生肖属猴的人，不宜居住大门朝向西南方申位的房屋，即不适合居住坐寅向申的房屋；适合居住坐北向南、坐东向西、坐西向东的房屋。

生肖属鸡的人，不宜居住大门朝向正西方酉位的房屋，即不适合居住坐卯向酉的房屋；适合居住坐北向南、坐西向东的房屋。

生肖属狗的人，不宜居住大门朝向西北方戌位的房屋，即不适合居住坐辰向戌的房屋。

生肖属猪的人，不宜居住大门朝向西北方亥位的房屋，即不适合居住坐巳向亥的房屋；适合居住坐北向南、坐东向西、坐南向北的房屋。

论述生肖与住宅坐向的关系，生肖的对冲方位不能作为住宅的坐山，否则住宅坐山方位冲克宅主的生肖不吉。还有宅主不宜走自己生肖属相对冲方位的门路，也不能在自己生肖对冲的方位安床。除了与宅主生肖相冲的方位不能用外，相害方位和相刑方位也是不可取的。

2. 十二生肖与住宅方位的吉凶效应

(1) 生肖属鼠的人

住宅的凶方：南方的午位，西南方的未位。鼠人住宅大门不宜向北方的方位，若住坐午向子的房屋，则坐山午火冲克此宅主生肖，大凶；生肖属鼠的人，不宜住在房屋大太极西南方的未位上，因子与未相害，会给宅主带来不吉祥的凶象。

住宅的吉方：北方、西方。若住宅为坐北向南，坐山为子位，则院子大门不宜开在午位上，因午位会冲克宅主生肖鼠（子水），院子大门开在东方且门向东方大吉；若住宅为坐西向东，那么院子大门开在北方为大吉，开在院子东南方的辰位上也大吉。

⑵ 生肖属牛的人

住宅的凶方：西南方的未山、南方的午山。生肖属牛的人，住宅大门不宜向着东北方的丑位，若住进了坐未向丑的房屋，则房屋的坐山未位冲克宅主生肖，大凶；生肖属牛的人，不宜把住宅大门开在南方的午位上，也不可居住在房屋大太极的午位和未位上，因为相冲与相害都会给宅主带来凶象。

住宅的吉方：北方、西方。生肖属牛的人，住坐北向南宅大吉，但院子不宜开南方午门，若把院子大门开在东南方的巳位上，则可长住久安，开在西方也吉；若住宅的坐向为坐西向东，则为大吉之象，因为坐山酉金与丑土相合，再在东南方巳位上开院子门收水更吉，院子开北方门收水且生肖与北方子水相合，此为吉上加吉。

⑶ 生肖属虎的人

住宅的凶方：西南方的申位、东南方的巳位。生肖属虎的人，不宜住坐申向寅的房屋，因为坐山申金冲克生肖；也不宜居住在房屋大太极的申位和东南方的巳位，申位冲克生肖，巳位与生肖相刑，均属凶象。

住宅的吉方：南方、北方、东方。生肖属虎的人，居住在房屋的南方、北方和东方，均可获得大吉。住宅的吉利坐向是：坐北向南，坐南向北。若住坐北向南的房屋，则开向首南方大门上吉，此为水火既济的大吉之局，大利二房子孙升官、发财和丁口延续；若住坐南向北的房屋，则宜开北门、东门和西北门。

⑷ 生肖属兔的人

住宅的凶方：西方的酉山、东南方的辰位。生肖属兔的人，不宜居住在房屋大太极的西方酉位，否则生肖受西方酉金冲克，大凶；也不宜居住在房屋大太极的东南方辰位，否则生肖与方位相害，为凶象。生肖属兔的人，住宅的大门不宜向正东方，院子大门也不宜向正东方，否则住宅的坐山冲克宅主的生肖，造成病伤之灾或事业不顺。

住宅的吉方：北方、南方、东方。生肖属兔的人，适宜居住坐北向南、坐南向北和坐东向西的房屋。若居住坐北向南的房屋，那么最好选择壬位或癸位做坐山，不宜坐在子位上，因为子与卯（兔）相刑。坐北向南的房屋，大门设在东南方而朝向南方；若居住坐南向北的房屋，宜开东方院子门收水，开西北院子门可收旺财之水，开北门也吉。

(5) 生肖属龙的人

住宅的凶方：西北方的戌山，东方的卯山。住宅大太极的戌山冲克生肖，东方的卯山与生肖相害，均为大凶之象。因此，生肖属龙的人，不宜居住在房屋大太极西北方的戌位，也不宜居住在东方的卯位上。大门或院子大门朝向东南方辰位的住宅，不适合生肖属龙的人居住，因为大门向辰方，坐山必定在戌位上，坐山戌会冲克宅主的生肖辰（龙），大凶之象。另外应当注意，住宅的辰位是生肖属龙人的生命气位，不宜在住宅大太极的东南方的辰位上安置卫生间、厨房或放置不干净的东西，否则会对属龙的宅主构成不利的影响，轻者会有事业不顺、财气不通，重者会皮肉萎缩、怪病重症难免。

住宅的吉方：北方、西方。生肖属龙的人，适宜居住坐北向南和坐西向东的房屋，因为北方的子位和西方的酉山与宅主的生肖辰（龙）相合，此为大吉大利之局。若居住坐北向南的房屋，开东南方巽门为大吉之局，开南大门也吉；若居住坐西向东的房屋，那么开东南方大门大吉。

(6) 生肖属蛇的人

住宅的凶方：西北方的亥位、东北方的寅（蛇见猛虎如刀断）。住宅大太极西北方的亥位冲克宅主的生肖，东北方的寅位与宅主的生肖相害，因此生肖属蛇的人，不能和家属住在住宅的亥位和寅位；生肖属蛇的人，住宅的大门不宜朝向东南方的巳方，因为大门向巳，房屋的坐山必然在亥山，形成坐山冲克宅主的生肖，大凶。

住宅的吉方：南方、东南方、东方。生肖属蛇的人，生命气位在东南的巳方，巳属火，因此适宜居住坐东向西、坐东南向西北和坐南向北的房屋。若居住坐东南向西北的房屋，开向首正门大吉；若居住坐南向北的房屋，那么开西北戌乾门上上大吉，开东门则收水无力只获小吉；若居住坐东向西房屋，那么外局有水过堂，开庚字门接纳大吉。

(7) 生肖属马的人

住宅的凶方：东北方的丑山、北方的子山，生肖属马的人，住宅大门不宜向马位（午），否则坐山子水冲克宅主生肖。不宜居住坐子向午的房屋，不宜居住在房屋大太极北方的子位和东北方的丑位。

住宅的吉方：南方、东方。生肖属马的人，适宜居住坐南向北和坐东向西的房屋。

(8) 生肖属羊的人

住宅凶方：东北方丑山（相冲）、北方的子山（相害）西北方的戌山（相刑）。生肖属羊的人，不宜居住在房屋大太极的丑位、子位和戌位，因为丑位冲克生肖、子位和生肖相害、戌位与生肖相刑；住宅大门也不宜向着未（羊）位，若大门向着自己的生肖方位未方，那么房屋的坐向必然是坐丑向未，坐山与生肖冲克，此为凶象。

住宅吉方：东方、南方、北方的壬癸二山，西北方的亥山。生肖属羊的人，生命气位在西南方的未位，适宜居坐南向北宅、坐东向西宅、坐西北向东南宅和坐北（子山除外）向南宅。若居住坐南向北宅，则宜开西北方亥山大门或北方壬山、癸山大门，门立坐南向北朝向；若居住坐东向西宅，则可用变气法开大门，院子门开在南方位置，大门乾向可立坐北向南。

⑼ 生肖属猴的人

住宅凶方：东北方的寅山（相冲）、西北方的亥山（相害）。生肖属猴的人，不宜居住在房屋大太极东北方的寅位和西北方的亥位；住宅大门不宜向着自己的生肖方位，若房屋大门向西南方的申方，则住宅朝向为坐寅向申宅，坐山冲克宅主生肖不吉。

住宅吉方：北方、西方。生肖属猴的人，宜居住坐北向南和坐西向东宅，也宜居住坐东向西宅。

⑽ 生肖属鸡的人

住宅凶方：东方的卯山（相冲）、西北方的戌位（相害）、西方的酉位（自刑）。生肖属鸡的人，不宜居住在住宅大太极东方的卯位，西北方的戌位和西方的酉位，因为方位与宅主的生肖相冲、相害或相刑，都会给宅主带来不顺，应当避免。住宅的大门不宜向着自己的生肖方位，若居住坐卯向酉宅，大门必然向西，那么坐山卯木就与生肖酉金相冲克，会给宅主的事业、财运带来不顺，还会对宅主的身体造成不良影响。

住宅吉方：北方，东南方辰山、西方的庚、辛二山。宜居住坐北向南宅、坐辰向戌开北门的住宅、坐西（酉山除外）向东开东南方辰门的住宅。

⑾ 生肖属狗的人

住宅凶方：东南方的辰山（相冲）、西方的酉位（相害）、东北方的丑山和西南方的未山。生肖属狗的人，不宜居住在房屋大太极的辰位、酉位丑位和未位上，因为生肖与方位相冲、相害、相刑均会给宅主的事业、婚姻、财运等诸多方面带来不顺。

住宅吉方：南方、东方。生肖属狗的人，适宜居住坐南向北住宅，也适宜居住坐东向西的住宅。若居住坐南向北宅，则可在西北方乾亥二山或北方开大门，也可在东北方的寅位开门。千万不宜开东北方艮位大门；若居住坐东向西宅，则可开西方庚辛大门，也可开南方大门。

⑿ 生肖属猪的人

住宅的凶方：东南方巳山（相冲）、西南方的申山（相害），西北方的亥山（自刑）。生肖属猪的人，不宜居住房屋大太极东南方的巳位、西南方的申位和西北方的亥位，因为方位与生肖相冲、相害和相刑，均会给宅主的事业、婚姻、财运等方面带来阻碍、不顺；住宅大门不宜向着自己的生肖方位，若居住坐巳向亥的房屋，则住宅的大门必然向着生肖方位，坐山与生肖冲克，此为凶象。

住宅吉方：东方、北方、南方、东北方的寅山、西南方的未山。生肖属猪的人，可居住坐东向西宅、坐寅向申宅和坐未向丑宅、坐北向南宅、坐南向北宅。若居住坐东向西宅，则宜开向首庚门收水旺财；若居住坐寅向申宅，则可开西南方未位或西方庚酉辛大门；若居住坐未向丑宅，则宜开丑门或寅门，不可开艮门；若居住坐北向南宅，则宜在向首左方东南方巽位开门，不可开巳门，因巳门冲克生肖不吉，不可开辰门，因为辰为坎卦的坐方八煞方位；若居住坐南向北宅，则宜开向首北门，也宜东北丑门或寅门，开东方甲卯乙位门也大吉。

第七章　阳宅室内的布局与调理

第一节　住宅大门风水

住宅大门是建筑物的纳气口，其功能相当于人的嘴巴，是房屋之中最为重要的部位。若住宅的大门纳入吉气，则可使人的身体健康，丁财两旺，生意兴隆；若住宅的大门纳入凶气，则会使人的身体虚弱，丁财两败，生意萧条。住宅的大门能否纳入生旺之吉气，关键取决于大门的门位与门向。

一、大门的位置

《八宅明镜》曰："宅无吉凶，以门路为吉凶。"住宅风水的好坏，主要受大门的影响最大。

《辩论三十篇》曰："阳宅首重大门者，以大门为气口也！"古代的张宗道云："大门者，气口也。气口如人口，气之口正，便于顺纳堂气，利人物出入。"大门应该开在一栋房子的正中间才算正常。

以传统风水学中的四灵兽青龙、朱雀、白虎、玄武来论门位，一般的房屋开门方位分为四类：（一）开南门（朱雀门）；（二）开左门（青龙门）；（三）开右门（白虎门）；（四）开北门（玄武门）。

在风水学上，以门的前方为明堂，如果前方有平地、水池、广场等等，以开中门最吉；左方为青龙位，以青龙为吉位，开左方门为吉门；右方属白虎方位，以白虎为凶位，故风水师均反对在右方开门。

以上论开门方位的理论，只是风水入门的初步知识，至于门开何方才算吉利，应该配合门路的形势断定。《沈氏玄空学》曰："阳宅以纳气为主，所以门路即水路也！”此句意义亦是指出，路即是指水，是虚水。

至于住宅大门宜开何方，忌开何方，古代早做论述。《八宅明镜》曰：“安宅大门，宜迎来水之吉地以立门。”

1. 开朱雀门的条件：

住宅前方有一水池或平地，即是有“明堂”，大门应该开在住宅前方中间位置。

2. 开青龙门的条件：

住宅前方有街道、水路、路或走廊，右方来路（或来水）长，左方去路（或去水）短，住宅大门宜开左方收纳地气。此法称为“以青龙门收气”。

3. 开白虎门的条件：

住宅前方有街道、水路、路或走廊，左方来路（或来水）长，右方去路（或去水）短，住宅宜开右方门收藏地气。此法称为“以白虎门收气”。

住宅大门的方位，是根据房屋前方的路的形势决定的，右长左短开左门，左长右短应开右门。这种开门方法是符合当代物理学知识中气的渗透与压力作用原理的，强的多的气流必向着气流弱的少的地方渗透，地之灵气亦是这样，地气从高的多的地方向着低的少的地方走去，龙脉之气也是如此。大门是以收聚地气者为吉，以送走地气才为凶。

运用四灵兽代表的方位选择住宅大门的位置，配合八卦方位，再套入九星，就可以准确地判断房屋风水的吉凶了。例如，某艮向住宅门外有走廊，右长左短，应以左方开门为吉，左方为北方，在北方开门为青龙门收气法。但住宅是在右方开门，恰巧右方之门落在宅的东方震卦位上，为震门，震代表长子，故此宅开右门，长子的财运特别差。解决这样住宅门位风水缺陷的方法是改变门的方位，在门内近处设置屏风挡住原门，使磁场（气流）线路。由北方坎卦引进屋内，或堵塞原门，改在北方坎卦位置开门。两种方法都能将东门改为北门，以北门收气，又属坎卦，坎代表二子，必定会旺二房人丁，但基本上也能使全家人的财运比从前更佳。

经过多年的住宅风水勘察和调理实践，证实了凡是风水好的住宅，对全家人都有利，只是风水偏旺的房屋人丁的运气就会更好一些，但与屋内其他人的运气比较，不会相差天地之别，命与住宅完全不相配者另当别论。

开门秘诀：若气聚于住宅前面，则开向前中门接纳（开朱雀门）；若气从住宅右方来，则开左门（开青龙门）收藏；若气从住宅左方来，则开右门（开白虎门）收纳。

改变门位的方法：一、在门内近处设置屏风，令门的方位改变，扭转磁场的流转方向；运用八卦选择吉日论开门，并将原门堵塞。

二、大门的方向

家宅风水的吉凶好坏，对于主人的生活起居，有着非常密切的关系，研究阳宅风水学的主要目的，在于为人们趋吉避凶。推算与判断阳宅风水的吉凶，原则上是运用峦头、理气、磁向等方面来演绎的，当我们给一间屋宇看风水时，应该注意的要领是：定屋向、看屋内格局配置、看屋外周围环境。风水学上，推定房屋的坐向是以大门方向为依据的，推断室内格局配置和屋外周围的地形、山川、沟渠等情况，均是离不开房屋的大门的。大门是磁场流转的关键点，它对推算与判断住宅风水的吉凶性质起着非常重要的作用，因此盖房时，除了对门位的合理选择外，还要注意选择大门的方向。

大门不能对屋外其他房屋的屋角，否则会使门前气场中的气流失去平衡，对居宅主人的心理和身体健康均造成严重的影响。若住宅大门对着别人家宅的屋角，最好的调整方法是将大门略为移动位置。

大门不能正对着前面的高长旗杆和烟囱，也不可正对着电线杆或交通信息灯杆，否则会影响主人的大脑神经和心脏，还会发生血光之灾。特别是大门对着烟囱，住宅主人每天进出大门时看到烟囱，心理上就会不舒服，同时烟囱排泄的废气也会被风吹进屋里，被人吸进体内，严重影响主人的身体健康。

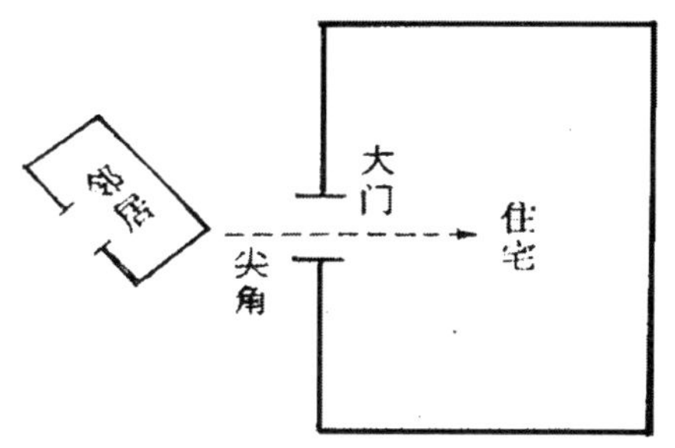

尖角冲射大门。住宅大门被附近尖锐的墙角或屋檐冲射，容易使主人遭受外伤、生病和破财。

大门不能对着前方近处的巨石，因为巨石会带来阴气，进入门内，影响居宅主人的身体健康，同时也会给主人带来官司口舌或车祸之灾。

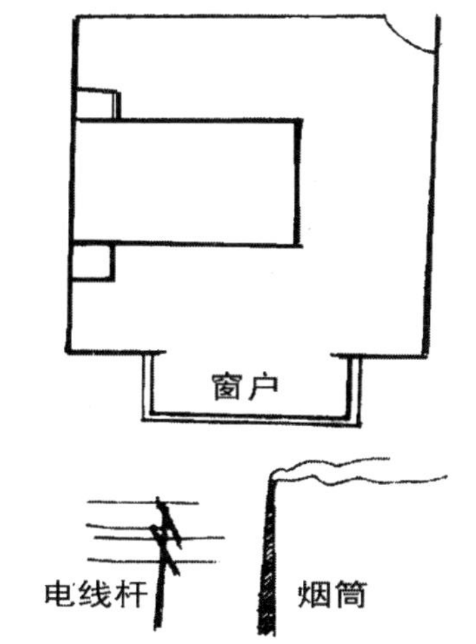

窗户对着电线杆或烟筒，对主人身体健康不利，容易发生血光之灾。

大门不能对着有藤缠的大树，也不可正对着大树或枯树，否则会加重湿气，不仅会阻挡阳气进入屋内，还会严重地影响人的身体健康和财运，甚至在雷雨天气时易招致雷电击打之灾。大门外两旁可以种枝叶茂盛的树木，但所种的树不可枯黄，也不可有蜂巢、蚁窝等，否则对事业发展不利。

大门不能对着直冲而来的大路、小巷，这样主要会招致退财。从气场的角度来说，大门受大路或小巷气场直冲，容易使住宅里的人身体衰弱、精神恍惚，也易招致车祸和撞伤之灾，以致影响事业的发展。

大门不可对着岔路，一出门就看到两岔路冲入门内，这种交叉的气流会影响主人的决策和判断能力。

大门不能对着死巷，因为死巷的气流受阻，不顺畅，容易聚积浊气，对住宅主人的身体健康造成不良影响，而且闭塞不通的气场象征事业上没有出路和难于发展之意。

大门不能对着寺庙、教堂等宗教建筑物，因为寺庙、教堂为“孤阴煞地”，是神佛之灵出没的清气之地，这种的气场容易使人情绪不稳，易发脾气，还会使人产生幻觉，甚至使人夜间魂飞魄游，特别容易使人精神消沉，丧失进取心，有孤单和失落之感。

总之，住宅的大门不能对着带有煞气的障碍物，否则不仅影响居宅之人的财运，而且还会影响人的身体健康与前途事业的发展。若住宅大门对着电线杆、大树、墙角和直冲而来的大路、小巷等无法改变的恶劣环境时，就必须找专业的风水师，配合大门前的障碍物和实际状况，在大门楣上适当安装八卦平镜或八卦凸凹镜来挡住煞气。一般原则是：若欲冲消对方射来的煞气，宜挂凸面八卦镜；若欲吸纳对方之气，宜挂凹面八卦镜。

第二节　客厅的布局与调理

房屋的客厅是全家人聚集、活动及接待客人的场所，是家庭中的公共空间，是家庭日常生活的重心。客厅风水关系着整个家庭的财运、事业和名望的兴衰，因此客厅风水在整个家庭风水中占着十分重要的位置。

一、客厅的坐向

1. 坐北朝南

从五行上说，坐北朝南的建筑物（住宅）属水宅。水具有滋润、

隐蔽、深沉、暗藏的特性，因此坐北朝南的客厅，应该给人以深藏不露、别有洞天的感觉，宜饲养金鱼促使藏风聚气。若客厅布置水浅露底，冬季的北风长驱直入，有碍于家庭聚财获利。

2. 坐南朝北

坐南朝北的建筑物（住宅），在五行上属火宅。火有热情、奔放的特性，因此坐南朝北客厅的布置，应该采用紫色、绿色与红色的混合深色调布置，增强火气场，使人有庄严稳重的感受，如果使用的色调浅浮，形成火虚而不实，易犯官司、口舌。

3. 坐东朝西

坐东朝西的建筑物（住宅），在五行上属于木宅。木有条达、生发、修长的特性，因此，坐东朝西的客厅应深长，合乎木的本性，才能吸取太阳生气之精华，才能使主人朝气蓬勃。反之，如果客厅布置宽浅，呈正方形状，就会失去木的本性，使宅主人身心不适、精神不振。

4. 坐西朝东

坐西朝东的建筑物（住宅），在五行上属于金宅。金具有能柔能刚、变革、肃杀的特性，坐西朝东的客厅，不宜过于阴暗，因为西方为阴卦，又处于日落之方，所以客厅过于阴暗，就会伤室内阳气，影响男性的财运及身体健康。若是女人掌管家权，则可以把客厅修饰得明亮一点。

5. 坐东北向西南

坐东北向西南的建筑物（住宅），在五行属土宅。土具有载物、生化、藏纳功能，能载四方、为万物之载体，具有贡献、厚重的特性。坐东北朝西南的客厅应宽大、厚实和方正，方能滋生和容载万物，才能使宅主人在稳健中茁壮发展。

6. 坐西南朝东北

坐西南朝东北的建筑物（住宅），在五行上属于土宅，因此坐西南朝东北的客厅应宽广方正，要给人予宽广厚实的感觉，忌狭窄。如果坐西南朝东北的客厅呈狭隘、拥挤之象，那么主人的事业将会无法向前发展。

7. 坐东南朝西北

坐东南朝西北的客厅（住宅），在五行上属于木宅。木赖水而生，具有生发、条达、向上、修长的特性。客厅的设计应宽浅适中，不可顺木的本性，因为坐东南朝西北的客厅易招致冬天的寒冷北风。

8. 坐西北朝东南

坐西北朝东南的建筑物（客厅），在五行属于金宅。坐西北朝东南的客厅的设计应灯火通明，才能有利于主人思维能力的提高，若客厅暗淡缺光，则主人思考迟滞，在事业上很难取得大的成就。

二、客厅的色调

在居住环境中，不单是山水可以扭转和再造气场，光线、色彩也具有扭转和再造气场的神奇功效。根据颜色的特性改运，可用二分法把颜色划分成暖色系和冷色系。

暖色系——红色、橙色、黄色、粉红、紫色等。暖色系代表爱情、爱心、奉献等，能令人奋发向上、积极进取。

冷色系——黑色、白色、灰色、蓝色、青色、绿色等。冷色系代表冷静、沉默，能令人松弛、优柔和消极。

从住宅风水布局的原则上讲，装饰房间所使用的颜色应偏重于暖色系，尽量避免过多地使用冷色系。当人置身于一个暖色系的房间，往往情绪比较安稳，会充满爱心和安全感，喜欢待在室内，不仅人事上不易发生纠纷，而且工作、事业也很顺利，能轻易地达到目标，达到招财进宝的目的。

红色：代表狂热的爱心，具有强烈、活跃的特性。

咖啡色：代表食欲、温暖的良好感觉。

橙色：代表理智与温和的爱心。

紫色：带有一点粉红的紫罗兰色，代表高贵的爱心。

黄色：代表友善、快乐和理智、稳重的倾向。

粉红色：是标准的爱情、爱心的表现颜色。

绿色：具有令人宁静、舒适的感觉。虽然归于冷色系，但是也带有爱心，是属于升华之后的博爱。

白色：是比较中性的颜色，但侧重于冷色系，可令人感到纯净可爱的感觉。

黑色：有令人消沉与不安的感觉，但也有令人高深莫测的倾向。

色彩的调配不是客厅风水布置的主要因素，客厅风水布置的要求，最重要的是格局和五行的生克所达成的能量平衡。根据客厅所处的整个住宅的方位和客厅的朝向，在装饰上再配以正确的颜色，可以为客厅风水的应吉效果增加分数。若客厅位于住宅的西南或东北方位，应用暖色系中的黄色布置；客厅位于正东方或东南方位，应用冷色系中的绿色布置；客厅位于北方，应用冷色系中的蓝色；客厅位于南方，应用暖色中的红色或紫色；客厅位于西方或西北方，应用冷色系中的白色、银色或金色。这种说法，只是运用色彩布置客厅的根本，但在布置客厅色彩时应灵活使用与调配颜色，根据事物五行的生克制化原理进行布局，以达到五行能量平衡的最佳效果。这样，只有尽量做到暖色系和冷色系的合理搭配，才能为主人创造一个美好、舒适的居住环境。

在选择适合的阳宅居住时，大多数人都是比较留意房屋的格局是否符合风水要求，却忘记了房屋用色也是一个重要的因素。在家居风水中，颜色是非常重要的部分，从心理学的角度来看，如果颜色搭配不当，就会对宅主的情绪产生恶劣的影响；从科学的角度来说，颜色能产生影响磁场的力量，具有扭转和再造气场的功效，不但会影响居宅主人的视觉神经，还会影响心脏机能、内分泌和中枢神经系统。打个比喻，房屋天花板的颜色最好比地板的颜色浅，才符合“天清地浊”的原则，如果天花板的涂料颜色过于浓重，就会给宅主带来压迫感。

从风水学的角度来看，色彩一般存在普遍感受、吉凶影响与宅主喜忌三种情况。

1. 色彩的普遍感受

普遍感受是指某一种颜色在人的视觉感受下，会产生心理方面的普遍性感受，是以设计心理方面的色彩调配为重点的。比方说：红色能给人以强烈、活跃的感觉；黄色能使人觉得友善、快乐而产生理智和稳重的倾向；绿色能给人以宁静、舒适的感觉；白色的中和性质能令人感到纯净可爱的感觉；蓝色能给人以深远与无攻击性的启示；黑色会给人以消沉与不安的感觉。虽然这些都是普遍性的感觉，但是在不同的种族和国家，因其生活习俗的差异，不同的颜色却象征不同的意义。比如，红色对中国人来说是代表喜庆，是吉祥的象征，但是在韩国习俗中，红色是代表悲哀，家里有丧事则以红布来表示。因此，颜色普遍性的感受只是普通的观念，其象征意义一般是以“人”与“地”为先决条件的，并不会对当事人产生决定性的影响。

“人”的条件是指当事人的先天喜好。根据色彩学的研究，男性比较偏爱暖性的色彩，女性偏爱冷性的色彩；年轻人喜欢暖性色彩，老年人偏重冷性色系。暖性色彩令人产生激励奋发、积极向上的感觉；冷性色系含有松驰优柔、冷静消极的感受。

“地”的条件是指在不同的地点，对色彩作出取舍。例如，在商场里需要选择能令人兴奋的暖性颜色，刺激顾客购买的欲望；在休息和学习、思考的场所，就需要安定祥和的气氛，因此选取用沉静的冷色系最为理想。

2. 色彩的吉凶影响

在风水中，颜色对吉凶能产生一定的影响，主要表现为三个方面：

从科学上来看，颜色要配合光一起运用才可收到良好的效果。一般地说，红色、黄色、白色代表明亮的色素，蓝色、黑色、灰色代表暗淡的色素。

在风水上，颜色阴阳属性的区别是：红色、黄色、橙色、白色、米色为阳性颜色；青色、蓝色、灰色、黑色、咖啡色为阴性颜色。

从八卦理论角度来讲，颜色的搭配必须要依据阳宅的情况来做决定。如果家居的客厅中，平日阳光普照，接近黄昏时刻都感觉到光芒刺眼，说明阳气过重，就应该选择一些带阴性的颜色调配；如果平日光线不足，在白天间也有同样的感觉，则属于阴过重，就要利用带阳性的颜色来调配。

在选择颜色时，必须要互相协调，各种色调不可过多，以恰到好处为原则。比方说，一般人都喜欢蓝色清凉爽快的特性，但是过多地使用蓝色，就会使家中阴气沉沉，没有朝气。同样道理，红色属阳性，而且是阳中之阳，代表喜庆，但是过多地使用红色，就会令人变得暴躁、精神紧张，缺乏忍耐力。因此客厅选择颜色时，最好阴阳色并用，互相协调为佳。

根据中国传统的五行学说，五行配有五色，也同时涵盖着时间和方位。中国古代的先哲将宇宙万物分类为金、木、水、火、土五种基本构成要素，称为五行。五行除了代表方向外，也有与之相应的形状、质地及颜色等等。

风水学上将颜色归属于五行之中，具体颜色所属的五行如下：

五行属金的颜色——金色、银色、白色。

五行属木的颜色——青色、绿色、碧色。

五行属水的颜色——蓝色、黑色、灰色。

五行属火的颜色——红色、紫色、橙色。

五行属土的颜色——黄色、咖啡色、杏色。

在风水的布局上，若要正确运用五行颜色来调节人体能量场，除了要知道五行所属的颜色外，还必须对五行相生的基本关系有一些了解，才能创造良好的视觉效果以构建舒适通畅的室内气氛。

五行相生关系：金生水、水生木、木生火、火生土、土生金。

五行相克关系：金克木、木克土、土克水、水克火、火克金。

五行比和（相同）关系：金见金、水见水、木见木、火见火、土见土。

五行相泄关系：金能泄土、土能泄火、火能泄木、木能泄水、水能泄金。

如果宅主喜欢在家庭的客厅中布置较多的绿色系列，也可以考虑同时布置一些蓝色或黑色系列，因为绿色五行为木，蓝色或黑色的五行为水，水能生木，所以蓝色、黑色系列可以生旺绿色系列。对于代表五行中火的红色、紫色系列以及五行中金的白色系列，就不宜过多采用，因为火能耗泄木，金能克制木。代表五行中土的黄色、咖啡色可以适当布置其间。

3. 色彩应以宅主本身五行喜忌来调配

根据宅主本身五行喜忌来调配客厅颜色的处理方法有两种情况，一是以宅主的出生年份为准则，计算出宅主的三元命卦，了解宅主对颜色的喜忌，再配合五行关系换算为颜色；二是以宅主本身八字五行的喜忌，推算出适合宅主对颜色的喜忌。

以上两种情况，都应按照四象方位和天花板所喜的颜色进行调配与布局，才能收到运用颜色五行来补充宅主命中五行气场的良好效果。四象方位所喜的颜色如下：

（1）东方喜爱的颜色

红色代表喜气、热情、热烈、大胆进取。在风水学上，东方的五行属木，主导人的事业运和健康运，象征年轻与勇于冒险的精神，所以在东方位置摆放一些红色家具及装饰品，如红木吊饰、红色地毯等，都可以使家人充满干劲，具有热情、向上和大胆进取的精神，有利于身体健康、学业进步和事业的发展。

（2）南方喜爱的颜色

绿色含有生气蓬勃之意。风水学上，南方主宰灵感及社交能力和威信。在南方放置绿色的植物，除了可以增添生气盎然的绿意美感外，还能对人际关系的改善有正面的催化作用。

（3）西方喜爱的颜色

黄色是代表财富。风水学上，西方是主导财运的方位，若在西方位置放上黄色的家具或黄色水晶等饰物，就可以给家人带来旺盛的财气，令事业飞黄腾达。

（4）北方喜爱的颜色

橙色有热情、奔放之意。风水学上，北方掌管着夫妻关系的善恶，若欲增进夫妻感情，就在睡房的北方放置橙色台灯、小地毯等饰物，有利于夫妻感情的融洽和发展。

（5）天花板喜爱的颜色

客厅中天花板的颜色，除了根据客厅所处住宅的方位和客厅的坐向来决定外，还有一些需要注意的色彩禁忌。“天圆地方，天清地浊”是风水学上的定理，天花板的颜色应尽量使用最浅的颜色，同时地板的颜色要比天花板的颜色浓厚而深沉，否则会使屋内的人做事颠三倒四、头尾倒置。在中国风水学上，天花板代表天，地板代表地，墙壁代表居屋之人。墙壁的颜色应在天花板和地板之间，既要比天花板的颜色深，又要比地板的颜色浅，这样才能使天、地、人三元达到和谐、融洽的境界。

住宅客厅与室内各房间墙壁装修色彩的搭配要合理，因为色彩会影响一个人的心理和情绪，已有肯定的科学研究结果表明：色彩会使人们感到兴奋、松懈、愤怒或疲倦等各种不良情绪的反应，对人们日常生活有很大的影响。因此在规划设计住宅客厅和房间时，对色彩的选择与调配是相当重要的，最好不要使用太多的红色或黑色做屋内色彩的主色，因为太红的颜色会使人在做事时容易冲动而走向极端，太黑的颜色会使人松懈、疲倦而不求进取。

卧室和起居墙壁的颜色稍带黄色或浅粉红色为佳，门和窗帘的颜色为鹅黄色、粉红色和淡奶油色的配合，能创造出舒适明亮的气氛。

餐厅和儿童房间的墙壁用浅奶黄色为好，门与窗帘的颜色用淡奶油色和稍带黄色的粉红色，这种搭配能给人一种活泼的气氛。

坐南朝北较冷以及采光较差的客厅、房间，墙壁的颜色可以选用奶油色，门与窗帘的颜色可选用鹅黄色，这种搭配能使房间显得明亮，令人有舒适感。

书房或工作室墙壁的颜色，可选用绿色系列及其它淡色，门与窗帘的颜色可选用绿色系列以及其它淡色，这种配合能给人一种安静、舒适的感觉。

厨房墙壁的颜色，最好选用奶白色或其它浅而发亮的颜色，门与窗选用绿色系列或其它淡而明亮的颜色，这种搭配能给人以健康和生气的感觉。

三、客厅的坐山与财位

（一）坐山

在客厅里，一进入住宅大门就看到屋的尽头处为客厅的坐山，也属于房屋的坐山。房屋的坐山方位要保持干净整洁和明亮，不能犯煞气；坐山宫位不能开设通往阳台或走廊的门，也不能在坐山宫位开设窗户，否则为漏气；坐山宫位不能建厨房和卫生间，否则以犯煞论；坐山宫位不能缺角，不宜设置养鱼水箱，不能摆放垃圾桶；坐山宫位不能设置卧房门（包括厨房门和卫生间的门），否则从住宅大门引进室里的气流就会被此房间（或其他空间）大量地吸纳，其他卧室（空间）吸的气流就会相对地减少，造成纳气分布不均，导致房屋磁场不稳而发生凶灾。若住宅的坐山宫位出现以上情况中的任何一种，就会对家庭的财运和人丁造成不良的影响，特别是房屋坐山宫位设置卫生间，坐山宫位所代表的那个人丁就会遭殃，即使在大门口里面设置屏风，把大门口与坐山宫位分隔开来，也无法改变卫生间位于坐山的现实。

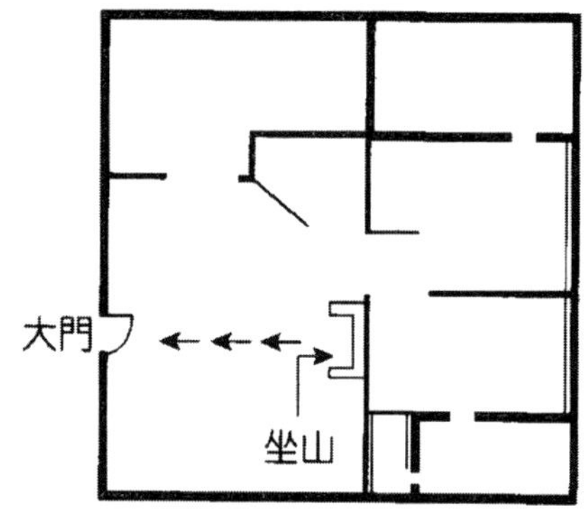

假如流年二黑星或五黄星飞临卫生间，特别是五黄二黑飞临，形成二五交加时，那么家人必定大病，严重者甚至难逃关口。例如，如果住宅是坤山艮向，卫生间位于坤宫，坤为家庭主妇，坐山又主丁，那么家中主妇与丁口必定多病，此卫生间为伤妻损丁厕；如果倒过来，住宅是艮山坤向，卫生间位于艮宫，艮为家中少男，那么家中幼子必定体弱多病。

（二）财位

客厅是家庭成员的公共空间，是家庭生活的重心，客厅又代表着对外沟通的枢纽，其风水关系着整个家运。因此要随时保持客厅干净整齐，避免堆放垃圾杂物，才能凝聚家庭成员的向心力，增强家庭的财运。

客厅中有一个特殊的方位，关系着全家的财运的兴衰，这个方位在风水学上称为财位。财位应处在不动方，财位处不能有门或窗户，若有可用夹板墙处理，否则财位漏气，不聚财。

风水学上判断财位的方法有几种，也就是不同的风水流派对同一座住宅财位的认定方位是不相同的。在八宅风水中，对于财位的判断，有“明财位”和“暗财位”之分。

1. 明财位

明财位即是指客厅大门的左右斜对角 45 度位置和进门对角线的位置。明财位的摆设和采光都相当重要，只有保持财位干净明亮，才能让财气涓涓不息，财源滚滚而来。如果客厅明财位的角落不够明亮，就要在天花板上装个黄色的投射灯，向财位角落处照射。

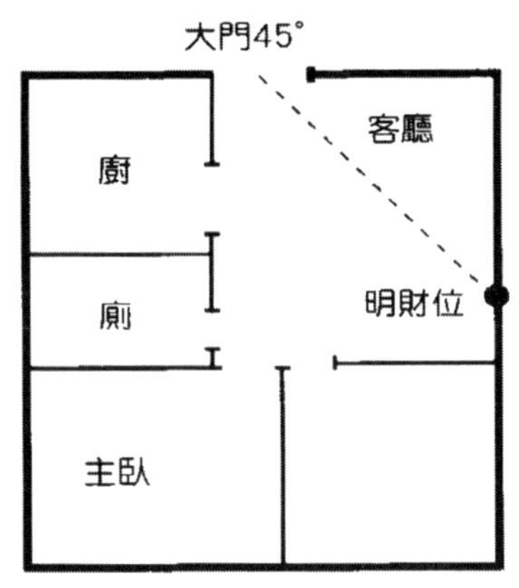

若在明财位上堆满脏乱杂物，那么家居主人的理财能力就会比较差，而且花钱如流水，没有节制。因此，若欲家庭财运好，除了保持明财位明亮洁净外，最好在此处摆放象征财运的吉祥物，如摆放五色水晶开运树、金元宝财神像、貔貅、布袋大肚佛等等，能强化财运气场，让人的福气、财气充沛，财源滚滚，财运亨通顺畅。

2. 暗财位

暗财位是按照大门的方位为基点，以坐山起伏位来判断的。在八宅派风水中，房子内各个方位均有星宿分布，即游星“生气、天医、延年、伏位”与“绝命、五鬼、六煞、祸害”，其中“生气、天医、

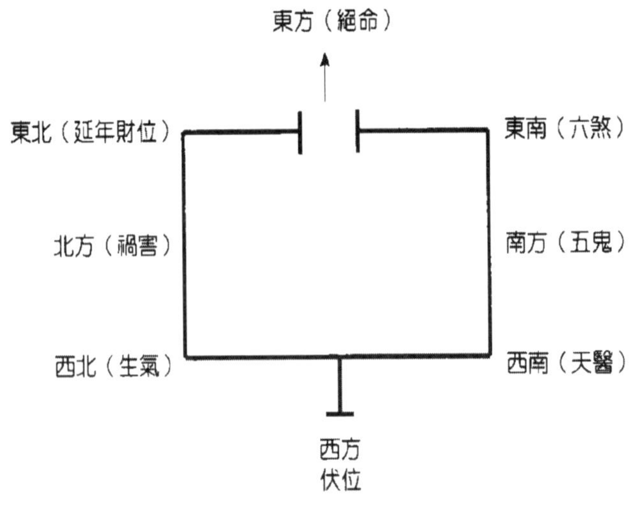

大门向东方暗财位图解

延年、伏位”为吉星，“延年”星所在的位置为财位。这几个星宿的位置不是固定不变的，是随着住宅大门位置的不同而变化的。例如，大门在东方的房子，“延年”财位落在房子的东北方；大门在东南方的房子，“延年”财位落在房子的西南方；大门在南方的房子，“延年”财位落在房子的南方；大门在北方的房子，“延年”财位落在房子的北方；大门在西方的房子，“延年”财位落在房子东南方。其他依此类推。

3. 长久性财位

风水学上，还有一个永久性的财位，这个财位就是房子的东北方。东北方是永久性财位，不会因房子大门方位的不同而改变的，不论如何坐向的房子，都应格外重视房子的东北方位置。

4. 财位的几点禁忌

财位处不能是通道，也不能处于家人经常走动的地方，否则财气守不住，财运反复无常；若财位处刚好是一个门，或因房子的格局关系找不到财位，或财位的地方有大柱子凹进来，都是风水不佳的房子，最好是运用走道隔间的方法，造出一个财位。财位上不可放置会发热的电器；财位上不可摆放人造花和干燥花；财位上方的天花板不可漏水，墙壁或地板油漆不可脱落，磁砖不可斑驳。

5. 不同流派财位布局的区别

住宅的旺财布局，一般都在财位上做文章。便要注意区别，八宅风水认为财位见水，代表着败财之象，因为八宅派财位是财神降临的地方，所以财位见水，意为财神落水的凶象；飞星派风水认为，当令生旺的向星方位是财位，“山管人丁水管财禄”，财位见水则财源滚滚。在家里养风水鱼，最好是摆放在财位上，至于风水轮、风水球和流水式假山的摆放位置，也应该选择在财位上。

6. 其他招财法

除了运用财位旺财的方法外，还有一些简单易行的旺财方法。

（1）住宅客厅的东南方象征着经济与财运，东南方五行属木，在东南方位置摆放绑着红丝带或红绳的绿色植物，如万年青、发财树、龙骨树等植物，可以增添生气达到旺财的效果。

（2）在客厅的正西方摆放一个黄金葫芦或悬挂一个葫芦，对提升财运也有很大的帮助。悬挂葫芦的方法，即是用红绳绑住葫芦，挂在客厅西方的天花板下，离地板约有三分之二的地方，象征积少成多，年年有余。挑选葫芦时，最好是干净完整，而且留有一段蒂头的较佳。

（3）佩戴黑色磁石饰品，可以吸纳身外财。天然磁石带有独特的电流性能，对人体相当有益，随身佩戴磁石，可以平衡体内电流，促进血液循环，使人活力旺盛、身体健康。黑色磁石的五行属水，水为财，象征财源丰厚与人际圆融，因此黑色磁石能活跃招财磁场，提升人缘及偏财运，帮助人们投资获利，轻松掌握健康和财富。

（4）玉石印章能开财运。如果想旺事业、开财运，就为自己刻一个开运印章，摆放在自己的办公桌或床头柜上。掌握正印具有掌管权力的象征，也表示自己在工作上能占有一席之地，藉此财运就能更顺利。在选择印章材质时，应选用天然玉石，开运招财效果更明显，同时象征宝玉财富，经常使用天然玉石印章，能活络财富源、广纳财气。用毕之时，可收藏于印章盒内，有镇守财库之效。

（5）挡煞招财法。一打开住宅大门，就能直接看到房屋尽头的后门，这种格局在阳宅学上称为“穿堂煞”。居住此屋里的人，犯“穿堂煞”，不但容易犯是非小人，而且财来财去，留不住财气。建议在大门与后门之间设置屏风、造风景盆栽，可以避免小人，也能挡住不断外流的钱财，守住家中的财富。这种化解法，不但消除口舌是非，彻底改变家中的气氛，而且可以活跃财库磁场，招来贵人助力，带来滚滚财源。

（6）悬挂吉祥画招财法。吉祥图画在中国的居家风水中扮演着一个不可缺少的角色，在家庭里的墙壁上挂一些吉祥画，不仅能增加美观，而且还具有招财的效果。一般来说，牡丹花的招财效果最佳，享有太阳花之称的向日葵，也是很好的招财悬画，其花色明媚鲜艳，花朵灿烂大气，花茎挺拔，昂首向阳，有黄金之花的美称，充满正向积极能量，是吸引贵人益友、远离小人的最佳表征。家里悬挂向日葵图画，应悬挂于玄关、客厅中的六煞方，因为六煞方是财气不佳，受人陷害而破财的方位，所以更需要有太阳花的正面能量，才可以提升运势，才能吸引贵客临门，近贵远祸，象征前程如日中天，光明似锦。住宅的六煞方：坎宅（坐北向南）在西北乾方，震宅（坐东向西）在东北方，巽宅（坐东南向西北）在西方，离宅（坐南向北）在西南方，坤宅（坐西南向东北）在南方，乾宅（坐西北向东南）在北方，兑宅（坐西向东）在东南方，艮宅（坐东北向西南）在东方。

四、客厅风水与八大方位的关系

住宅中的八个方位与人生的欲求存在着对应关系，布置好八个方位的风水，对居宅之人将带来大吉大利的运气。

找出客厅的中心点，然后把罗盘放在中心点处，格定出客厅的八个方位。特别是要准确标示出大门所在的八卦位置，这样可按五行相生相克的原理催化人生的八大欲求。

1. 正北方（坎卦）

客厅的正北方，五行属水，色彩为黑色和蓝色。北方管读书运，代表中年发达，掌管人的智慧和家庭中的夫妻感情。在客厅正北方位的布置，喜用色彩是蓝色或黑色，在这个方位放置五行属水的物品，对居住者的事业有帮助，同时也可以提高人的智慧，增进夫妻感情，例如放置养鱼缸、山水画、风水轮、水车等，或者放置黑色的金属饰品都可以，因为金能生水。

2. 正南方（离卦）

正南方位，代表人的名声运和威信，又代表人的桃花运，色彩特性为红色。客厅的正南方位的风水布置得好，一定会给家庭带来好的声誉，特别是负责生计的家长。正南方五行属火，喜用色彩为红色，适合悬挂凤凰、火鹤、日出东方等图画，适合铺红色地毯或红色的木制装饰品（木能生火），适合安装高强度的照明灯，以上这些布置均可以增强家人的声名运。如果在客厅的正南方位置摆设风水轮、水车、养鱼缸等水性特别旺盛的物品，就会灭绝南方的火势，对家人的声名不利，严重者还会招来是非口舌，家中子女会犯桃花。如果在客厅的正南方摆设大面镜子，同样会使南方的火气灭绝，对家人名声运势不利，因为镜子的五行属水，所以可灭南方之火气。

3. 正东方（震卦）

正东方，五行属木，主管人的事业运和健康运，色彩特性为绿色和青色。这个方位的风水布置得好，一定会给居住者以健康的身体，事业顺利且兴旺发达，特别是家庭中的长子。

在客厅的正东方位放置茂盛的植物，可以促进家人及子孙的身体健康，事业平稳发展，摆放鱼缸、风水轮、雾化盆景等五行属水的物品或悬挂水性旺盛的山水画，也很有帮助，因为水可养木。

4. 正西方（兑卦）

正西方，主管一家之人的正财运，和家庭成员关系。五行属金，色彩的特性喜用白色、金色或银色。在客厅的正西方布置金属雕刻饰品、金属制品（如金属风铃等），都能够起到旺财的作用。由于土能生金，因此在客厅的西方摆设陶瓷制的白色花瓶或天然水晶，也有催化财运和促进家庭关系协调的功效。

5. 西北方（乾卦）

西北方主管贵人运、事业运和社交运。色彩特性为白色。客厅的西北方位是八大方位中最为重要方位，强化客厅西北方位的能量，有

利于增强贵人运和人际关系，有利于事业的顺利发展。西北方位五行属金，在这个方位上适合摆放白色、金色或银色的金属饰品，或悬挂用红绳串六个五帝古钱，或悬挂六柱中空金属风铃，都可以招引贵人运和改善家人的人际关系。

6. 东北方（艮卦）

东北方，主管人的财运、信念运和祖居运，也关系到子孙的运势。五行属土，喜用色彩为黄色。布置客厅的东北方位的风水，可以用黄色陶瓷花瓶或天然水晶、假山等五行属土的物品，增强这个方位的能量，可以催化子孙运走旺，可坚定正确的信念，可使祖德荫佑后代。

7. 西南方（坤卦）

西南方主管桃花运和财运。色彩的特性为黄色。如果想增进婚姻或恋爱运势，那么客厅的西南方是最为重要的方位。西南方位五行属土，催化的方法与东北方相同，在这个方位放置吊灯、台灯，均可以增强该方位的五行能量，既能旺财，又能促进夫妻关系和谐。摆放天然水晶和全家福照片也可收到相同的效果。

8. 东南方（巽卦）

东南方位是文昌位，主管读书运，色彩的特性为绿色。客厅的东南方是旺文昌的最佳位置。东南方五行属木，喜用色彩为绿色，在住宅客厅的东南方位摆设属木的物品，可以增强该方位的五行能量。以圆叶的绿色植物效果最好，绝对不能摆干燥花，因为干燥花的阴气太重。东南方很适合摆放鱼缸、风水轮与雾化盆景，因为水能养木。

在客厅的东南方倒挂四支毛笔，可以增强居宅主人的思维判断能力，若有小孩将要参加考试，千万别忘记了在该方位上旺文昌。

东南方除了聚集文昌气外，还蕴藏一定能量的财气，只要在这个方位上摆设五行属木的物品，便可以达到招财的效果。

五、客厅中物品的摆设

风水学中所说的明堂，是古时朝臣拜见天子的地方，明堂代表官贵，代表权力，同时也主财运，明堂都在前面。明堂在前则旺财，明堂在后则退财；明堂大旺财，明堂小退财，这是风水学中的硬道理。庭院是住宅的外明堂，客厅则是住宅的内明堂，客厅不仅要位于住宅的前面，而且客厅一定要比卧房的面积大，才符合家居风水之道。若客厅太小，那么家人聚会或招待客人时，就会感觉很狭窄，空气污浊，这也是一种无形的煞气。凡是卧房比客厅大出许多的住宅，就会使主人做事时拿不定主意，不聚财，贵人无力。大客厅，小房间，是发财之道。至于客厅面积大小的尺度，应以整体住宅面积的大小酌情而定。房间是以客厅作为明堂，那么客厅中摆放的物品对房间是有相当大的作用和影响力的，因此对客厅中物品的布置是住宅风水布局中一项非常重要的工作。

客厅的布置和摆设物品，大致上有电视、冰箱、沙发、茶几、组合柜、组合音响以及客厅中的照明设备等等，这些物品一般都没有通过功能和机能的整体设计，而是由宅主随心所欲或依据一定的美感摆放的，无法使摆放于客厅中的所有物品形成聚散通融的作用。依笔者在阳宅风水调理中的经验，客厅中各种物品的摆设，除了从方便、实用、美感和个人喜好角度考虑外，还要依据物品五行性质配合客厅中的八个卦位的喜忌进行布置，才能为宅主创造一个美丽舒适的环境。

客厅中物品摆放的方位，应以方位五行和物品五行的搭配论定，方位五行与物品五行相生以吉论，方位五行与物品五行相克以凶论。西北方乾卦和西方兑卦的五行属金，不能放置五行属火的电视机及消毒碗柜；北方坎卦的五行属水，不可放置五行属火的电视机、消毒柜、电冰箱等等；南方离卦的五行属火，不可放置五行属水的饮水器等物品，用以装饰美景的鱼缸和调理气场的风水轮、风水车、雾化盆景等，也不能摆放在客厅的南方；东方震卦与东南方巽卦的五行均属木，木怕金克，因此这两个方位不可摆放五行属金的家私物品；东北方艮卦和西南方坤卦的五行属土，土忌木来克，因此这二个方位不可布置长条的木家具，也不能把太多的用来绿化的竹树盆栽，放置在客厅的艮卦与坤卦方位，特别是阴气很浓的坤卦方位更应该避免，否则易生幽灵怪异。

客厅大都设在住宅的最前方，一进入大门后首先看见的空间就是客厅。如果能把住宅的客厅设在整体房屋的正中间，也就是整套住宅的心脏部位，那么这是一种大吉之相，可使家运昌隆。但在当代住宅的设计中，常常会看到空间的配置颠倒的情况，即是将客厅设置在住宅的后方，把厨房、卫生间以及其他功能的房间设在房子的前方，甚至设置在住宅大门口的左右两边，形成退财格局。对于这种空间颠倒配置的凶象，单从物品的摆设方面去力求气场的改变，是很难取得良好的效果的，只有改变格局，才能转凶为吉。

下面论述客厅中几种主要物品的摆设方法：

1. 沙发的摆放

客厅布置沙发，要针对客厅活动方式和面积大小的不同来考虑其摆放方位。两组沙发相对摆放适合于谈话空间布置；在面积较小而家庭成员较多的客厅，为节省空间，增加活动范围，应采取沿壁方式摆放沙发；面积小而狭长的客厅，应采用一字沿壁式摆放沙发；面积宽敞而且活动频繁的客厅，应把客厅划分成两个休闲空间，配置两组沙发分别放置于两个不同的空间。

一般地讲，客厅中的沙发摆放与布局，应围成一个U字型，U字口要朝着空宽的地方，形成前朱雀、后玄武、左青龙、右白虎的吉祥风水格局。在正方形的客厅，应将沙发沿墙壁转角处摆放，形成一个互相交流的外敞式交流空间，若再购买一个活动沙发，将客厅的交流空间围拢起来，就会使交流的空间显得丰满，能大大地增强其谈话交流的功能。

2. 茶几的摆放

茶几最初是因为茶桌具有放置茶具的功能被称为“茶几”，在国外通常被称为“咖啡桌”。当代茶几不仅能承载茶水、饮料的功能，而且实用、好看，还具有储物功能。无论是单一的板桌式茶几，还是带储藏箱式茶几，都给人带来多姿多彩、新鲜惬意的感觉。茶几的尺寸应当与沙发尺寸相互协调，不宜过高，也不宜过大，茶几的桌面以略高于沙发的坐垫为宜，不要高于沙发扶手的高度。茶几可以摆放在两个单人沙发之间，也可以放在 3 人或多人沙发的前面，还可以摆放在正方形客厅的墙角处。

按材质分类，茶几可分为玻璃茶几、木质茶几和石质茶几。玻璃的五行属水，客厅中摆放玻璃茶几能充满流线感，好像有水在客厅中流淌，特别是整体塑型钢化玻璃茶几，更富于明澈、清新的透明质感，富于光影空透的立体效果，让空间变得宽大而有朝气；木质茶几能给人带来温暖、平和的感觉；石质茶几突出石头上自然生成的纹理，能让人感受到一种独特的气魄和自然美。

客厅里茶几的形状，以长方形和椭圆形的最为理想，圆形茶几亦可，但绝对不能选择三角形和带尖角的棱形茶几。

客厅中沙发与茶几配合摆放也很有讲究。一般地讲，沙发是主而茶几是宾，沙发较高以山论，茶几较矮以水论，两者互相配合，好比山水相依，符合风水之道。沙发为主宜高大，茶几为宾宜矮小，一般是人坐在沙发中，茶几比人的膝盖稍低较为理想。

3. 饮水机的摆放

将饮水机摆放在客厅中，可以为家人提供方便饮用水，在当代家庭的常用设备物品中占有重要的地位。饮水机采用瓶装水或自来水经净水器净化成饮用水，利用电能制冷和加热，能一年四季为家人提供常温水、热水（75℃—95℃）和冰水（10℃—15℃）。饮水机每天都有为家庭成员提供必需的饮用水，应摆放在客厅里的通风处，距离地面须有 15 厘米左右；不要将饮水机放在靠近贵重家具及其他家用电器的地方，以免溅水损坏物品；饮水机应摆放在客厅没有暖气、热源和阳光照射的位置，特别是夏季，否则过热的环境温度会给一些微生物创造良好的生存条件，借助饮水机内的水进行繁殖，使桶内的水出现变质现象。饮水机放置必须平稳，否则机器会产生较大的噪音。

4. 空调的摆放

空调是当代住宅家具中的重要组成部分，其特殊性和复杂性，跟一般电器不同。空调室内与室外通气的气口，分为内机组和外机组两个部分，外机组主管吸气，内机组主管排出气流。两者的配合是外机组吸纳室外气流，经制冷机器调节气温后，由内机组排到室里。若外机组摆设在客厅的吉方，则可以吸纳吉方之气送入宅内；若外机组安放于凶方，则会吸纳凶方之气送到宅内。内机组出气，对着聚气方会把吉气冲散，对着衰气方会把衰气冲走，时间长久了，空调带给宅主的吉凶就可以明辨了。内机组吹风，把风口引向气流动方，也可招致风生水起的生息吉效。外机组应安装在屋外没有易燃气体和油烟等浊气的地方，内机组应安装在距离电视机、音响等其他家用电器 1 米以外的地方。

六、客厅中不宜摆设的物品

当代社会中，有很多人喜欢在室内设计山形水景，或安置盆栽植物，希望将野外的自然景观移至室内，为生活增添一份绿意，住家毕竟是生活及休息的地方，若在室内物品摆设不当，则会对家宅环境气场造成不良的影响。

1. 枯木

家宅风水要求朝气蓬勃、欣欣向荣、绿意盎然。如果摆放枯木或干燥的花草，就会增加枯萎衰败之气，缺乏旺气，尤其是家中有小孩的家庭，更不宜摆放干枯的植物。

2. 池塘与假石山

室外庭院造景，可以用池塘及假石山，但家庭内部就不宜使用。若把池塘及假石山搬进室内，阴湿的空气就会对身体健康构成不良的影响，还会有破财及带来桃花劫。

3. 石头

亿万年来，石头吸取天地日月之精华，属阴寒性物质，奇形怪状的石头更容易吸引负面能量和产生煞气，因此不宜在家中摆设太多石头。若主人喜欢收集石头，将各类型的石头摆在室内作陈列品，虽然看来十分美观，但对住户主人会带来不良的影响。

4. 恐怖狰狞的面具、娃娃或公仔

恐怖狰狞的面具、布娃娃及塑料公仔模具，容易吸引负面能量，招致邪气，在家中应避免摆放这些东西。

5. 质地低下的水晶、玉器和凶猛禽兽的雕像。

质量不良的水晶和玉器，容易吸引负面能量，对人的身体构成不利的影响。

凶猛禽兽的雕像，如老虎、老鹰等，都会带来煞气，若摆放在家中，就会使主人心慌意乱，甚至出现坐立不安的情况。

6. 古董物件

古代或百年以前留下的古董床，如果不是自己祖先的遗物，那么不宜摆放家里，更不宜放在家里使用。假若古董床的主人是在此床上死亡的，那么睡在古董床上就相当于住进凶宅一样了。切记：古董之物切勿安放在儿童房内。

七、客厅玄关与屏风的设置

古代建筑，特别是四合院，大门内外都会设置“影壁墙”，影壁也称照壁。这种设置，主要是用来阻挡来自大门外强烈的气流，使从室外呼啸而来的气流速度减慢，保持与住宅内的流速相协调。古代传统的风水学说认为，影壁墙（照壁）是针对室外气流的冲煞而设置的。《水龙经》曰："直来直去损人丁"，无论是房屋外面的河流，或是住宅内的气流，都忌讳直来直去，只有婉转、曲折和源远流长的形态，才被视为吉兆。

不同的居住环境会产生不同的能量场，这些不同的能量场对人会产生明显不同的利害影响。风水好的居住环境可以极大地提升宅主的综合运势，无论是事业和财运，还是身体健康等方面，都会称心如意的；风水凶的居住环境往往会给宅主带来一连串的不顺与麻烦。古代人巧妙地运用影壁阻隔气流的冲煞，人为地为住宅制造生气和气脉，这种隔挡气流的做法对宅主是有益无害的。住宅大门正对大道或大街，可采用建造照壁的方法加以遮挡，照壁建在门外或门内，其用意均是挡风、避煞。

（一）玄关的设置

玄关原指室外进入室内的一个过渡性缓冲空间，是进出门户的必经之处，是住宅的咽喉地带。

现在，住宅中的玄关，就是由中国古宅中的"影壁墙"演化而来的，它的作用主要是阻挡来自室外强大气流的冲射，阻隔室外的视线，保持室内生活的私密性，同时避免客人一进门就对整个居室一览无余。虽然玄关的面积不大，但是其使用的频率较高，能给进入门户的客人留下难以磨灭的第一印象。

设置玄关的位置，是从大门进入客厅的缓冲区域，也就是说在进门处划出一块小区域，然后在这个小区域上设置类似古代房屋中设置的"照壁墙"方式的木质墙或玻璃墙，用于阻挡室外直冲而来的煞气和缓冲来访客人的视线，同时在房屋装饰中起着画龙点睛的作用。一般玄关设置在客厅内距离门框大约 2 米左右之处，也可根据客厅的大小而定。玄关最大的风水作用是用来化解屋外直冲大门的煞气，其面积为 3 ~ 5 平方米较为适当。

1. 玄关喜曲折，忌直通

在当代的城市户型设计中，有许多这样的房子，门口玄关处没有任何遮拦，人站在大门外就能把室内的一切看得清清楚楚，缺乏隐私性。若在大门与客厅之间的小区域，设置一个类似影壁屏风的玄关，而且玄关能把直通的走道变成曲折的先导空间，引导人们的视线，让客人一进门后，先来一个拐弯，才能进入室内。

玄关的正面是对着室外开放的，其造型和装饰都应该艺术化；玄关的侧面是对着住宅内的堂屋的，应该配做鞋柜和挂衣架。在住宅里设置玄关，不要拘泥于传统的风格，应该结合住宅的整体格局特点，设计符合当代家居修饰总体设计的理念。

玄关处的吊顶不宜做得太高，一般高度尺寸保持在 2.5 米到 2.7 米之间即可，吊顶中心位置要嵌入筒灯，让玄关明亮一些。

现在的城市楼房中，许多户型设计时，都没有提供玄关的位置，如果想在门口处打造一个玄关，就必须同时考虑到它的风水意义和审美感觉。有些户型的门口处，虽然没有预先提供玄关的位置，但是根据户型的结构和客厅的大小，可以在距离户门不远处立一个实体玄关。对于那些结构不规整的、客厅歪斜或狭窄的户型，就不可过于勉强设置玄关，否则就会失去玄关的实际意义，就好像一个没有穿衬衣的人在脖子上系领带一样，给人一种怪异的感觉。

2. 设置玄关应注意的事项

（1）玄关不宜太狭窄，应有五尺以上。

（2）玄关处不宜太阴暗，宜明亮。

（3）玄关不宜杂乱，不宜堆放旧物。

（4）玄关上的镜子不可对着大门，应摆挂在侧面。

（5）玄关的顶部不宜设计八卦图形。正面和侧面也不宜设计八卦图形。

（6）玄关地毯宜放在外侧。

（7）玄关处不应乱放鞋子，应收纳好，摆放整齐。

（8）面积太小的公寓式住宅，室内不宜另隔玄关。

3. 玄关的装饰

由于玄关处于室内的要冲地方，对宅运有着极大的影响，因此，摆放在玄关上的饰物是大有讲究的，如果宅主出于随意性，忽视了摆放饰物的喜忌，就会无意中破坏了住宅风水。

古人认为，狮子和麒麟是威猛的而且具有灵性的瑞兽，把它们摆放在门口镇守，作为住宅的守护神。现在住宅的外面摆放狮子或麒麟，往往会受到诸多限制，如果摆在玄关内，面向大门处，那么同样可以达到护宅的功效。

有不少人喜欢在玄关处，把各种生肖动物造型的工艺品作为饰物摆设，但宅主根本不考虑生肖动物的五行对自己是否有利。凡是在玄关上摆放的十二生肖摆件，都不宜与户主的生肖相冲，否则进门犯冲，运气不好，事业不顺。

（1）十二生肖相冲的情形如下：

鼠与马相冲　牛与羊相冲　虎与猴相冲

兔与鸡相冲　龙与狗相冲　蛇与猪相冲

（2）玄关忌摆放的动物如下：

生肖属鼠的人忌摆马；生肖属牛的人忌摆羊；

生肖属虎的人忌摆猴；生肖属兔的人忌摆鸡；

生肖属龙的人忌摆狗；生肖属蛇的人忌摆猪；

生肖属马的人忌摆鼠；生肖属羊的人忌摆牛；

生肖属猴的人忌摆虎；生肖属鸡的人忌摆兔；

生肖属狗的人忌摆龙；生肖属猪的人忌摆蛇。

（3）玄关处植物和花卉的摆放

在风水上，绿色植物具有平衡阴阳，净化空气的作用，还有观赏的价值。若在住宅的玄关处摆放植物盆栽和花卉盆景，其鲜活的色彩和旺盛的生命力不仅能给宅主带来视觉上的享受，还有精神上的鼓励。

中国风水学理论的核心，是人与环境的关系问题，因为环境中的事物能散发某种形式的能量，植物能产生源源不断的自然生气。在玄关上摆放植物，可以释放出吉祥的气场，能从空间上激发人的心理感应，达到促进家人运势的作用。选购摆放玄关处的植物时，要注意选择叶子的形状，尖状叶子的植物不好，会产生毒素或煞气；圆状和叶茎多汁的植物比较好；至于人造花卉所产生的能量甚微，但若能长久保持干净和整齐，也可以选用。因为木会破坏中心气场，而且会与金五行相克，所以应避免将植物摆放在西南方，东北方以及中间位置，也要避免摆放在五行属金的西方与西北方。除了八卦与五行生克影响外，植物也可以布置在室内各个房间。摆放植物的最重要的空间，是客厅与玄关，因为二者皆是公用场所，是需要能量较多的地方。玄关处摆放植物，在室内风水中占有相当重要的作用，大型植物、较大的树木和兰花盆栽组合，都适合摆放于玄关处。

总之，玄关摆放植物要结合室内的整体布局，还要考虑气温、光线等因素，把玄关风水的优点发挥到最大程度。

（二）屏风的设置

屏风与玄关的本义是不一样的，屏风主要是用于分隔空间，但由于玄关的造价比较贵，因此当代人就利用屏风代替玄关使用。虽然玄关与屏风两者的名称不同，但是在使用上它们的功能、作用和意义是一样的。客厅屏风是设置在住宅大门口内，距离门框有 5 尺以上的位置，具体尺度应视客厅面积大小而定，屏风的高度以 2 米定量最为适宜。屏风太高，不仅会使宅主有压迫感，而且会完全阻挡屋外之气，甚至隔断来自大门的新鲜空气和生气，如果屏风设置得太低，就无法使其达到阻隔冲煞气流的效果。

客厅屏风处于从室外进入客厅的必经之路，是进入客厅的缓冲区。它能使进入者静气敛神，同时也是引气入室的咽喉要道，除了具有防冲、防泄功能外，还具有避煞挡煞的风水作用，也不失为家居住宅中能起美化作用的高雅装饰品。因此，客厅屏风设置的好坏，关系到客厅风水的吉凶，可直接影响住宅内主人的运气。

在客厅门口的近处设置屏风，不是把客厅分割成若干个小气场，而是运用屏风灵活地改变门向，调整生气的来路，使宅主处于良好的气场之中。从当代科学的角度来说，在客厅设置了屏风，进宅的气流速度减缓，使得接近人体的气流与人体气脉运行的速度相等，人就会产生舒适感，对于人的身心健康有很大的益处，这就是设置屏风的真正价值。

八、客厅开运布局的方法

1. 室内栽种植物的好处

在客厅里巧妙地布置花草树木，可以调整室内的五行气场。花草与树木植物的气场，可以与人产生五行能量互补的作用，在家居布局上应引起高度的重视。植物分为赏花植物和观叶植物，它们的功用有一点差异。花朵是世界上唯一百看不厌的东西，具有值得人们重视的观赏价值；植物在白天里可吸收二氧化碳，放出氧气为主人供氧，其枝叶可以挡煞避邪，具有多方面的作用。花卉散发的气味可以在一定空间内形成一种特殊的气场，置身其中能让人内心充满甜蜜。在客厅里甚至在自己的座位附近，布置一些大大小小与周围环境搭配的花卉，可以让所有走近你的人都能感受到一股温柔甜蜜的气息，使你心情好转。对追求桃花爱情的人，最有效的就是摆放粉红色的玫瑰花。

叶片茂盛的观叶植物，其气场是“内敛”的，也就是说，植物的气场可以把不良的气体吸收消化掉。在客厅里摆放一盆枝叶茂盛的观叶植物，在每天浇水的时候用心祈祷，把内心承受的压力和坏情绪对着这盆植物倾诉，就会缓解你心理上的压力，使情绪好转。

凡学过风水的人都知道，家庭住宅摆放仙人掌和仙人球，可以挡煞。如住宅周围有尖角冲煞的物体，就可以在门外或窗外对着尖角冲射而来的方向，摆放仙人掌或仙人球，这种做法对阻挡煞气进宅的效果很好。但摆放植物要注意考虑用量和方位，在卧室内放置过多的植物是不适宜的，因为在夜间，植物会和人争抢房内的氧气。

虽然在住宅受冲煞的门口和窗口摆放植物，既可以避挡煞气，又能起到招财进宝的作用，但是在受数量的限制下不能达到挡煞的效果，就可以使用挂风铃、葫芦、宝剑或摆放石狮子、麒麟、金鱼、金牛、金鸡等物品进行避邪助运。

2. 客厅中花草的摆放

“水是生命之源，绿色是生命之本。”在客厅中种养花草树木，不仅可以美化环境、活跃气氛，还可以净化空气、消除居家中有害物质对人体的影响。室内环境的有害物质达数十种，其中最主要的有氡、甲醛、苯、氨、聚氯化物、氮氧化物、碳氧化物和放射性元素等。另外，当代家庭过多地使用电器，使室内的负氧离子数量降低。

客厅里种养花卉草木好处很多。种养鸭爪树、美人蕉、竹树和鸡冠花等植物，能吸收大量的铀等放射性毒素；芦荟、吊兰和虎尾兰，可以消除甲醛；常青藤、月季、蔷薇、芦荟和万年青等，可以有效消除室内的聚氯乙稀、硫化氢、苯、苯酚、氟化氢和乙醚等；虎尾兰、龟背竹、罗汉竹和一叶兰，可以吸收室内80%以上的有害气体；天门冬，可以消除重金属微粒；柑橘和吊兰，可使室内空气中的细菌和微生物减少。另外，吊兰还可以有效地吸收二氧化碳，仙人掌这种多肉类花卉在夜间很少排出二氧化碳，紫藤对二氧化硫、氯气、氟化氢和铬的抗性很强，绿萝等大叶喜水植物可使室内空气湿度保持极佳状态。

尽管在客厅里种养花草能清新空气，好处很多，但也会对人产生一些负面的影响，因此在家庭里摆放花草时应引起注意，特别是在主人卧室里摆放花草更要讲究。花卉在白天进行光合作用时，是放出氧气和吸收二氧化碳的；花卉在夜间不进行光合作用，而是吐出二氧化碳和吸收氧气，如果在卧室内摆放花卉，就会使花卉与人争夺氧气，影响人的身体健康。因此，在卧室内，夜间最好少放或者不放花卉，避免花卉与人争夺氧气。例如，月季花虽然能吸收大量的有害气体，但其散发的浓郁香味会使人郁闷不适、憋气，重者甚至呼吸困难；杜鹃花、郁金香、百合花、猩猩木，虽然可以吸收挥发性化学物质，但是杜鹃花含有一种毒素易使人中毒甚至会休克，郁金香的花朵含有的毒碱会使人毛发脱落，百合花的香味会使人神经中枢过度兴奋而引起失眠。还有一些花卉也应引起注意，例如紫荆花的花粉，接触过久会诱发哮喘症或咳嗽症；含羞草是一种毒性很强的有机物，此草体内的含羞草碱会引起毛发脱落；夜来香在夜间散发出的刺激嗅觉的微粒，会使高血压和心脏病患者感到头晕、郁闷，但夜来香是一种可供观赏的香花，它浓烈的香气可以驱赶蚊子，一般用于庭院和阳台摆放。

从风水角度来论，某些植物是具有开运作用的，如果流年不利主人，可以在家庭客厅里摆放开运植物转运。下面的植物花草，可以在家中摆放：

（1）橘树

橘树寓意吉祥如意，象征高贵。把橘子与柿子摆放在一起，表示事事吉祥、顺利；橘子树与百合花摆放在一起，寓意万事大吉。

橘树

（2）茶花

茶花的花容娇艳喜人、富丽堂皇，是花中的珍品。象征高雅、吉祥、富贵。

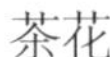
茶花

万年青

（3）万年青

万年青是四季常青的吉祥树种，象征长寿幸福、万事如意。万年青的叶子，厚大且色泽苍翠，具有极强盛的生命力。万年青的叶子越大越好，片片大叶子伸展开来，好似人的肥大手掌伸出向外纳气接福，对家居风水有着极强的壮旺作用。

（4）棕竹

棕竹的干茎较瘦，树叶窄长，因树干似棕榈而叶子像竹得名的。棕竹种植在阳台上，可以保住宅平安。

棕竹

(5) 玫瑰花

玫瑰花艳丽多姿，虽美丽但有刺，凛然不可侵犯，既可点缀装饰阳台的风景，又有化煞的功能，特别适合女性较多的家庭使用。

(6) 杜鹃花

杜鹃花即是九重葛，花色似杜鹃，花叶茂密有尖刺，易于种植，也是上佳的化煞植物。

玫瑰花

杜鹃花

菊花

（7）菊花

菊花有延年益寿、增加福分的功效，有利于室内磁场的稳定。长寿菊、大波斯菊最适合摆放在家中。

水仙花

（8）水仙花

在家庭里摆放水仙花，可以避邪除秽，带来吉祥如意，同时也可招财。水仙在开花前，宛如大蒜，维持它的新鲜是非常重要的。

兰花

（9）兰花

兰花有聚合人气、掌握权力的功效，可以开拓人际关系；也象征祝福和喜悦。在家里摆放兰花，深受别人的喜爱。兰花难养。

铁树

（10）铁树

铁树的叶子狭长，叶片中央有黄斑，寓意坚强，能补住宅之气血，是重要的生旺植物之一。

（11）金钱树

金钱树

金钱树的叶片圆厚丰满，易于生长，生命力旺盛，能吸收外界金气，可提升家中运势。

（12）富贵竹

富贵竹

富贵竹，又称“万年竹”、“摇钱竹”，具有招财的功效。用泥土种的富贵竹，不要给富贵竹浇太多的水，免得根部腐烂。用水瓶插种的富贵竹，可摆放在佛堂的左右两旁。

铁树、发财树、黄金葛、赏叶榕、君子兰、罗汉竹、七叶莲、柑桔、龙血树等这些植物，在风水学中称为“吉利之物”，寓意吉祥如意、聚财发福。

客厅是家庭中放置花草植物最有视觉效果的空间，一般把家中最昂贵的植物放在客厅里。客厅植物主要用来装饰家具，以高低错落的植物状态来协调家居单调的直觉状态，客厅配置花草植物，首先应着眼于装饰美，数量不宜多，太多了就会杂乱，而且生长不好。植物的选择必须注意大小搭配，应靠墙放置，不要妨碍居家主人的走动路线。客厅的植物放置，可以体现出主人的性格特征，因此选择摆放植物的气质，不仅要与主人的性格相协调，还要跟室内气氛相协调。

客厅门若对着楼梯，可用剑叶红、鱼尾葵、棕竹摆放化煞，摆放在相冲的视线处。阳台窗口对着煞气，可用仙人掌、玫瑰、盆栽葫芦化煞。

3. 玄关处摆放植物的喜忌

玄关是一个家庭从外面进入客厅后，在 7 秒钟内就能产生第一印象的地方，适合摆放大型植物加照明，有型有款的盆景树木或盛开的兰花盆栽组合。再在玄关与客厅之间摆设同样种类的植物，连接两个空间。

在玄关上摆放植物，可以绿化室内环境，增加生气，令吉者更吉，凶者化凶为吉。但是必须注意，摆设在玄关的植物，宜以赏叶的常绿植物为主，如铁树、发财树、黄金葛及赏叶榕等均可以。最好是摆放大叶、阔叶类的植物，而细叶或针叶的植物最好少用。有刺的植物如仙人掌类容易引起纠纷，不可摆放于玄关处；玫瑰、杜鹃、松柏等切勿放在玄关处，否则会破坏玄关风水，特别是松柏，更不能放置。松柏是用于亡灵居住的陵墓场所的，活人不可用，若在客厅里摆放松柏树，必定会招致阴气，出现幽灵怪异。

4. 客厅图画的布置

在住宅客厅墙上挂名人字画和艺术家的画等，会提高家庭的品位，增强生气和活力，但也有些画蕴藏着凶祸的寓意，因此选择悬挂图画时要特别注意。有些画可挂，有些画不宜挂。

（1）住宅客厅里适宜挂的图画

※ 青龙腾飞图

龙可以招贵人，除掉是非小人。对于绘有青龙、金龙等画，若悬挂或收藏不对的话，即为蛇类之物，甚至比蛇更凶狠。在家里挂龙画应注意以下几点：

① 龙头应该向内，不可向外。龙头向内属于朝拜之象，向外属于外奔之兆。

② 龙的摆放或悬挂位置在青龙边（即住宅的左边），不可放置在白虎

青龙腾飞图

边（即住宅的右边），否则暗示龙虎争斗没完没了。

③ 龙的图案应挂在客厅的青龙方位。

④ 龙的雕塑品应放在客厅的青龙方位。

⑤ 龙的图案不能卷起来存放，应挂出来方为吉效。

⑥ 龙的雕塑品不能收入仓库内。

⑦ 若宅主生肖属狗或兔，不宜在客厅里挂青龙图。

※ 凤凰图

凤凰鸟，雄性称凤，雌性称凰。

凤凰作为一种瑞祥的鸟类，它的吉意是比较丰富的。凤凰同飞，是美满、和谐的象征。

凤凰有鸡的属性，五行属金。夏天和秋天出生的人比较适宜挂凤凰画或摆放凤凰雕塑品。生肖属兔与狗的人，不宜在客厅里挂凤凰图，也不宜在客厅或卧室摆放凤凰雕塑物品。

凤凰图

※ 九鱼图

九鱼图是一幅绘有九条活鱼的图画。“九”是取长久之意，“鱼”是取万事如意之意，喻年年有余。九鱼图是有大吉大利意义的装饰图画。

九鱼图

鱼的五行属水，春夏两季出生的人均五行缺水，特别适合挂九鱼图。

※ 骏马图

骏马图

在客厅里挂骏马图，喻意飞黄腾达。马的五行属火，春冬两季出生的人五行缺火，蕴藏火气的骏马，可弥补不足。“骏马朝外为求财，大船入港进财货”，意思是骏马的头朝外为出外求财，挂船画要使船头向内，虽春季木旺，但刚刚走出寒冬，难于生火。船头向内者招财进宝。在客厅中摆马饰物或悬挂马画，不可将骏马的头朝向屋内，马头要朝向客厅的门。命中五行缺火者，可以在客厅中挂骏马图，但骏马装饰画不宜挂在南方，因马的卦象属天，若挂在南方位置（南方位的五行属火），那便是“火烧天门”了，容易招致不利之事的发生。马画最好挂在丁未位置。生肖属鼠与牛的人与马不合，不宜在客厅中挂骏马图。

三羊图

※ 三羊图

三羊图是一幅绘有三只羊的图画，俗称“三羊启泰”或“三阳开泰”。羊图的意思即招来吉祥、带来好运，但生肖属牛、狗、鼠的人与羊的本性不合，不宜在客厅里挂三羊图。

雄鸡图

※ 雄鸡图

雄鸡有五德，即文、武、勇、仁、

信，是一种辟邪吉祥物。雄鸡善斗，鸡目能辟邪，在客厅里挂雄鸡图可消除桃花劫。生肖属兔、狗的人与鸡的本性不合，不宜在客厅里挂雄鸡图，特别是雄鸡展翅图。

※ 飞鹰图

飞鹰装饰画，喻意高瞻远瞩。飞鹰图最好挂在客厅的右方（白虎方），头部朝门外为吉。飞鹰图不可挂卧室内，否则会招来口舌是非；也不可挂在书房内，否则会使人心往外思。飞鹰有鸡的属性，五行属金，生肖属兔与狗的人，不宜在客厅或卧室里挂飞鹰图。

飞鹰图

※ 蝙蝠图

“蝠”与“福”同音，蝙蝠是好运气与幸福的一种吉祥象征物。两只蝙蝠画在一起，一为单为缺，二为双为全，表示求全、求吉祥，追求美好幸福的意思。画有五只蝙蝠的图画，叫做五蝠图，表示天赐五种福，这五福就是长寿、富裕、幸福、美德和健康。五蝠图适宜老年人使用。蝙蝠的形状似老鼠，有鼠的属性，五行属水，因此生肖属马、兔和羊的人，不适宜在客厅里挂蝙蝠画。

蝙蝠图

※ 猛虎图

有些人认为老虎是猛兽，有驱邪避煞的威力，把猛虎图挂在客厅用于镇宅。其实，凡是在客厅里挂猛虎图的人家，大多易招致血光之灾，尤其是虎头向屋

猛虎图

内者大凶。虎画中的猛虎下山虽有威猛之势，但猛虎下山时都是肚子饿了，要伤人的。虎画有虎形就会有虎灵，虎灵的应验在于时间问题，若是图画中绘的是上山虎，则无大碍。尤其是名人所画之虎更是威猛无比，因为名人是带有强旺的气场的，名人在画虎时意念已全部投入，其心中的老虎愈威猛，所画的老虎就愈神气、愈凶猛，因此在家中挂猛虎图画要注意。若是真的要挂猛虎图，秋天出生的人比较适宜，生肖属猴和蛇的人不宜挂虎画。

如果在客厅摆放木雕老虎，也是属于不吉利之象，同样会造成血光之灾，特别是将虎头朝向屋内，更是凶险无比。

在公检法机关工作的人，特别是部队的军官，可在自己家庭的中堂处挂虎画，有雄霸天下，威震四方的功效。

※ 狮子图

狮子与猛虎一样，属于凶猛动物，可驱邪制煞，还能给人带来名誉、地位，但也会给人带来血光之灾。狮子与虎一样，狮子图适宜秋天出生人使用，生肖属猴与蛇的人不宜在客厅里悬挂狮子图。若在客厅里挂狮子图，狮子的头一定要朝向大门，即向着屋外，最好挂狮子滚绣球的图画，因为狮子滚绣球是表示喜庆吉祥之象的。

狮子图

（2）住宅客厅里不适宜挂的图画

不宜悬挂蓝色太深或者黑色过浓、过多的图画，因为这样的画有沉重之感，容易使人意志消沉、悲观，做事缺乏主动性和冲动力。

不宜悬挂绘了凶猛野兽的图画，否则会影响宅主的健康。

不宜挂太多的人物肖像画，否则会令人的情绪反复无常，心理不平衡，容易使人神经过敏。

不宜挂日落西沉的绘画，因为这种绘画会使人意志消沉，缺乏生命活力。

不宜挂瀑布和江河奔腾咆哮之类的图画，因为这些图画会使主人运气反复无常。

不宜挂红色份量太多的图画，因为这种图画会使人脾气暴躁或意外受伤。

前面说的“飞鹰图”和“猛虎图”尽量少挂，最好不要挂，若挂在客厅里，则会凶多吉少，因为这两种图画都会损害家人的身体健康。

除了家居住宅客厅外，公司（单位）的办公室内也应尽量不挂为佳。但有些公司为了体现龙马精神，往往会在办公室内贴挂“神鹰展翅”或“猛虎图”，这些图画都不适合于单位办公室贴挂的，因为会对领导、老板或员工的身体健康构成损害。

5. 客厅中山水的布置

“山管人丁，水管财禄”是风水学中的重要原则，很多人都希望在自己的住宅里布置山水来旺财丁。

在长期的风水勘察和调理的实践中，笔者曾为无数家庭布局过山水，总结出了在住宅中布置山水的经验和方法。欲在住宅里布置山水，达到催丁旺财的效果，必须要准确地把丁位与财位找出来，然后把山水分别恰当地布置在丁财旺位上，就可以收到丁财两旺的良好效果。如果对丁位与财位的推算产生了错误，就会给宅主造成丁财两失的后果。

（1）山的布置

在住宅内布置的山，一般是指带有较强磁场能量的山石和人造假山，还包括贴挂客厅墙壁上以山地为主的山水龙脉画。

山石与假山要布置在住宅的靠山（坐山）方位处，既可以旺丁气，又能招贵人。若房间有两门相对通出阳台，就在阳台处摆放一块大山石或人造假山，以避免房子漏气的凶象。在客厅沙发摆放处的靠墙上，可以贴挂山龙气脉图画；在办公椅的后面墙壁上方，可贴挂山水龙脉画。

（2）水的布置

古代传统风水学，大都重视屋外的山水自然分布情况，特别是盖在地面上的平房十分重视宅外河流或池塘的方位、水质及形状等。随着社会的发展以及人口的不断增长，无论是城市还是乡村，住宅房屋建筑的格局、形状、高度等方面都有了很明显的改进，特别是建宅基地的平整，造成河流和自然池塘日渐减少，人们对自然山水美景的享受已远远不如从前，因此只好把山水搬进屋里布置。

不少人在住宅装修时，都会想方设法在家庭里设置水位来美化居室，同时还能达到怡情养性、招财化煞的功效。在住宅里设置水位，主要是布置人造水景和饲养鱼类等来实现的。人造水景包括风水轮、风水球、雾化水盆景、鲤鱼跃龙门水景、大海和河流之类的山水图画等等；饲养鱼类包括饲养金鱼、锦鲤鱼、红龙鱼、银带鱼、慈鲷鱼、攀鲈鱼、龙吐珠鱼、摩利鱼、牡丹鱼、七彩神仙鱼等等。

在住宅里布置水位，主要是放在财位上，要靠墙角放置，切忌将鱼缸摆放在宅心。住宅的财位是在出入门口的对角位置和左右偏斜的对角位置。另外，东南方是钱财与富裕的象征，北方是事业成功的象征，将水位设置于客厅的东南方或北方，可以使家庭物质生活逐渐趋于小康，事业也会蒸蒸日上。

住宅里设置水位要符合户主的命中五行。根据五行学说理论中的相生相克原理，在金、水、木、火、土五行中，金生水、水生木、木生火、火生土、土生金；金克木、木克土、土克水、水克火、火克金。水是克火的，如果宅主八字中喜火忌水，那么不能在客厅中设置人造水景，特别是不宜饲养金鱼。

在住宅里设置水位饲养风水鱼，对家庭每人都很有益处。

下面对饲养鱼类作简单的介绍：

◎金鱼：

金鱼是宋朝时由鲤鱼改良而来的观赏鱼种，当时称为中国的国宝鱼。时至今日，金鱼的种类已经很多，难于查考，比较普遍饲养的品种主要有水泡眼、红牡丹、黑珍珠、茶壶等。金鱼象征招财进宝、福寿双全的意思，很受喜爱饲养鱼的人士欢迎。在家庭里饲养金鱼，最忌的事情是经常用手捞鱼，容易患鱼鳞方面的疾病，要特别注意。

◎锦鲤鱼：

锦鲤鱼在中国民间家庭里被饲养的历史比金鱼长久，是有灵性的鱼类，可使家运蓬勃发展。但碍于家庭空间的限制，饲养锦鲤鱼的人不是很多，主要以企业界人士为主。

◎红金龙：

红金龙鱼是风水鱼中的极品。红龙原产于印度尼西亚的鱼类，具

金鱼

锦鲤鱼

红金龙

银龙带鱼

慈鲷鱼

攀鲈鱼

摩利鱼

七彩神仙鱼

有消灾解厄、趋吉避凶的好处，甚至可以肉身代替饲主受灾，让主人免去厄运。

◎银龙带鱼：

银龙带鱼的全身披着银色被视为财富的象征，它的泳姿与红龙具有同样的霸气，甚受企业界人士的喜爱。

◎慈鲷鱼与攀鲈鱼：

较受人们欢迎的慈鲷鱼，主要有红魔鬼、皇冠六煎、金菠萝等。攀鲈鱼有黄金战船、古代战船等品种，因其形状类似寿星，外观眉目慈善，颇受一般家庭钟爱。

◎摩利鱼：

摩利鱼身为黑斑色，它们具有挡煞作用，其中以摩利鱼效果较佳。

◎七彩神仙鱼：

七彩神仙鱼的色彩斑澜，鱼性温和，能旺正财。具有改善人际关系、减少办事障碍等功效，但实质财富增长较慢。

在住宅里饲养鱼类应注意：带有戾气和煞气的鱼，如鲨鱼、斗鱼等，则不宜在家庭中饲养。

第三节　卧室的布局与调理

卧室是家人睡眠、休息、怡养精神的地方，人的一生中约有三分之一的时间是在卧室里度过的，因此卧室的宁静、舒适气氛是保证充足的睡眠和主人身心健康的重要因素。在卧室的定位与设计上，要追求的是功能与形式的完美统一，以及优雅独特、简洁明快的风格；在卧室的审美上，要追求时尚、庄重典雅的感觉，巧妙地运用丰富多样的表现手法，使卧室既简单而又韵味无穷。

一、卧室的方位

卧室设在住宅的西北方和西南方，最有利于成人居住，这二个方位都能够提升人的成熟与责任感，在工作与生活中能得到他人的尊重。

1. 西北卧室

位于西北方位的卧室，特别适合家庭中掌实权的男性居住，男人长期居住在西北方的卧室里，能够充分地吸收大地赐予乾位的热能，会使男性的气概高昂，增强责任心，会得到家人的尊重以及部属的信赖和拥护，很快就能取得良好的成绩。但长期居住在西北的男性，会产生独裁性格，而且会变得相当顽固。

2. 西南卧室

位于西南方位的卧室，非常适合家庭中的女主人居住，若家庭主妇长期居住在住宅西南方位的卧室，那么她就会成为一个实实在在的贤妻良母，能够把各种事情做得有条有理，深受家人和社会的尊重。

若男人长期居住在西南的卧室，因西南为坤卦，属老阴卦，就会把男人女性化，像个婆娘一样，说话不算数，使人讨厌而失去尊重。

3. 北方卧室

卧室位于住宅的北方，因北方的性质比较平静，这对失眠难睡者特别有利。长期居住在北方卧室里的男人，容易受到人际关系的摆布，经常会反省、检讨自己的缺失。平时也不会表现自我，显得不够聪明，还会埋怨了解自己的人太少。但居住在北方卧室里的人，比较会埋头于个人的研究工作，具有学者的气质，只要努力工作，一定会有很大的成就，但大多属于大器晚成型。北方卧室比较适合学者、作家、技术人员以及从事经营酒吧、俱乐部的人居住。

4. 西方卧室

卧室位于住宅的西方，特别有利于夫妇享乐，能够提高夫妻性生活的质量。西方卧室，有促进睡眠与安稳的力量，特别适合中小企业和商店的女性老板居住。居住在西方卧室的男人，也可以过着满足的人生，但必须特别注意避免处事草率。

5. 东方与东南方卧室

卧室位于住宅的东方或东南方，对刚步入社会的年轻人有很大的益处。东方有新鲜、发展的气氛，容易造就年轻的男性成功者。东方卧室适合从事时代尖端行业的经营者居住，如经营电脑、仪器、音乐创作、著作、图书等行业经营者，可以居住东方卧室。由于受活跃动感的气的影响，使他们充满活力，只要是善变的人，即可发挥实力，与朝阳一起活动，使自己的能力和运气得到升腾。东南方位具有天地热量，能使人生一帆风顺。居住在东南方位卧室里的人，做事顺利，而且很快便可得到升迁，有着令人羡慕的幸福人生，同时能够充分得到朋友或亲戚的帮助。睡在东南方卧室的人，观察力相当敏锐，有勇于挑战的胆量，凡事都很顺利。做任何事情都不如意的人，若把卧室移至东南方位，就一定会有令人意想不到的结果。凡是住在东南方卧室的人，无论干哪一种行业，总是被好运气笼罩着，只要自己努力去做，一定可以成功。

6. 南方卧室

卧室设置在南方，对需要灵感的人来说，是一个很好的布局，因为南方的太阳光线很强，居住在南方能吸收较多的太阳能量，增强人的观察力，可以练就创造性的才能。但是，如果演艺人员或命中五行缺火的人，把卧室设在南方，就会产生因睡眠不足而引起精神失常的问题。

7. 东北方卧室

卧室设在住宅的东北方，因东北方寒冷，又是黎明前最黑暗的方位，可以激发男性潜在的热情。居住在这个方位的男性，大部分都富有侠义心，但有时候难免会感到人生起伏的严酷，经常会遭到欺骗。卧室在东北方的男性，是天下第一大好人，因为极度热心的驱使，他喜欢照顾他人，经常向别人伸出援助之手，是个很有热血的人。

东北方卧室比较适合从事和土木建筑有关行业的人士居住，但应特别注意避免乱发脾气，以免吃亏或受到伤害。

8. 中宫位置的卧室

卧室设在住宅的中央位置，有利于造就大人物。中央卧室，具有培养大人物的能量，历史上许多有名气的大人物，都是居住中央卧室的。因为住宅的隔间问题，几乎已经没有人能睡在房屋的中央位置，但中央的能量是造成大人物不可缺的要素之一。如果想将来成为领导者或大人物，更应该住在中央卧室。

以上是运用八卦方位属性论卧室方位的选择方法。若根据八宅风水理论的东、西四宅与东、西四命的配合细分，那么卧室的方位与宅主的出生年份也存在一定的对应取关系。依据八宅风水分房的原则，无论男女，东四命宜住东四宅，西四命宜住西四宅。东四与西四的区分，主要是以房屋的坐山卦位来定论，东四命与西四命是根据人的命卦定论的。人的命卦五行和宅卦五行相生、比和者以吉断，相克者以凶论。在一座大厦中的单元住宅里有几个不同坐向的卧室，要给各个家庭成员选择适宜的居住房间，应根据卧室的坐向判断其是东四宅还是西四宅，然后再配合各人的命卦调配卧室。

还有一种理想的选择卧室的方法，这种方法是依八卦方位与六亲的对应关系来选择适合家庭成员的方位设置卧室，是形象风水学的妙法。从屋子中心看方位，主人夫妇应该居西北方位的房间，这是妻从夫的定位方法，或家庭中男主人居住西北方卧室，女主人居住西南方位的卧室；长子应居住东方的房间，长女应居住东南方位的房间；中男应居住北方的房间，中女应居住南方的房间；少男应居住东北方的房间，少女应居住西方的房间。这种分房定位的方法，使家庭成员各居其位，阴阳调和。若家庭中不考虑中男、中女、少男、少女，就安排夫妻俩人睡在西北方房间，长子睡东方房间，长女睡东南方房间，老人居住在西南方房间，至于其他成员居于哪一个方位都不会出现大的问题。

正常的住宅，应该把客厅设在房屋的前面，卧室在房屋的后面。但有些房屋从整体性的隔间出发，往往是一进大门便先看到卧室，客厅则建在卧室的后面，空间配置犯阴阳颠倒的毛病，这种房子在风水学上叫做退宅。是退财的格局，很容易使宅主的财运走下坡路。

在复式或别墅的上下层结构的房屋中，卧室不可设在卫生间的下方，也不能将卧室设在停车库的上方，更不可将厨房、卫生间或阳台改建成卧室。

二、卧室门的定位与宜忌

卧室的门位，应选择在主人命卦的吉星位置上，朝向吉方，而且还要配合三元九运的旺位开门。

左青龙，右白虎。左边青龙方为吉方，宜动；右边白虎方为凶方，宜静。因此住宅大门和屋内所有房间的门扇，应从左边开才吉，门扇宜设在门的左侧。房屋开门，若门扇为单页，则应把门扇装在门框的左边，不可装在右边，开门犯左右颠倒，容易导致家庭纷争；若门扇为双页，则两扇门页的形状、大小、高低与涂色都要一致，不能一高一低或一大一小。

卧室的门位和门向，还要根据住宅的总出入门（大门）的方位来决定。例如，住宅大门设在整体房屋的西北方，位于南方位置的卧室应开北门才为吉利，南方的卧室立坐离朝坎线度，此为收后天之水，可以旺财。

卧室门不能正冲住宅大门。若卧室门与住宅门正对相冲，那么睡在卧室内的人易有外遇奸淫之事发生；若夫妻卧室门对着住宅的大门，就会影响夫妻感情，也会影响夫妻各人与社会上的其他异性的关系、身体健康和财运。卧室门与住宅总出入门相对冲，就要对卧室门进行调整，要将二扇门改成不在同一条直线上，使住宅大门的入气不能直冲卧室。

卧房门不能对着卫生间的门，因为卫生间的五行属水，阴气很重，而且是污秽浊气之地，即使卫生间装修得再好，也无法改变其污浊肮脏的本质，空气质量不佳，湿气弥漫。若卧室与卫生间是门门相对，那么卫生间里潮湿、肮脏的空气极容易流进卧室内，时间长了容易引起主人腰肾不适，更会增加肾脏的排毒负担。

卧室内最好不要设置卫生间，否则卫生间的潮湿和污秽之气，容易流注、弥漫在卧室，影响宅主的身体健康。

卧室门不能正对着厨房门。厨房是用火煮食的地方，热气很大，在风水学上厨房被称为火房。厨房不仅热量大，也因煮食时积满油烟等污浊肮脏之气，会影响人体经络运行及血液循环，损害人体健康。

卧室门互相对冲是很不吉利的，风水学上称为相骂门。在住宅中，若有一间卧室的门与另一间卧室门相对，家里就容易发生口角之事，会导致一家之人感情不和，难于和睦相处。化解方法是将其中一间卧室门改开在不相对的位置上。

三、卧室中的床位

1. 床的摆放位置

卧室中床的摆放方式，要以顺应南北磁场为原则，床头向着南方或北方均为大吉。若房间的格局有所限制，不能顺应南北磁场线放置，就免不了受磁场线切割的影响，导致主人睡眠不足或身体疲倦的情况发生。床头不宜朝西。用当代科学解释，地球自东向西自转，头若朝西，人体中的血液经常向头顶直冲，会使人睡眠不足，情绪不安稳。

床正上方不宜有吊灯

床摆在财位上可以聚财，也可以化解床头不能南北摆放而带来的不利因素。客厅是财位，房间是财库，若能睡在财位上，则可以起到聚财的效果。单以一间卧室而言，一般认为财位是在进门的斜对角上。财位上摆放床，对宅主求财相当有利。若财位上不摆放床，就要保持干净，可以在财位上放置一些圆形或盆形的聚宝盆，这样赚钱才会比较快。除了上述物品外，摆放花盆、盘子、零钱、硬币、水晶、水晶洞等也可以起到聚财的效果。

床正上方的屋顶不能装有吊灯，否则吊灯压床，产生煞气，对人体健康不利。当代心理学研究发现，床正上方的屋顶装有吊灯，确实会给睡床之人以心理暗示，增加人的心理压力，影响人体的内分泌，进而引起失眠、恶梦、呼吸系统等一系列健康问题。

专家建议：睡床正上方的屋顶要保持空旷。笔者在风水调理的实践中发现，凡是在睡床正上方的屋顶处悬挂吊灯和电风扇，睡床主人多数都患有心脏病。

床头最好紧靠着实墙，头顶不能有空气流动的空间。若床头一边远离墙壁，睡在床上的人就会有悬空感，不但会造成睡眠质量不高，而且会使人的身体健康方面出现问题，容易患呼吸系统感染和偏头痛等疾病。

床头要紧靠着实墙

床头不要紧靠挨着灶位的墙壁。若睡房和厨房只是一墙之隔，隔墙的一边紧贴着炉灶，那么床头不宜靠在紧贴灶头的墙上，因为厨房五行属火，容易使人心情烦躁、精神紧张或生病。

床头不宜正对睡房门

床头不能紧靠卧室与卫生间的隔墙，否则容易使人头脑昏昏沉沉，睡觉起来后，会出现头重脚轻的情形，日子长久了会感到头皮厚沉、脖子僵硬难以扭转。

床头不宜正对睡房门口。若床头正对门口，风水学上称为犯门冲煞，就会使人睡眠不足、情绪不安宁，易做恶梦或产生幻觉。

睡床不宜摆放在横梁下

睡床忌迫压。睡床不宜摆放在吊柜和横梁的下面，否则会导致头痛、关节痛等疾病，还会使声望受损和事业不顺。

2. 床的制造材料

床的制造材料和床上用品，应该根据人的命局中的五行喜忌来选定。

若人的命局喜金五行，那么应该选择铜质、钢质或铁质材料制造的床。床上的被子、枕头、床套、蚊帐等用品的颜色均以白色、金色和黄色为主，忌用红色、紫色和蓝色的用品。

若人的命局喜木五行，应该选用木材制作的床。床上的被子、枕头、床套、蚊帐等用品的颜色均以青色、绿色和蓝色搭配为主，忌用白色、金色和红色、紫色的用品。

若人的命局喜水五行，应该选用钢床、铜床或铁床。床上的被子、枕头、床套、蚊帐等用品的颜色均以蓝色、黑色、白色和金色搭配为主，忌用黄色、青色、绿色和红色、紫色的用品。

若人的命局喜火五行，应该选择木材制作的床，忌用铜床、钢床和铁床。床上枕头、被子等用品的颜色均以青色、绿色、红色、紫色搭配为主，忌用黑色、蓝色和黄色用品。

若人的命局喜土五行，使用铁床比木床好，床上的被子、枕头等用品的颜色以黄色、红色和紫色搭配使用为宜，特别忌用青色、绿色和白色、金色的用品。

四、卧室中光线的设计

卧室里不需要太强光线的照明，应选用那些人躺在床上时不觉得刺眼的灯具。白炽灯泡发射的灯光比较柔和，可以用于卧室照明。

卧室里不要安装太多的灯具，一般必备的有两种：一是能照亮全室而且光线柔和的小型吸顶灯或壁灯；二是用于卧室中局部照明的床头灯。不管哪一种，灯光的颜色都不能太刺激人的眼睛，要求色彩柔和，看上去要有舒适感，还要与卧室环境的色彩相协调。

灯具最基本的作用是照明，随着当代科技日新月异的发展，新的灯具层出不穷。从光照上来分，常用的日光灯、白炽灯、镁光灯、节能灯、霓虹灯等等，这些不同种类的灯具，它们的颜色和适用性亦各不相同。在居室里安装灯具，应根据各个房间的用途与功能来考虑，要突出重点，体现房间个性的氛围。一般地说，节能灯省电节能，适用于厨房和浴室；白炽灯泡的灯光柔和，可用于卧室和书房；日光灯、镁光灯和霓虹灯的光线明亮，适合用于客厅照明，特别是霓虹灯的色泽艳丽而富于变化，适用于客厅内点缀气氛。房间里的灯饰应起到画龙点睛的作用，那些过于复杂的造型或繁杂的花色，都不适合卧室使用。

五、卧室内的装饰与综合布局

卧室的装修，由于居住主体的不同，其选用材料和配色也不尽相同。主卧室的地面应具备保暖性，一般宜采用中性或暖色调瓷砖和木质地板砖。墙壁的装饰宜简单些，对墙壁进行层面处理，主要用乳胶漆墙的上部与顶面交接处宜用石膏线或木线条做装饰线，下部与地板面交接处可用踢脚线收口。这种最简单的装修，使房间显得简洁明快、宽敞明亮，若觉得缺少变化，可以通过悬挂画框、照片、壁毯，再配以射灯进行点缀。

床头顶的墙壁和上部的主体空间，可设计一些有个性化的装饰品，选材宜根据睡床主人命局的五行喜忌来决定，还要配合整体色调，烘托卧室的气氛。

1. 夫妻主卧室

夫妻床的床头柜上，应该摆设一些有利夫妻感情的装饰品，如葫芦和十二生肖摆件。

卧室的整体色彩布置应以统一、和谐、淡雅为宜，主要突出睡房主人的喜用五行。对局部色彩的运用应该慎重搭配，要结合方位和人的五行喜忌来选用色彩，例如绿色与青色具有木气，活泼而富有朝气；粉红色具有火气，欢快而又柔美；蓝色具有水气，清凉而浪漫；黄色具有土气，热情中充满温馨气氛。

卧室空间不宜太阔大，成人卧室的空间面积一般在15—20平方米左右就足够了。卧室里必备的家具有床、床头柜、梳妆台、挂衣橱，不要摆放多余的家具。

卧室的窗帘，应设计成一纱一帘，使用的色彩除了符合主人命局的喜用五行外，还要与室内环境的色调相配合。

2. 孩子与老人卧室

不同的居住者，对于卧室的使用功能有着不同的设计要求。儿童房、青年房和老人房的装饰，要与夫妻主卧室的装饰区别开来。

儿童房一般由睡眠区、学习区、娱乐区和储物区组成。对于八岁以下的孩子来说，玩耍是他们生活中不可缺少的部分，具有启发性的玩具和游戏，能使他们在嬉戏中学习一些必要的启蒙知识，因此卧室内设置游戏区是十分必要的。

儿童房的地面一般采用木地板或耐磨的复合地板。孩子爱在地上打滚，地板坚硬容易损伤皮肤及骨骼，因此地面设计的另一个重点是在地面铺上柔软的地毯，还可以普遍使用具有弹性的橡胶地面，住房里必须具备防火措施，房中的电源设施应装于较高的位置。儿童房墙面设计要柔软，以免碰磕，墙壁与地面的用料，必须牢固而又易于清洗，可以采用儿童墙纸或墙布做墙面，以体现童趣。儿童房的家具用料可以选用色彩鲜艳的防火板，家具款式应尽量设计成圆角。如果空间有限，就设计功能齐全的组合家具。儿童房的面积有10—15平方米即可。儿童房内使用的色彩应以孩子命局五行喜忌进行调配，例如男孩子房间喜用蓝色系，女孩子房间喜用粉红色和黄色系，还可以在房间里贴一些带卡通动物或花或植物图案的墙纸。除了活泼的色彩的运用外，还要运用一些必要的物品调节房中的气场，为孩子创造一个良好学习空间和成长环境。

青年卧室房除了具备儿童房的睡眠区、储物区外，还要设置梳妆区。如果家里没有独立的书房，可在青年房里布置书桌和电脑桌组成学习区。总之，青年房的设计，要体现宁静的书卷气。

老人卧房的设计，应以实用为主，满足睡眠和储物的需要。

3. 卧室隐私功能

无论是主人卧室，还是青年房、儿童房以及老人房，在装修时都应选择吸音性、隔音性较好的装饰材料，触感柔细美观的布贴和具有保温、吸音功能的地毯，都是卧室装饰材料的理想之选。大理石、花岗石、地砖等较为冷硬的材料，都不适合卧室使用。窗帘应选择具有遮光性、防热性、保温性以及隔音性较好的半透明窗纱或双重花边的窗帘。

卧室是人们最主要的居住场所，属于私人的空间。卧室的隐私特点体现在不可见隐私和不可听隐私两个部分，因此卧房具备较为严密的保护措施，门扇采用的材料应尽量厚点，才能增强卧室的私密性和减少光线对人的干扰。

卧室的隔音方面，一般来说，现成的隔墙是具备足够的隔音能力的，但是有一些户主基于空间的考虑，把两间房子中间的隔墙打掉，做双向或单向衣柜，这种做法就需要考虑隔音功能是否受到影响。

4. 卧室的环保

相对于住宅里的其他空间而言，卧室较为封闭，摆放的家具也较多，因此卧室应保持良好的通风状态，否则屋内的有害气体将会危害人的身体健康。

据国际有关组织调查统计，世界上有 30% 的新建和重修的建筑物中都发现有害气体，这些气体已经引起全球性的人口发病率和死亡率的增长。世界银行的一份研究资料表明，目前中国每年由于室内空气污染造成的损失，如果按支付意愿价值估计，约为 106 亿美元，就说明了室内空气对我国居民身体健康的影响是非常大的。室内空气污染，已经列入危害公众身体健康的最大的5种环境因素之一。一些国际上的室内环境专家提醒人们，在经历了工业革命带来的“煤烟型污染”和“光化学烟雾型污染”后，当代人已经进入了“室内空气污染”为标志的第三污染时期。

室内装修带来的有害气体，主要有以下几种：

（1）甲醛

甲醛是世界上公认的潜在的致癌物，而且还能致使胎儿畸形。在家居装修材料中，一些保温材料、绝缘材料、地板胶、涂料、塑料贴面等均含有甲醛。这种气体物质对人的身体健康危害极大，对人的眼睛和鼻子具有刺激性，如果长期接触这种气体，就有可能诱发癌症。

（2）氡气

氡气主要来自天然岩石类材料，其中以花岗岩的含量较高，大理石次之。氡气是导致肺癌的一大杀手。

（3）氨气

氨气来自建筑中使用的混凝土防冻添加剂、膨胀剂、涂料添加剂以及下水道淤塞物等等。氨气有难闻的臭味，对人的上呼吸道及眼睛有强烈的刺激作用，会使人出现流泪、咽痛、胸闷、咳嗽甚至声音嘶哑等症状。

（4）苯

苯被称为“芳香杀手”，含有苯的材料主要有合成纤维、塑料、燃料、橡胶、水包油类涂料等等。苯会抑制人体的造血功能，致使红、白细胞和血小板减少，对神经系统产生危害，从而诱发多种疾病。

（5）γ 辐射

γ 辐射对人的血液循环有较大的危害，会造成血小板、血细胞逐渐减少，从而导致白血病，也会对其它脏器造成一定的影响。γ

辐射主要来自劣质水泥、劣质砖头、石膏板等。

在房屋装修时带来的主要有害气体中，甲醛是最大的污染源。甲醛是一种无色的、易溶的刺激性气体，可经呼吸道吸收传到体内。当代科学研究表明，长期接触低剂量甲醛，可以引起慢性呼吸道疾病、女性月经紊乱、妊娠综合症，引起新生儿体质降低、染色体异常和鼻咽癌。甲醛还有致畸、致癌的作用，据流行病学调查资料表明，长期接触甲醛的人，可引起鼻腔、口腔、鼻咽、咽喉、皮肤和消化道的癌症。据有关专家介绍，室内空气中的甲醛来源主要有：用做室内装饰的胶合板、中密度纤维板和刨花板等人造板材料。一些厂家为了追求利润，在用人造板制造的家具中，使用不合格的板材，造成甲醛超标。含有甲醛成份并向外界散发的其他各类装饰材料，如贴壁布、壁纸、化纤地毯、泡沫塑料、油漆和涂料等。

在家庭装修材料中，甲醛含量较高的材料有：复合地板、家具及橱具使用的密度板。其他人造板，如大芯板、三合板、五合板等，甲醛含量相对较低。目前国家对密度板中的甲醛含量制定了严格标准，在选购时应注意材料的品质、产地及检测报告。

装修完毕后的房间，必须要先进行充分的通风换气，过一段时间才能入住。要消除甲醛还可以利用一些植物来帮忙，把吊兰、芦荟、菠萝果、虎尾兰等摆放在房间里，能大量地吸收室内甲醛等污染物质，有效解决室内空气污染问题。

5. 卧室内植物的摆设

追求卧室的雅洁、宁静、舒适的气氛，应在内部放置植物，不仅能美化家居环境，还能达到改变风水的作用，有助于提升休息与睡眠的质量。茉莉花、风信子等植物，能散发香甜气味，可令人在自然的芳香气息中酣然入睡；君子兰、黄金葛、文竹等植物具有柔软感，摆放在卧室里能松驰神经。

卧室的植物植株的培养基，可用水苔取代土壤，以保持室内清洁。在宽敞的卧室里，可选用站立式的大型盆栽；在面积较小的卧室里，可以选择吊挂式的盆栽，或将植物套上精美的套盆后，摆放在窗台或化妆台上。

病人的卧室内最好不要养花，因花盆中的泥土会产生真菌孢子。真菌孢子扩散到室内空气中，会引起人体表面或内部感染，还可能侵入人的皮肤、呼吸道、外耳道、脑膜及大脑等部位，对患有疾病和体质不强的人来说，尤如雪上加霜，特别是对白血病患者和器官移植者危害更大。

6. 卧室摆设的忌讳

在五行上，镜子属金水两行。镜子具有反射光线和气流的功能，卧室里的墙上挂大面镜子，或梳妆台上的大镜子，会反射房间里的气流，使人情绪不稳，易发脾气，甚至容易患上咽喉炎。特别是在夫妻卧室里挂镜子，会严重地影响夫妻感情，甚至招致第三者插足，不管夫妻俩是否需要金水，在睡房内摆镜，都是非常危险的行为。镜子往往会增加一粒夫星或增添一颗妻星，无论是增旺夫星，还是增旺妻星，都对婚姻不利。

电视机被称为房间里的“暗镜”，即暗中的镜子，很少有人知道这个秘密。风水理论认为，电视机在不用的时候，就相当于一面镜子，会反射房间里睡床的影子，其变相也同镜子一样。电视机也会制造第三者，破坏夫妻感情，危害婚姻生活，不鼓励夫妻在睡房内摆放电视机的理由是电视机也是镜。电视机的五行属火，有些人命中缺火，可以在卧房内摆放电视机，但夫妻二人命中都忌火时，就不宜在房间里摆放电视机。若在卧房里摆放电视机，最好不正对着睡床，尽量放在边侧上，还要在电视机上铺盖一块大小适中漂亮的布匹，防止不用时电视屏幕反射房间里的气流。

从形状方面来说，时钟有三角形的、六角形、八角形、圆形和四方形等几种。钟本属“动”物，一年四季都在不停地摆动，可产生比较强旺的气场。若在卧室里摆放圆形钟，就会“动”上加“动”，就会使家人不安于屋，夫妻之间相处时间不久便会产生厌感；若摆放款式属于三角形、六角形或八角形的时钟，就会使居室里的人发生不和，是非多，矛盾多；正方形的时钟最符合风水要求，能给人以祥和稳重之感，能使屋中人融洽相处。每个房间内最多只可摆放一个时钟，因为屋内摆放时钟太多了，就容易使房间之气不稳定，使屋中人变得焦虑自扰。在卧室里摆放的时钟体积不宜太大，大的时钟容易令人心绪不宁、坐立不安。

第四节　厨房的布局与调理

一、厨房位置的选择

厨房不能设在住宅的南方，厨房门也不宜朝向南方，因为南方的五行属火，厨房五行也属火，若把厨房设在南方，就等于火上加火，对居家不利，并且温度较高易使食物腐化，所以厨房最好不要设在南方。

厨房不宜设在住宅的西北方，因为西北方是天门，又是贵人位。若在西北方设厨房，那么火烧天门，会使事业不顺，又没有贵人的扶助。住宅的北方、西方、东北方和西南方均不宜设厨房。因为北方五行属水，西方五行属金，东北为外鬼门，西南为内鬼门。

厨房不宜设在住宅的中央，因为住宅的中心位置是皇极位，最忌受污。房屋的中心位置，相当于人的心脏部位，若把厨房设在住宅的中心，就会使居家之人容易患上心脏病。（如左下图）

住宅中设置厨房最适合的位置，是住宅的东方和东南方，因为东方与东南方的五行属木，与厨房中的水、火两行都能和平共处，特别适合于设置厨房和餐厅。

正常格局的房屋，厨房都是位于屋子的后方，但有些房屋因为受空间的限制，将厨房设在住宅的前方，一进住宅大门就首先看到厨房，而客厅与卧室却设在房屋的后方，这就是犯了阴阳颠倒的毛病，属凶象，会使夫妻感情不和。

八宅风水学认为，厨房位于住宅的凶方无妨，但必须朝向吉方，也就是说燃气炉口要朝向住宅的吉方，以吸收旺气。如果厨房门对着卫生间门，吸进来的就是污秽之气，不仅影响食物的卫生，也会影响家人的健康，特别是经常长时间在厨房烹煮食物的主妇的身体健康更会受到威胁。

厨房不宜设在两个卧室之间，也不宜设在住宅大门内旁的右边。厨房不宜设在住宅的靠山位置。（如右下图）

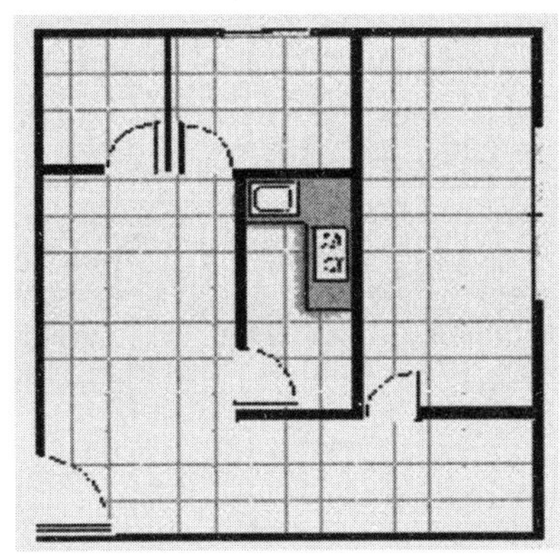
厨房不宜设在住宅中央

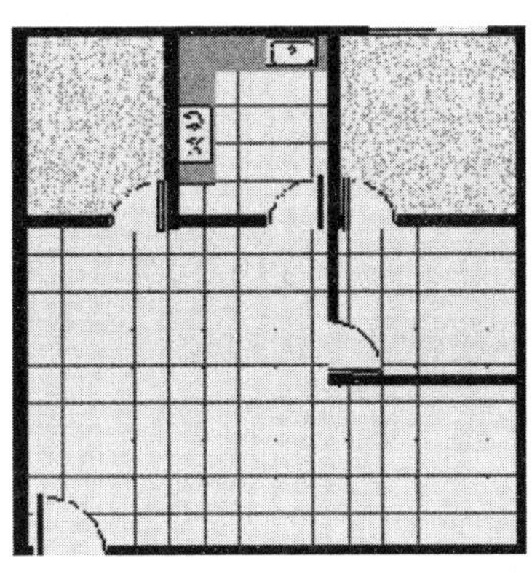
厨房不宜设在两个卧室之间

二、当代家庭厨房布置秘诀

厨房和浴室是住宅中大量用水的区域，是住宅中较为不洁的房间。厨房位置的吉凶，会左右家运的兴衰，因此只有布置好厨房风水，才能保证家人的身体健康，才能旺财旺运。

在风水学上，水是财富的象征，厨房在洗涤和烹调食物的过程中，会消耗掉大量的水，因此厨房中的耗水现象被认为不利于财富的蓄积。但是厨房与浴室一样，具有压制凶方煞气的功能，所以将厨房安置在无关紧要的地方或安于住宅的凶方，反而对居住者有利。

厨房应安在家长本命卦的四个凶方，有助于压制凶方的煞气，以炉火产生的阳气调和凶方的污秽气，有利于改善住宅风水。说具体一点，厨房应位于住宅的后半部属于家长本命卦的凶方，还要将灶口朝向家长本命卦的任何一个吉方，符合坐凶向吉的原则。住宅大门左右两侧虽然属于家长本命卦的凶方，但在此安厨房也不是吉象，因为厨房近门必会影响大门纳气的质量，厨房里的油烟或其他污秽之气容易随着大门的纳气进入住宅内部，影响住宅的风水，损害家人的身体健康。因此，厨房的位置必须远离大门。

灶口原本是指传统炉灶的柴薪入口，对于当代使用的燃气灶来说，是指燃气灶的进气点火开关。灶口应尽可能朝向家长命卦的吉方，若无法将灶口朝向家长的任何一个吉方，则设法将灶口朝向女主人命卦的生气方。灶口朝向女主人（母亲）的延年方，可以促进家庭关系的和谐。

家庭里使用的电饭锅和微波炉等电器没有进气口，可以不论朝向，只要将其安放在家长（主人）的四个吉方之一即可，电源插座也应安在吉方。烤面包机和焖烧锅炉的安放原则同论。

炉灶的位置要避开西北方。在当代住宅中，若燃气灶位于厨房的西北方或住宅大太极的西北方，就会压制家长的运势，千万要小心。

燃气灶不可正对着厨房门；燃气灶不可放置在水槽和冰箱之间，否则双水夹火会不断地招致祸事；燃气灶不宜安在厨房的角落里；燃气灶不宜位于上一层楼卫生间和水塔的下方，因为水在上而火居下，水会灭火，象征不聚财气。若已经形成事实而无法改位，可装设向上照射的照明灯来化解煞气。

虽然厨房具有水火两种五行，但是两者悬殊很大，以火五行为主。辣椒、姜、蒜头、洋葱等食物的五行属火，会大量地吸收阴气，特别是辣椒和姜的火气更旺，人带在身上会使火的五行偏旺。因此，厨房里不应悬挂过多的辣椒、姜、蒜头和洋葱，否则会使厨房阴阳失调。

厨房里的米缸和冰箱象征家中食物丰盛。为了招来财气，米缸要随时补满，冰箱不可空置。用红包袋装三枚钱币，放在米缸底下，可有较强的招财效果。钱币（古铜钱）必须经开光后方能有效。

厨房风水最能影响居住者的运势。

炉灶不应放在水槽或冰箱旁，以免形成水火相冲的情况。以五行观念来看，炉灶的五行属火，是烹饪食物的地方，意味着人们的健康状况，而水槽的五行属水，是清洗物品的地方。两者紧靠一起，犯水火相克，易生煞气，家人之间不免经常上演水火不容的闹剧。不仅影响人的心情，造成家庭人际关系不和睦，也会影响身体健康，甚至造成家庭财务动荡不安。燃气灶与水槽距离 1.5 米以上最好。

厨房是全家人物质食品的补给站，因此厨房位置应在宅内，不宜把厨房设在宅外，或设在住宅的一个明显的凸位上，也不宜将住宅的后面阳台改建成厨房。

厨房的地板要与住宅内各房间的地板一样高。

厨房装饰宜用浅颜色，忌用深色。厨房的形状忌用圆形和半月形。

厨房中的各种刀具，包括菜刀和水果刀，不宜悬挂在墙上，也不宜插在刀架上，应该收好放入抽屉里。

垃圾桶不宜放在厨房内，在煮饭做菜时，厨房里不是油就是烟，有时候是油烟并冒，如果厨房里再增加一个让人恶心的垃圾桶，那更是煞风景了。垃圾桶除了传递负面讯息外，还散发污秽之气，会影响菜肴的卫生和人的身体健康。

燃气灶上忌有横梁压顶。“气”是古代十分重要的哲学概念，是指人类肉眼看不见、摸不到的一种心理感觉。有形之中有气，无形之中也有气，气弥漫于空间之中，燃气灶在使用时自然会释放出一股热气。如果燃气灶的上方有横梁，会形成气压，再遇到热气就会使磁场变得不稳定，影响人的情绪与身体健康。

厨房炉灶十大忌：

（1）炉灶忌背靠窗户。

（2）炉灶忌安放在阳台上。

（3）炉灶忌与神位对冲。

（4）炉灶忌与冰箱对冲。

（5）炉灶忌安放在水龙头（或洗衣机）和洗碗盆之间。

（6）炉灶忌正面对冲水龙头和洗菜盆。

（7）炉灶上方忌有气压，否则家庭不安。

（8）灶位忌被门路冲，特别忌正对厨房门，否则犯口舌是非，钱财损耗等。

住宅大门、厨房门和灶台三者正对着，炉灶被门路引进来的外气直接冲射，家中钱财损耗，家人心乱如麻，情绪不稳。

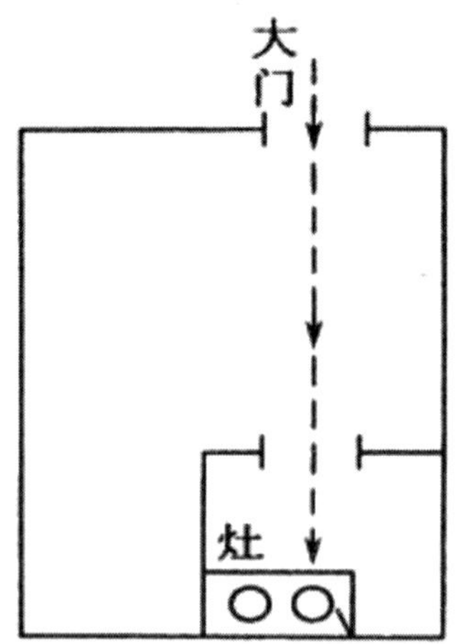

（9）炉灶忌与卫生间门相对。

厨房门忌与卫生间门相对，特别是厨房门、卫生间门、灶台和坐便四者在同一直线上，容易损害家人的身体健康，会生暗病。

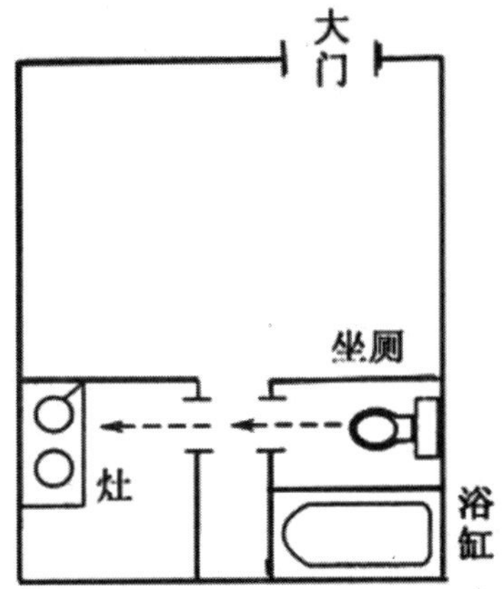

（10）炉灶忌横梁压顶，否则会影响主人的运气。

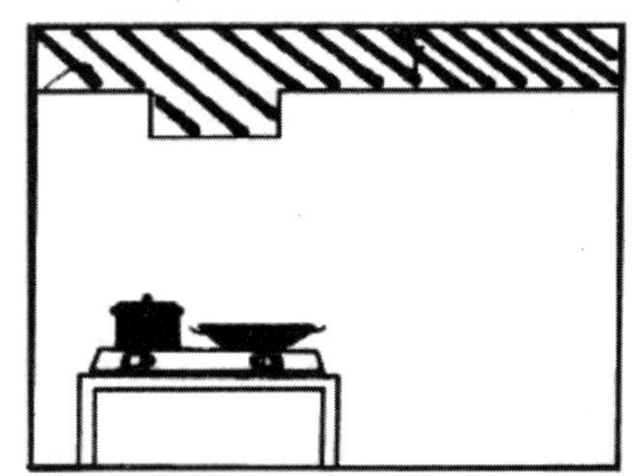

三、厨房的照明设计

厨房里最好有天然光线照射，每天只有一段时间的阳光照射，即可保持清新的空气，具有除菌的功效。如果由于住宅的格局原因而厨房设计得较为黑暗，那么灶台必须配备一个明火的炉具来壮旺厨房的能量，而不能全部使用电炉、电磁炉之类的电器。

厨房里必须保持常年的明亮、清洁与干燥。不论是工作台面，还是洗涤器、炉灶或储藏空间，都要有灯光照射，使每个工作程序都不受影响。由于厨房里的蒸汽多，又较潮湿，厨房的灯具造型应该尽量简洁和平滑，以便于擦洗。为了安全起见，灯具要用瓷灯头和安全插座。

四、厨房里植物的摆放

不论厨房空间大小，应该在厨房内至少摆上一盆植物。植物摆放于厨房里的比率仅次于客厅，因为厨房环境的湿度和污浊气特别浓，而且有些家庭成员每天很多时间在厨房里工作，容易受到空气污染。

虽然厨房的烟气和湿度较大，但是它是操作频繁、物品零碎的工作室，因此不宜摆放大型的盆栽，空间吊挂的中型或小型盆栽较为合适，一般以吊兰为佳。厨房里摆设一盆吊兰，在 24 小时内可将室内的一氧化碳、二氧化碳、二氧化硫和氮氧化物等有害气体吸收干净，起到空气过滤器的作用。在疾病的防治上，吊兰具有活血接骨、养阴清热、润肺止咳、消肿解毒的功能。

厨房里的高热炉子、烤箱、冰箱等电器用品，容易导致植物干燥而枯黄死亡，因此娇弱而昂贵的植物最好不要摆放在厨房中，最好摆放色彩丰富且有变化的植物，适合摆放于厨房的植物有秋海棠、凤仙花、绿萝、吊竹草、天竺葵等。

第五节　餐厅的布局与调理

一、餐厅的设计

餐厅是一家人日常进食的地方，设计餐厅要考虑到餐厅的实用功能和美化效果，特别是卫生的要求更为严格。如果住宅空间条件许可，单独用一个空间做餐厅是最理想的，在陈设和装饰布置上也灵活得多；对于住宅面积不大的居室，也可以将餐厅设在厨房、过厅或者客厅里。如果在过厅较大的空间里设餐厅，那么放置屏风隔间是最具实用性和艺术性的做法，只需购买配合室内格调的屏风即可；如果空间允许的话，就在客厅与过厅之间加建一道拱门，将客厅和餐厅的区间隔开，拱门的形式、风格、色彩等必须与餐厅区间协调配合。地板的形状、色彩、图案、质料要分成两个不同部分，以此划分界限，形成两个格调不同的区域。

餐厅地板铺面材料应选用容易清理的瓷砖、木板砖或大理石。

餐厅的照明应以吊灯为佳，也可选择装在天花板上的照明灯或落地灯。不管选择哪一种灯光设备，都不可让灯光直接照射用餐者的头部，否则会影响食欲。

餐厅墙面色彩应以明朗轻快的色调为主，要体现出实用、美观、柔和的气氛。餐厅中的家具，宜选用调和的色彩，以天然本色、咖啡色和黑色等稳重的色彩为佳，尽量避免使用过于鲜艳的颜色。

二、餐厅的方位

餐厅和厨房的位置最好相邻，避免距离过远，当然一出厨房就是餐厅更佳。

餐厅不宜设在厨房中，因为厨房中的油烟和热气较大，人在其中用餐，食欲不高。

餐厅的位置可以选择以下几个吉方：住宅的东方、东南方与南方。至于应该把餐厅放在哪个吉位，必须根据具体的情况进行选择，才能创造良好的用餐环境。

住宅的南部，日照光线充足，而且南面属火，可令家道日益兴旺。

东方与东南方属木，早晨太阳从东方升起，充满浓厚的生机和活力，因此东方与东南方是进食早餐最好的位置。

不管把餐厅设在哪个方位上，都应保持进食区整洁，保证食物卫生，才能营造轻松、舒适的进食气氛，提高人的食欲和消化能力。

若餐厅里摆放电冰箱，则电冰箱的门最好朝北不宜朝南，因为这样摆设可纳北方寒气，还可以避免水火相克导致家中发生口角。

三、餐桌的选择与布置

标准餐厅里摆放的家具，只有一张餐桌、几张椅子和一副餐具架，其中餐桌摆在餐厅的中心。

餐桌的风水布置对家庭团圆、夫妻感情以及家运有很大的影响。关于餐桌的风水，应注意以下事项：

（1）宜选择圆形或方形的餐桌。中国传统的宇宙观是“天圆地方”，因此日常生活中的用具大多以圆形或方形为主。传统的餐桌形状如满月，象征一家大小老幼团圆，亲密无间，而且聚拢人气，能够很好地烘托进食气氛，早已深得人心；至于四方形的餐桌，小的可坐四人，称为四仙桌，大的方桌可以坐八人，称为八仙桌。因八仙桌象征八仙聚合，象征方正、吉利和平稳，虽然四边有角，但不是尖角，没有杀伤力，也已被人们广泛采用。

由于餐桌的形状能影响人们的进食气氛，所以木制的圆桌或正方桌在人口较少的家庭使用，人口较多的家庭大多数使用椭圆形或长方形的餐桌。

（2）餐桌的表面以容易清理为本，一般质地为大理石、玻璃的桌面较为坚硬、冰冷，艺术感较强，但因玻璃的桌面容易迅速吸收人体饮食产生的能量，不利就餐者的坐谈交流，不宜全部用于正餐桌。圆形大理石餐台或四方形木桌，在家人集合用餐时会带来良好的效应。

（3）餐桌最忌带有尖角。尖角的角度愈小就愈尖锐，杀伤力亦愈大，一般视为禁忌。三角形的餐桌会导致家人感情不和，家人的健康受损，棱形的餐桌会导致钱财外泄，波浪形的餐桌没有尖角，可勉强选用。总之，圆形餐桌和方形餐桌为首选。

（4）餐桌上面的屋顶宜平整无缺，不宜有横梁压顶，屋顶不能倾斜，否则会使家人用餐时，情绪不稳，特别是饮酒时容易使情绪冲动，发生口角之争。横梁压顶是风水的大忌，在住宅内，不管哪个地方有横梁压顶均属不吉利的，若横梁压在睡床、沙发、餐桌或炉灶的上面，祸害最大，必须设法进行掩盖或更换地方，或用假天花板填平。

（5）若住宅的大门直冲餐桌，即餐桌与大门同在一条直线上，站在门外可以看见一家大小吃饭的情景，那么意味着家里的隐私容易被外人窥探。化解方法：可以放置屏风或板墙遮挡。

如果餐桌被卫生间门直冲，最好将餐桌转移位置，要是无法移开，就在餐桌的正中间摆放一个水盘，在盘中用水浸养开运竹或摆放一盆泥土种的铁树盆景。

（6）餐桌的上面不宜吊挂烛形吊灯。烛形吊灯是由几支蜡烛形的灯管组成，虽然设计新颖，颇有观赏价值，但把它悬挂在餐桌的上面绝非吉兆。因为白蜡烛是丧事的象征，把它放在全家大小共同进食之处，其后果可想而知，故必须设法避免。若是红色的蜡烛，则无碍。

（7）餐桌不宜正对神台。神台是供奉神祇及祖先的地方，严格地说，神台不宜太接近凡人的进食之处，毕竟“阴阳异路，仙凡有别”。倘若神台供奉的是观音、佛祖诸神，由于神佛均是戒杀生而喜素，吃斋，一般凡人之家吃饭时有大鱼大肉，正面相对便会显得格格不入。

（8）餐桌不宜被门路直冲。餐桌是一家大小进食的地方，必须宁静安稳，才可闲适地享用一日三餐，若有门路直冲餐桌，就会使家人食不甘味。如果餐桌处于餐厅的多通道处，那么家人用餐时犹如置身在旋涡中，周身不畅，必须尽快设法改善。

餐桌的近墙上可以适当挂一些吉祥物。餐厅里适合贴挂福禄寿三仙图，象征财富、健康和长寿。一些水果和食品图画，也能给家人带来好运，例如，橘子代表富贵，桃子代表长寿和健康，石榴代表多子多孙。

餐桌礼仪十分重要。在进餐时发生口角是既不礼貌又触霉头的事情，因为用餐时间是一家人欢聚的时刻，家庭和乐，家运才会昌旺。如果与长者一同进餐，一定要请长辈先用，这不但是礼貌，而且也含有福佑晚辈的意义。

第六节　书房的布局与调理

一、书房的设计理念

书房是指家庭中的学习室，又被称为“家庭工作室”。书房是一个家庭的精神寄托之地，是一个家庭中用以阅读、书写、学习、研究和工作的空间，特别是从事文教、科技、艺术的工作者必备的活动空间。一般地说，书房是为一个人而设的私人天地，最能体现居住者的习惯、个性、爱好、品味和专长的场所。

莎士比亚曾经说过：“生活里没有书籍，就好像没有阳光；智慧里没有书籍，就好像鸟儿没有翅膀。”当今住房条件不断地改善，用以藏书和学习、工作的书房将会与其他居室一样，在家庭住宅占有一席之地。

书房的风格是多种多样的，很难用统一的模式加以概括。从原则上来说，书房装饰的风格要突出个性，体现主人的素质修养、爱好和情趣，并随主人的个性、习惯、爱好和职业特点加以布局。

传统式书房风格

中国传统式书房的风格，一

般要求朴实、典雅，体现“书斋”的韵味和意义。这种书房的设计主要体现在家具上方正的线条，用中式书柜、茶几和屏风，配以中国字画和古玩的点缀，构成一幅中式风格的书房蓝图。欧式书房的风格，在家具造型上主要从书柜和工作台线条的线型，体现一定程度的“欧味”，以西洋油画、水彩画和绘画雕塑体现欧陆风情。

当代书房风格

当代书房的风格，主要强调简洁、明了，抛弃了那些不必要的附加装饰，以平面构成、色彩构成、立体构成为基础进行设计。室内都统一采用一种色调，并在家具造型上以大块面家具或大块面组合家具为主，特别注重空间色彩及形体变化的搭配、协调。打破那些乏味、单调、生硬的线条，采用抽象绘画和雕塑来装饰，极富有时代性，给人以丰富的空间感受。

二、书房位置的选择

书房或书桌位于住宅的文昌位上，可以使人头脑灵敏，能培养人的智慧和知识，提高主人的思维和判断能力，促进学业进步。

常用的住宅文昌位有三类：

1. 八宅风水流派的文昌位，位于住宅的生气方。

2. 住宅的东南方和北方。

东南方位于东方和南方之间，有文曲星镇守；北方是北斗七星照射的地方，七星之首文魁星大利文昌，可开发智慧。

3. 另一类是飞星文昌位。

飞星风水的文昌位又有原局文昌位与流年文昌位。原局文昌位是依据房屋飞星盘上文昌星定位的，这种文昌位是固定的，不会受流年影响而逐年改变；流年文昌位是依据每年入中之星，顺飞形成的飞星盘上文昌星飞临的方位确定的，流年文昌位一年变一位，每年都会改变，出现在不同的方位上，但不会受到住宅坐向的影响。运用文昌位旺文昌时，应注意区别，灵活运用。

除了住宅文昌位外，还有个人文昌位，个人文昌位是根据命局文昌星确定的。个人四柱命局的文昌星是以日主天干来寻找。人的四柱命局中，印星也是管文昌的，印为喜用神时，可旺印提高人的智慧。

三、书桌和电脑桌的摆放

当代书房五大要件是：电脑桌、电脑椅、书柜、书架和休闲小沙发。当代人的生活离不开电脑，书房里基本上是以电脑为中心的。

无论是书桌还是电脑桌，均以“L”形的桌面为首选，桌的旁边摆放一个半高的小文件柜或书架，将所有藏书进行归类摆放在上面。

若书房里摆放电脑桌，则可参照家庭电脑房设计的四要素进行布置：

1. 通风良好

电脑需要良好的通风环境，电脑房的门窗应保持空气顺畅，这样才有利于机器的散热。

2. 温度适当

电脑房的温度最好控制在 18℃ ~26℃之间。电脑摆放的位置有三忌：一忌摆在阳光直接照射的窗口，二忌摆在空调器散热口下方，三忌摆在暖气散热片或取暖器附近。

3. 湿度要适宜

电脑房的最佳相对湿度 50%~70% 左右。湿度过大，会使组件接触性能变差或发生锈蚀；湿度过小，不利于机器内部随机动态关机后储存电量的释放，也易产生静电。

4. 色彩柔和

电脑房的色彩，既不要过于耀目，又不宜过于昏暗，而应当取柔和色调，如淡绿的墙裙、猩红的地板、淡黄色的窗帘。

四、书房文昌位的布局

所谓布局文昌位，实际上是用罗盘找出文昌位的准确位置后，在文昌位上摆放一些风水物品增强文昌星的力量，提高主人的头脑灵敏度和思维判断能力。

常用调理文昌位的风水用品有以下几种：

1. 文昌塔

文昌塔能催人聪明，在文昌位上摆放文昌塔可立刻令人头脑敏捷，提高记忆能力，有利于促进读书进步。

一般文昌塔有七层、九层和十三层三类，使用时应根据文昌位的五行和文昌塔层数的五行性质选定。例如，飞星风水中的一白文昌位，以七层文昌塔布局最佳，因为一白文昌星五行属水，在飞星风水中七数五行属金，金生水为吉象；四绿文昌位选择九层文昌塔布局比较适宜，因为四绿文曲星位五行属木，九数即九紫火星的五行性质，四绿木生九紫火，出聪明奇士，文章焕发。

2. 毛笔

文峰的特点是高且尖，毛笔的外形和文峰一样，能增强文昌的力量。在文昌位上挂四支毛笔，有利读书学习。

3. 印绶

古时候的官员，每个都会有一个玉印作为身份代表，其官职的级别越高，玉印的质量越好，如皇帝用的玉印被称为玉玺。印主文，相当于补脑汁，代表聪明，同时也代表学术与名誉。在文昌位上摆放印绶，可以增强文昌星的力量，有利思维，有利读书进步，学术有成就且享有很高的知名度。

第七节　卫生间的布局与调理

在当代家庭里，卫生间的设计一般包括卫生间、浴室和洗手间三个部分。浴室与卫生间是住宅中湿气聚集的地方，也是住宅之人排泄身体废物的地方。

湿气与废物均属于阴气。易卦八宅派要求将阳气安于吉方，将阴气安于凶方。阳气是用来招吉的，阴气是用来压凶的。住宅的大门与灶向属阳气的象征，门向与灶向必须向着吉方；卫生间、浴卫之地属于阴气，应把浴厕安于住宅的凶方。浴厕在住宅内安置的方位是否妥当，对整个家庭影响极大，自客观上分析，浴厕的气味、水分不但影响居住者的健康，而且影响居住者的运气和事业。卫生间与住宅方位的关系，有以下几个方面必须注意的：

一、卫生间不可设在住宅的中心

住宅的中心点是“宅心”，在阳宅风水学中称为太极点或皇极位，其重要性相当于人体的心脏部位。厨房设置在房屋的中心称为“火烧心”，卫生间设置在房屋的中心称为“水冷心”，两者同样会使家人的身体健康出现问题。设置在房屋中央的卫生间和浴室，其通风、换气、采光、除湿、排水等功能都不好，容易滋生细菌与病毒，时间长了，卫生间里的污臭气味会弥漫全屋，居宅主人就会犯味煞，家人容易患上心脏病和大小便排泄系统疾病。

在城镇中的楼房里，有不少人家为了充分利用空间，而把卫生间、浴室、洗衣机安置在楼梯脚下，形成了洗脚梯。家人容易患脚部关节炎，是一种打错算盘吃暗亏的情况，此种方法绝不可取。

二、大门两旁不宜设卫生间门

卫生间门不宜开在住宅大门的左右两旁，其原因与卫生间门冲大门的情况相同，虽然不是对冲，但卫生间里的污秽之气散发出来会把大门的纳气冲散。住宅大门为阳，是招纳屋外吉气的气口，大门所纳的吉气若被卫生间散发出来的阴气驱散，何以言吉。大门开在生气方可以催财，但若被卫生间的阴气驱散，反主夫妻不和、运势下滑。

三、卫生间门不宜正对卧室门

若卫生间门正对卧室门，那么从卫生间里弥漫出来的污秽之气，容易被气流引进卧室里，不仅会影响家人的财运，而且会更严重地影响卧室主人的身体健康。卧室里的男性易患泌尿系统和排泄系统疾病，女性会不间断地受妇科炎症疾病的困扰。

化解方法：若卫生间门正对卧室门不可改者，就在卧室门下设置门槛挡住煞气，并在门槛下面放六帝古钱。六帝古钱是指清朝顺治、康熙、雍正、乾隆、嘉庆、道光六个皇帝统治时期所铸造的铜钱。没有原造六帝古钱，可用仿造六帝古铜钱代替，只是效力稍弱。古钱必须经开光后方能奏效。

四、卫生间门不宜正对书房门

家庭里的书房，是子女温习功课或者大人学习、阅读的地方，宜清洁、安静。若卫生间门正对冲着书房门，就会使人头脑迟钝、记忆力差、思维反应慢，对学习、阅读的效果会产生极为不利的影响。

五、卫生间宜压在凶方

八宅风水理论把住宅划分为东四宅与西四宅，把人的命划分为东四命与西四命，并讲究宅命相配，即东四命人宜住东四宅，西四命人宜住西四宅。

不论东四命与西四命，还是东四宅与西四宅，以命卦或宅卦来论星曜的性质，都有四颗吉星和四颗凶星。四吉星有：生气、延年、天医、伏位；四凶星有：绝命、五鬼、六煞、祸害。住宅开门是用以纳气，要选择吉星位；卫生间是用来压凶煞的，要压在凶星位上。如果卫生间不压凶位，就会压在吉位上，卫生间的污秽之气就会影响住宅的气场。卫生间压绝命或五鬼方都可以催财，也可消灾解难；易卦八宅派以灶座或卫生间压在五鬼方为“五鬼催财局”，大利财运，例如坐南向北的离宅，卫生间在西方兑宫五鬼方位，为五鬼催财局。

以宅卦为伏位，挨排八星，可调整住宅气场；以人的命卦为伏位，挨排八星，可调理人体磁场。无论任何坐向的房屋，均以人的命卦挨星论吉凶为真道。

六、卫生间不宜安在四正位置

在房子的中心位置放罗盘定方位，卫生间不可安在住宅的东、南、西、北方位的子、午、卯、酉位上。

卫生间安在北方子位上，家中男性易患肾病、膀胱炎、前列腺炎等泌尿系统疾病；安在南方的午位上，家人容易患心脏病和目疾；安在东方的卯位上，家人容易患肝胆疾病；安在西方酉位上，家人易患

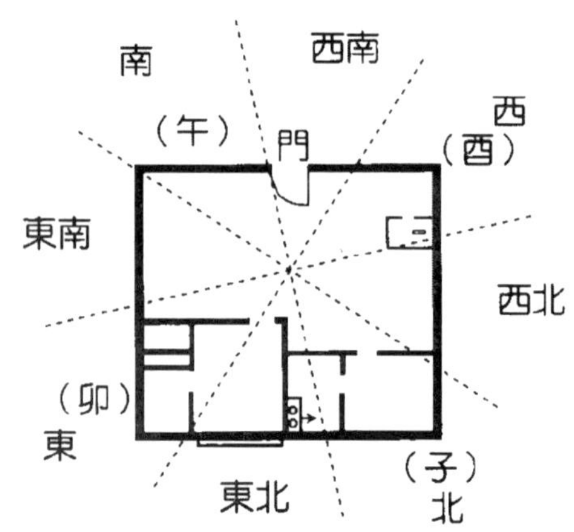

肺病和咽喉炎、声音嘶哑等症。特别是“便器”安在子、午、卯、酉四正位置上，给主人的身体健康带来的危害更大。

七、卫生间不宜安在靠山位

卫生间不宜安在住宅的靠山位置，易卦八宅派认为住宅的靠山位为明财位，不宜见水，见水就会败财。若卫生间位于住宅的靠山位置，则特别对靠山所属卦位代表的人物不利。

八、卫生间宜忌杂论

卫生间里的“坐便器”不能冲着卫生间门。卫生间不宜设置在卧室里，若卧室里设置卫生间，那么卫生间里的“坐便器”不能正对卫生间门明冲着卧室里的睡床，否则主人睡不安宁或者懒惰，或者精神萎靡，情绪不稳定。“水火不留十字线”，意思是指卫生间和厨房不能同时建在子、午、卯、酉形成的十字线上。

卫生间是个人隐私的地方，不宜透明，否则主人的姻缘阻滞多。

卫生间的地板面要比客厅、卧室和厨房、餐厅等空间的地板面低，才符合家居阳宅风水的要求。若卫生间的地板比客厅、卧室等空间的地板面高出许多，这是相当不利的，会使卫生间里的阴气逐渐弥漫全屋，会使家人的运气受诸多阻滞。

卫生间、厨房不能与住宅大门处于同一条直线上，否则疾病丛生，尤其家人易患肿瘤。

卫生间不可建在住宅的文昌位上，否则文昌受污秽，家中难出才子。

卫生间里的马桶（坐便器或蹲便器）不宜向着卫生间的门，既不能明冲床位，也不能暗冲灶位，否则身体容易疲倦，腰酸背痛，也容易败财。

九、卫生间里的植物

由于卫生间里的湿气高、冷暖温差大，养植耐湿性的观赏绿色植物，可以吸纳污气，净化环境。适合摆放仙人球、垂榕、黄金葛和一些野生绿色植物。如果卫生间宽敞且明亮，可以培植观叶凤梨、竹芋、惠兰等色彩鲜艳的植物。

十、卫生间空间方位的选择与布局

卫生间五行属水，而水主财，因此卫生间的位置在很大程度上与家庭的钱财收入有着密切的联系。同时，卫生间是污秽之水聚集的地方，很容易招来一些病气，若浴室位置不佳，轻则主人身体虚弱，重则全家都会疾病缠身。

卫生间的最佳位置是在住家大太极的北方与西方。在北方或西方设置浴室，必须要有足够的窗户，要保持卫生间里干燥。最不宜设置浴室的位置是住宅大太极的西北方，其他位置也不利。

在家居住宅里，卫生间的位置是固定的，若发现卫生间的位置不合风水趋吉格局的要求，可用物品来化解位置产生的负面影响。

1. 北方位置

在住宅的北方位置设卫生间，会促使屋里五行水能量增加，乃至淹没气氛，导致北方安宁、冷静的气能趋于停滞，会逐渐消耗家人的体能和精力，居宅之人就会变得消沉，缺乏进取精神。但水位置水，通过适当调理，北方的卫生间对人体不会构成很大的影响。

化解方法：在卫生间里种养高大的植物引入木气，以此吸湿并产生新鲜的氧气，降低水能来注入活力，达到阴阳五行平衡的状态。

2. 东北位置

东北方是最不可取的位置。因为这个位置的土能强旺，必定会破坏水能，造成本宫位磁场不稳，容易激起危害身体健康的气能。家人易患脾胃、手指关节等疾病。

化解方法：引入金能通关，缓解土能与水能的矛盾关系。在住宅的东北处放一个盛满海盐的白陶瓷，或放一尊沉重的铁制雕塑，或放一个插上一支红花的圆形铁盆。

3. 东方位置

在东方设卫生间，虽然水的气能与木的气能可以协调，故一般是良好的。但浴厕器冲水排出时是向下活动，与木的向上活动是对立的。东方是管宅主的事业运和健康运的，不宜在东方安置卫生间。

化解方法：在浴室里种植高大的植物，以增强向上的木能。用木地板、木装置，或用绿色毛巾与垫子也能强旺东方的木能。

4. 东南位置

东南方是文昌位，千万不宜在东南方设置卫生间，否则文昌位受污，人的头脑糊涂，家中难出才子。

化解方法：在浴室里种植高大植物，以增强向上的木气能。

5. 南方位置

在南方设置卫生间是非常不利的，因为卫生间的水气能摧毁南方火气能，导致激情衰退而失去公众的信任，易于卷入法律诉讼。

化解方法：利用木气能通关，使水能与火能的冲突得以缓解。种植高大的植物或安装木制附件、木地板均可调和水火之间的矛盾。

6. 西南位置

西南方位置的情况与东北方相似。西南方的土气能会摧毁水气能，造成本方位的，磁场变化不安，最终导致家人身体健康不佳，特别是易患脾胃病，与东北相似。

7. 西方位置

西方旺盛的金气能会被水气能耗尽，会耗尽家中的财产收入。但在西方建卫生间，不会造成磁场不稳的现象，通过调理通关，建卫生间是可以的。

化解方法：种植红花植物来启动金能。红色鲜花或铁盆、金属塑像也可以。

8. 西北方位置

水能会耗尽金气能，最终使家人精神上有被瓦解、迷惑或生命失控的感觉。西北方是家长位和贵人位，主管人体的头部和肺部，不宜在这个方位建卫生间，否则宅主事业不顺、运气差，没有贵人扶持，男人容易患上头痛、糖尿病、心脏病和肾衰竭等疾病。

化解方法：种植白花植物以维持金气能，或配备上白色鲜花，或摆放圆形银盆、铜盆，或摆放金属质的雕塑。

总之，卫生间设在住宅大太极的北方癸丑位和西方的辛位最好，最忌讳的是西北方和中宫位置。假如卫生间设在西北位或中宫已经成为现实，那么必须通过调理，才能避凶趋吉。卫生间的设置不仅要讲究方位，而且应保持清洁，注意除湿和通风。浴室里最好开有较高的窗户，令阳光充足，空气流通，若是密闭严密、通风不良，则对家人不利。如果卫生间没有窗户，则一定要安装排气扇，将废气抽掉。

十一、浴厕位置与黄泉水法

黄泉水有杀人黄泉水和救贫黄泉水之分。

1. 古代杀人黄泉水口诀：

庚丁坤上是黄泉，乙丙须防巽水先；
甲癸向上休见艮，辛壬水路怕当乾；
坤向庚丁切莫言，巽向忌行乙丙上；
艮逢甲癸祸连连，乾向辛壬祸亦然。

注解：

庚、丁二向见坤水为黄泉煞水。

乙、丙二向见巽水为黄泉煞水。

甲、癸二向见艮水为黄泉煞水。

辛、壬二向见乾水为黄泉煞水。

坤向见庚、丁二水为黄泉煞水。

巽向见乙、丙二水为黄泉煞水。

艮向见甲、癸二水为黄泉煞水。

乾向见辛、壬二水为黄泉煞水。

2. 古代救贫黄泉水口诀：

辛入乾宫百万庄，癸归艮位焕文章；

乙向巽流清富贵，丁坤终是万斯箱。

注解：

辛向见乾方去水，家中财源滚滚，家积钱财百万贯。

癸向见艮方去水，家中文昌大旺，下代子孙头脑灵活，读书聪明。

乙向见巽方来水，家中富贵显达，后代富贵双全。

丁向见坤方来水，家中有余粮，节俭可致富，小康转大康。

一般地说，立宅安坟犯了黄泉煞水，家人就会有病灾、破财。运用黄泉水法，都以房屋坐向为主，以向首为坐标，例如坤山艮向，依据口诀“艮逢甲癸祸连连”，意思是指立艮向的房屋，见甲方来水为黄泉煞水，甲位不宜做卫生间，房屋北方的癸位可以作浴厕。

一个标准的卫生间，一般应有五个进水点（三冷二热）和四个排水点。浴缸、面盆、便器各需一个排水口和一个冷水进水口，浴缸、面盆还各需一个热水进水口，地面上需要一个地漏。因此，在住宅里设置卫生间时，结合黄泉水法选择方位是十分必要的。

第八节　阳台的布局与调理

阳台是指住宅室内向外延伸的部分，是居宅内部采光纳气以及与外部空间交换气流的地方，也是居住者呼吸新鲜空气、晒晾衣物以及与大自然交流情感的场所。

按阳台的功能来分析，封闭阳台意味着失去阳台本来的功能，尤其是向南的阳台。封闭阳台不利于空气的流通，容易造成室内空气污染，但也有其好的一面，如扩大室内使用面积，减少噪声对室内空间的干扰，有利于营造一个祥和、宁静的室内氛围。

一、阳台的绿化与植物选择

对阳台进行绿化，既能美化生活空间环境，又能有助于改善室内空间的小气候。在阳台的边角处，设置花槽或花盆架，根据当地气候状况和居宅之人的爱好，栽植各种花木。花木的种类中，既要有常绿的盆景，又要有四季飘香的鲜花和葱郁的树叶，以及耐旱的茎藤。有的柔软垂吊，有的舒展延伸，有的可观赏花叶，有的可结硕果，形成一个小型的百花园。

若想夏日遮阳，可以在阳台里种植牵牛花、金银花、葡萄等，并在阳台的左右两侧牵扯细绳，让它们攀延而上，形成一个绿色屏障。这样不仅形成立体式绿化，还可以降低室内温度。

住宅北面的阳台，可以摆放盆栽，种植一些万年青、君子兰、兰花和四季海棠等耐阴的植物，给阳台创造清新、幽雅和宁静气氛。

由于阳台较为空旷，日光照射充足，适合种植的花卉和常绿植物很多，除了上面介绍的简单绿化方法外，还可以采用悬挂吊盆、栏杆、摆放开花植物、靠墙摆放观赏盆栽组合形式来装点阳台。适宜种植在阳台的植物很多，大致可分为生旺与化煞两大类。如果从阳台眺望室外，附近山明水秀，没有出现任何煞气，就应该摆放能够收纳生旺之气的植物。一般地说，风水上有生旺作用的阳台植物均高大而粗壮，叶愈厚大且青绿就愈好，如万年青、金钱树、橡胶树、巴西铁树、棕竹以及发财树等等。如果阳台外有屋角、电线杆等形煞冲来，就在阳台上摆放一些具有化煞功能的植物。

下面分别介绍几种生旺植物与化煞植物：

（一）生旺植物

1. 万年青

属天南星科，干茎粗壮，树叶厚大，颜色苍翠，极具强盛的生命力。大叶万年青的叶子伸展开来，像人一只只肥厚的手掌向外伸出纳气接福，对家居风水有强大的壮旺作用，因此万年青的叶片越大越好。

2. 金钱树

金钱树的叶片圆厚丰满，易于生长，生命力旺盛，能吸收外界金气，可提升家中运势。

3. 铁树

铁树又名龙血树。铁树的叶子狭长，叶片中央有黄斑，寓意坚强，能补住宅之气血，是重要的生旺植物之一。

4. 棕竹

棕竹的干茎较瘦，树叶窄长，因树干似棕榈而叶子像竹得名。棕竹种植在阳台上，可以保住宅平安。

5. 橡胶树

印度橡胶树，树干伸直挺拔，叶片厚而富含光泽。橡胶树的繁殖力强，易于种植，户内户外均适宜种植。

6. 发财树

发财树又名花生树，其特点是干茎粗壮，树叶尖长而苍绿，耐种而易长，充满活力朝气。

7. 摇钱树

摇钱树的叶片长，色泽黑绿，属阴生植物，极有富贵气息。

（二）化煞植物

从阳台外望，如果住宅周边环境恶劣，附近有尖角冲射、街道直冲、街道反弓，或阳台对着寺庙、医院、坟场等等，就在阳台上摆放一些具有化煞功能的植物。化煞植物与生旺植物不同，其干茎或花叶有刺，有刺便可冲顶外来煞气，令其退避三舍，可起到保护家居平安的作用。

化煞植物大致有以下几种：

1. 仙人掌

仙人掌的茎部粗厚多肉，往往布满坚硬的茸毛和针刺，把高大的仙人掌摆放在阳台上，可以化解外煞。

2. 龙骨树

龙骨树的外型很独特，干茎挺拔向上生长，形似直立的龙脊骨，充满力量，对外煞有极强的抵挡作用。

3. 玉麒麟

这里说的玉麒麟是指一种植物。玉麒麟不是向上生长，而是横向伸展的，其形似石山，化煞稳重有力，并且具有镇宅的作用。

4. 玫瑰花

玫瑰花艳丽多姿，虽美丽但有刺，凛然不可侵犯，既可点缀装饰阳台，又有化煞的功能，特别适合女性较多的家庭使用。

5. 杜鹃花

杜鹃花即是九重葛，花色似杜鹃，花叶茂密有尖刺，易于种植，也是上佳的化煞植物。

二、阳台装修选材

1. 阳台的封装材料

用于阳台封装的材料主要有两种，一是铝合金，二是塑钢型材。

铝合金是目前采用较多的装饰材料，产品质量和施工工艺都比较成熟；塑钢型材是近几年新兴的装饰材料，与其它门窗材料相比，塑钢型的保湿隔热功效以及隔音降噪功能都要高出 30% 左右。如果把塑钢型材配合双玻璃使用，那么效果会大幅度提高。

2. 阳台地面材料

如果不封装阳台，就可以使用防水性能好的防滑瓷砖；如果封装阳台，并使阳台与室内相通，就可以使用室内地面装饰材料。用以晒晾衣服的阳台，以防滑地砖为首选。

3. 阳台墙壁和顶部装饰材料

如果不封装阳台，就使用房屋外墙涂料；如果封装阳台，就可以使用室内墙壁相同的乳胶漆涂料。

三、塑造阳台风水的小技巧

阳台是室内和室外空间交换气场的地方，吉气与凶气均在阳台往返流动，若在阳台采取一些必要的美化措施，就能达到风生水起招好运的效果，对提升家庭的运势大有帮助。

如果住宅阳台一面有高楼大厦逼近，或有电线杆、高架桥、屋檐、墙角等外方煞气冲来，就要在阳台上布置挡煞物品，避免煞气入屋伤人。如果阳台一面没有上述煞气，就利用几个小技巧，将来自各方路过阳台的吉气有效地收纳为已用，以增补人体能量的不足之处，强化身体健康，使居室之人的运势更为顺畅。

下面介绍几种利用阳台收纳吉气的小技巧：

1. 风水轮招祥法

站在阳台面朝屋外，人的左手方为阳台的左方。在阳台的左方（青龙方），放置一个风水轮，风水轮滚滚的流水要朝家中流，可以招纳各路财气，充实家中财库。对官场运势也有帮助，既可以坐收财气，又可以招来贵人。

2. 水晶洞补强法

天然紫水晶洞，具有放射与接收磁场的能量。在住宅阳台上，放置一个紫水晶洞，对家宅的磁场能量具有补强作用。放置水晶洞的方位与水晶洞的尺寸大小没有禁忌，只要求在白天时将紫水晶洞口朝外，黄昏后要把紫水晶洞的洞口朝向屋内，让白天吸收的好能量散发到屋内。

风水轮

水晶洞

3. 植物盆栽招吉法

在阳台栽种 3 至 5 盆柏树盆栽，具有招贵人的功效，尤其适合从事商业或业务工作的人使用。种植几盆芙蓉、红玫瑰、麒麟花，也可以发挥招纳吉气的作用。

四、阳台上摆放吉祥饰物的方法

家居住宅阳台上，除了可以摆放植物外，还可以在阳台上放置各类吉祥饰物来美化家居环境，达到生旺化煞的效果。在阳台上摆放吉祥物要以利己不伤人为原则，切勿滥用。

玫瑰花盆景

下面介绍几种对家居有益的温和饰物：

1. 石狮

石狮有阳刚之气，可以用来镇宅。摆放石狮镇宅，狮口必须朝向屋外，不能朝向室内。若阳台面对着办公大楼、大型银行等气势旺于本宅的建筑物，就可以在阳台的两旁摆放一对石狮来化解；若阳台正对庙宇、道观、医院、殡仪馆、坟场等阴气较重的建筑物，以及大片阴森的丛林，或有形状丑恶的山岗，就用一对石狮来镇宅。狮子的头部要向着这些煞气之物。

石狮

2. 石龟

龟是极阴柔的动物，其性机灵，擅长以柔克刚，是逢凶化吉的象征。用龟来化煞，符合风水学上凶煞宜化不宜斗的原则。

石龟

在阳台上摆放铜龟或石龟来化煞，用时摆一对，两只龟的头部必须相对。虽然石龟与铜龟都是风水的化煞物，但各有不同的功效和用途。如果阳台面对高大的烟囱、红色的高楼大厦以及油库等五行属火的形煞，就宜用石龟化解，因为石龟五行属土，可以化泄五行属火的煞气。如果这些火性形煞位于住宅的南方，那么煞气的力量犹如火上加油，须在两只石龟的中间位置放一瓶清水，加强化煞的功效。

3. 石龙

不同的动物有不同的特性，龙是喜水的。在面向大海、湖泊或向水池的阳台上，摆放一对石龙，其头部必须朝向前面的海或湖泊，取其双龙出海之义。

如果宅主的生肖属狗，就不宜在阳台上摆放石龙，只能用龙龟或麒麟来代替，因为龙龟和麒麟这两种瑞兽均喜水，能够引财水入室，并且不冲克生肖属狗的人。

4. 麒麟

麒麟与龙、凤、龟合称为四灵兽，这是四种最有灵气的动物。麒麟的外形共有四种特征：鹿头、龙身、牛尾、马蹄。麒麟被视为仁兽，因为它重礼且守信，古代人认为麒麟的出现是吉祥降临的先兆。中国自古就有麒麟送子的说法，因此求生贵子心切的人家，往往会在

石龙

石麒麟

向着大海的阳台上，摆放一对麒麟，希望能早得麒麟儿。

5. 石鹰

如果住宅周围高楼林立，本宅处于林立的高楼中宛如鸡立鹤群，从阳台外望时，感觉已被重重包围不见出路，形成风水上的困局。居住在这种困局住宅中的人，很难脱颖而出，若想扭转局势，就在阳台的栏杆上摆放一只昂首向天、奋翅高飞的石鹰。鹰头必须朝向屋外，双翼切勿下垂，可收到预期的功效。在住宅阳台上摆放石鹰，有一点必须注意，若户主的生肖属兔，为避免犯冲，就不宜在阳台上摆放石鹰，因为鹰与鸡同类，五行属金，犯者必遭冲克。

石鹰

第九节　楼梯的设计与布局

在复式房屋中，楼梯起着承上接下的作用。楼梯装修中，最关键的是扶手的设计，它是楼梯设计的重中之重，最理想的扶手材料是木，其次是石。做楼梯扶栏最理想的材料是锻钢，其次是铸铁，再其次是木或瓷。室内做楼梯扶栏的材料，最忌使用镜面不锈钢或其它银亮面金属。

楼梯的台阶不能忽高忽低，否则人走在楼梯上时会有被绊或踩空的惊慌感觉，有时还会让人惊出一身冷汗。舒适的楼梯台阶厚度以15 cm为宜，若超过 18 cm，人登楼梯时就会感觉累；台阶宽度以 27—30 cm为宜。

楼梯不仅是家中接气与送气的地方，也是很容易发生事故的地方，倘若摆错了方位，就会给家中带来损害。楼梯设置的理想位置是靠墙而立，绝对不能把楼梯设置在主人房屋的中心处，不能设置在客厅入门处和客厅的中央位置。住宅内通向二楼的楼梯不仅能走人，还具有加强气在屋内流动的功能，楼梯向上蜿蜒的趋势，似乎看不到它的尽头，因此有人把它看成房屋主人未来的象征，产生了“家有楼梯步步高”的说法。

若把楼梯设置在住宅的中央，就等于把家庭一分为二，会导致家中多口角，夫妻感情不和，父母不合，甚至家人离散的情况出现。

楼梯是房屋的通道，可以把气从一楼引到二楼或三楼。楼梯分为内气楼梯和外气楼梯。内气楼梯与门相背，人进入住宅大门后，绕个拐弯便可上楼梯，内气楼梯是吉利的；外气楼梯在屋内进门的地方，一进住宅大门就可以看见楼梯，楼梯与门正对或偏对，是不吉利的象征。

楼梯的台阶层数以单数为吉利，双数为凶。单数又以三或五数为最吉，三代表天、地、人三才，五代表五行流通之意。

楼梯是快速移气的通道，能使气从一个层面向另一个层面迅速移动。当人在楼梯上走动时，就会搅动气能，使其在楼梯处迅速移动，达到收气、聚气、和养气的效果，因此楼梯的坡度越小，其效果就会越好。为了避免楼上的生气、财气直冲而下，室内楼梯的形状应尽量设计成折线型、螺旋型或弧型。至于应该采用何种楼梯形状，要结合房屋空间情况和户主的个人爱好，以及美观角度等等因素，使设置的楼梯与整个住宅空间环境总体风格相一致，达到和谐统一的良好效果。

螺旋型楼梯的优点是比较节约空间，而且盘旋向上给人的感觉较好，又有较强的艺术性。螺旋楼梯在室内应用中，以旋转270度为最好，因为旋转角度太小，在下楼梯时会给人坡度太陡和不方便的感觉，家中老人和小孩走在梯上也不太安全。这种楼梯多数用于顶层阁楼小复式，大复式较少使用。

折线型楼梯在室内应用较多，其形式比较多样，常见的有90度折梯和360度折梯二种。折线型楼梯的优点在于简洁、易于造型，缺点是它占用较大的空间。

弧形楼梯是以一条曲线连接上下层楼的，其美观大方，行走方便、舒适，没有折梯那样生硬的感觉，也没有旋梯那样的不安全感，是最理想的楼梯。住宅里设置这种楼梯，一定要有足够的空间，才能达到最好的效果，是大复式与独立别墅的首选。

第十节　庭院的设计与布局

庭院的布局非常重要，因为庭院与房屋连成一个整体，相当于房屋向外部空间延伸的部分。简单的布局，只在庭院中种植一些花草，或摆放一些植物盆景，或者设置一个比较复杂的植物苗圃即可。如果讲究的话，就要请专业风水师来设计与布局，创造一个既美观大方又合乎住宅风水要求的庭院。

庭院的风格，在样式上简单地分为规则式和自然式两大类；从私家庭院格调上可分为四大流派，即亚洲的中国式、日本式与欧洲的法国式、英国式。

庭院的确立与建筑物一样，应该选择自己喜欢的样式，然后根据建筑物是西式或者中式的格调，再根据环境条件、家庭人员和养护能力等情况，制定园林设计和布局方案。过去，具有代表性的日本杂木园式庭院与茶亭式庭院，融自然风景于其中，美观且大方，但日本庭院与中式建筑不相称，不能达到庭院园林与建筑物之间的协调、统一。因此，庭院设计不能死板地去仿照别人的规划布局，否则会使房屋与庭院给人格格不入的感觉。

最好将庭院设置在住宅光照较好的南方或东南方，因为光照充足是决定庭院栽培花木的重要条件，同时还应弄清家宅庭院的排水、通风和土质等因素。

以下从几个方面论述庭院的设计与布局的方法：

一、庭院的围墙

古代住宅的格调，一般要求符合主人的身份和地位，住宅围墙的形式也是由主人的身份、地位以及房子的格调来决定的。因此，一般住宅与围墙之间都比较相称，不会出现围墙过高或过低的不和谐情况，如若出现，则住宅将会呈现凶象。

当代社会与古代不同，住宅的大小、格调和围墙的高低都是宅主的随心所欲，不受社会上其他外部因素的约束和干扰，往往会出现围墙过高而房屋过低，或房屋过高而围墙过低，二者不能协调搭配的凶相。其实，住宅的围墙过高是一种不吉利的象征，围墙太低也不好。围墙具有防噪音、隔灰尘和遮挡外人窥探住宅的作用，现在噪音和污染的情况很严重，为防止此类公害，住宅围墙不宜筑得太低，其高要超过 1 米以上，最好不要超出 1.5 米太多，以免遮挡日照和通风，造成负面的影响。但若住宅的庭院较宽，可以将围墙筑高一点，最高也不能超过 2.1 米；若住宅院子特别大，则围墙可超过 3 米。

围墙的种类，除了以花草树木为墙外，尚有木板、铁丝网、水泥、堆石块、筑砖块围墙等类型。花草树木围成的墙体，很风雅，可以让人感觉到四季变化的美丽景观，其缺点是花费较高；水泥或砖块围墙比较便宜，但地基必须扎实坚固，方可防倒塌。

在高层楼房的下层前面设庭院，庭院的围墙高度最好不要超过一层楼的高度。在狭窄的地方盖房子，再在房子周围筑上围墙，显然房子与围墙之间的距离很短，会因通风、采光不佳使人有强烈的压迫感，可以在围墙与住宅相距不远前墙地基处留下约 20 厘米的空间，改善通风、采光条件，再在院内摆放几盆花草盆景。

二、庭院吉祥的植物

通常情况下，植物都具有非常旺盛的生命力，种植大量健康的植物，可创造一个清新的、充满活力的环境。许多植物有特殊的性质和功能，更具有灵性，因此在家居住宅里种植这些植物，能对家宅起保护作用，可称为住宅的守护神。庭院吉祥植物主要有棕树、橘树、竹子、槐树、桂树、灵芝、梅树、榕树、枣树、石榴、葡萄、海棠等等。

1. 棕树

棕树又名为棕榈。既有观赏价值，棕毛又可入药，有收涩止血的功能，主治吐血、崩漏诸症。在风水上具有生财护财的作用。

2. 橘树

橘树象征吉祥和高贵。果实色泽呈红、黄，充满喜庆。甘橘盆栽是人们新春时节家庭的重要摆设。橘叶有疏肝解郁功能，能够驱除家中邪气，带来欢乐。

3. 竹子

苏东坡云：“宁可食无肉，不可居无竹”。竹是高雅脱俗的象征，无惧东南与西北风，可以做为家居风水的防护林。

4. 槐树

槐树的木质坚硬，可为绿化树、行道树等。

在古代，槐树被认为是禄的代表。古代朝廷里种三槐九棘，公卿大夫坐于树下，面对三槐者为三公，因此槐树在众树之中具有最高的品位，在镇宅上有极高的权威性。

5. 桂树

相传月亮中有桂树，桂花即木犀。桂花象征高尚与纯洁，夏季桂花芳香四溢，是天然的空气清新剂。

6. 灵芝

灵芝性温、味甘，可益精气、强壮筋骨，是长寿之兆。自古就被视为吉祥物，鹿口或鹤嘴衔灵芝祝寿，是吉祥图的常见题材。灵芝还具有极高的观赏价值。

7. 梅树

梅树对土壤的适应性很强。梅花开五瓣，清高富贵，其五片花瓣有梅开五福之意，可提升家居福气。

8. 榕树

榕树含有“有容乃大，无欲则刚”之意，居者以此自勉，有助于提高涵养。

9. 枣树

在庭院中种植枣树，喻早得贵子，凡事快人一步。

10. 石榴

石榴含有多子多福的祥兆，有极强旺的富贵气息。

11. 葡萄

葡萄藤缠藤，象征亲密之意。古代就有“葡萄架下七夕相会”之说。夏季，在葡萄荫下纳凉消暑，是人生一大快事。

12. 海棠

海棠花开鲜艳，令富贵满堂。棠棣之华，象征兄弟和睦，其乐融融。

除了以上植物外，在庭院里还可以种植一些被认为有驱邪功能的植物，如桃树、银杏树、柏树、茱萸、葫芦等等。

三、庭院的水体设置

《黄帝宅经》指出："宅以泉水为血脉"。在构成庭院风水的元素中，水可以滋养生命、提升人的活力，又能招引财气、启迪智慧。庭院里的水体，一般有池塘水、泳池水和喷泉水。

1. 池塘水

池塘的水体自然而亲切，住宅前面有天然的池塘，对提升家居的宅运大有补益。在风水意义上，宅前池塘的形状最好是半圆形，明月半满，日后必定充满，象征期待不断进步，达到成功，运气源源不断地提升。

2. 泳池水

游泳有益于人的身体健康，是人类最好的强身健体运动项目之一。常与水体亲密接触的人，能给身心注入水的特性，有助于提高思维的活性。

建造庭院泳池的最佳方位，是在庭院的东边或东南边，但不能太靠近入门处，可防止潮气入宅。若东边与东南边不能建造泳池，则可以在北面或西面设池，但须进行必要的调理。

泳池的形状以圆形和曲形为佳，不宜有尖角。

3. 喷泉

喷泉是家居中的人造活水，有助于活跃家居气氛，可打通人的经络血脉，避免财气停滞、枯竭，更能有效地抵消住宅受路冲和反弓路煞气的影响。如果在喷泉里安装向上照射的灯光，就可以强化效果。

庭院里布局水体时，应注意考虑设置水体的方位和水体的流向。设置喷泉的最佳方位是在住宅或庭院的东南方或西南方，水体应该以柔和的曲线朝住宅前门流来，不能向着门外方向流去，这样才可以避免财水外泄。

四、住宅前庭与后院风水宜忌

（一）住宅前庭风水

住宅的前庭主财。布置前庭应注意考虑下面一些问题：

1. 住宅的前庭院应保持高度整洁，不重豪华美观。

2. 前庭应种植适量的花木。但庭院的花木不可太多太杂，否则阴气湿重，影响人的鼻子，令人心情烦躁、诸事不顺。

3. 前庭排水应畅通，要符合水法。

4. 前庭通风与采光条件要好，不要有青苔、湿气。

5. 前庭的白虎方不可种植高大树木，否则易伤女人与小孩。前庭的白虎方不宜摆设花架。

6. 前庭右方不要乱放沙石，特别是庭院正中央不要摆放大石头。

7. 前庭右方为白虎方，不可安装马达或震动机器。

8. 前庭的右方不宜建卫生间和仓库。

9. 前庭的右方不可放石景山。

10. 前庭的右方不可有水池。若要设水池，必须符合旺运。

11. 前庭右方不可摆放巨石块和特大水缸。

12. 前庭右方不宜造假山水景。

13. 前庭右方不宜开大门。

14. 前庭右方不可有木柴灶。

15. 前庭右方不可有高压电线杆。

16. 前庭大门外面不可有电线杆。

17. 前庭大门外面正前方不可有屋角冲射。

18. 前庭大门外面的右方不宜高于左方。

19. 前庭大门外面正前方不可顺水流出去。

20、前庭大门外面正前方不能有古树冲射。

21. 前庭大门外面正前方不宜建卫生间。

22. 前庭大门外面不可正对别家的厨房抽油烟机的风水，否则容易伤脑、多病。

23. 前庭大门外面不可正对乱石或粪坑。

24. 前庭大门外的右边房屋不宜比左边的房屋高。

25. 前庭大门外面正前方不可有直路冲射。

26. 前庭大门外面不可面向反弓形路。

27. 前庭大门外面不可面向反弓水沟、反弓河流或反弓围墙。

28. 前庭大门外面的右方不可有大树。

29. 前庭大门外面的右方不可建造车库或诊所。

30、前庭大门外面不可正对他人住宅的楼梯口、墙角或屋柱。

31. 前庭大门外面不可正对直冲而来的巷道或防火巷。

32. 住宅前庭内不可种植有刺的花或仙人掌，否则易生皮肤怪病。玫瑰除外。

33. 住宅前庭内不宜堆放烂铁、废钢及破碎家具、废木料等。

34. 住宅前庭内不要养鸡、鸭、鹅类家禽，否则家人易患气管炎。环境遭破坏，家中也不平安。

（二）住宅后院风水

住宅的后方庭院主人丁，同时又是智慧的象征。布置后院应注意考虑下面一些问题：

1. 住家后院应时时保持整洁，才能提高子女的智慧和聪明力度。

2. 住宅后院的青龙方和正中央不可设置化粪池。化粪池最好设在后院的白虎方。

3. 住宅后院的正中央不要设水池，否则伤丁、伤贵。青龙方可以设水池，但必须合旺运，否则不做为佳。

4. 住宅后院正中央不要做水塔或水柜蓄水池，或放置水缸。

5. 住宅后院正中央不可安烧水炉。

6. 住宅后院正中央不可安马达，否则腰酸背痛。

7. 住宅后院的出水口的流水道不可流经后院的正中位置。白虎边设出水口最佳。

8. 住宅后院正中央和白虎边，不可安机器或震动之物。

9. 住宅后院正中央和白虎边，不可打井，否则严重者会伤丁。打水井宜在青龙方。

10. 住宅后院正中央和白虎边不可摆放洗衣机。

11. 住宅后院白虎方不可建水塔，水塔应建在青龙方大吉。

12. 住宅后院白虎方不宜安热水炉锅。也不能在白虎方安马达，马达应该安在青龙方。

13. 住宅后院不宜放置石磨、石臼、石器和大量的砖块、乱金属丝。

14. 住宅后院不可种植太多的花果树，否则阴湿之气浓重。住宅后院不可种大树，否则光线阴暗，家宅不平安。

15. 住宅后院不宜种植有刺的花草树木，否则会使家人腰背酸痛，易患怪异皮肤病。

16. 住宅后院最好不要放养六畜。若要养六畜，就应随时保持干净，否则易使家中怪病百出，难保平安。

17. 住宅后院围墙不可太高，围墙高度以五尺六寸为佳，能守住财气。若后院围墙低于五尺六寸，则难于守住财气。

18. 住宅后院地面不能高出屋内地板面一尺以上，否则不聚财。住宅后院地面也不可低于屋内地板面一尺以上。

19. 住宅后院的花架、石板、水泥板应横放，不可直冲屋内。

20. 住宅后院应保持空气对流，才能使家内温暖、和谐。

第八章　房屋犯煞化解法

第一节　房屋缺角与突角的化解方法

当代城市里的建筑，由于大部分开发商都追求利润的最大化，往往在有限的土地上建造更大面积的房屋，为了顾及各单元套间通风采光的需要，都把住宅楼或办公楼设计成多边形、鞋形、星形等等。在城市里很难找到平面比较规整的房子，房子的形状不是某方位凹入就是凸出，这些房子某方位的凹入或凸出的情况，在阳宅风水学上称为缺角或突角。

无论是房屋缺角还是突角，都会使住宅中心的五行气场分布不均匀，某个地方缺角或突角就相应地影响着该方位对应的人或事物，必须着手化解处理后才能长久居住。

一、房屋缺角的化解方法

缺角的处理方法，就是在建筑物缺角的方位，摆放与方位五行相应的风水物品，把所缺方位的卦气补充强壮。

1. 西北乾位缺角

住宅西北乾位缺角，代表着家里男主人较差的身体状况，男主人没有权威，不管家事，昏头昏脑的，说话不算数，还会导致事业不顺、夫妻感情不和等等。西北乾位五行属金，若西北乾位缺角，就在乾位摆放材质五行属土或金的物件，物件的形状应以方形（土）、圆形（金）为上吉，物件的颜色应以黄色（土）和白色（金）为佳。选择物件时，首先考虑材质五行，然后考虑形状，最后考虑颜色的配合。如黄、白色圆形的石球、白色方砖、圆形鹅卵石、金色大圆铜钟、金属模型飞机和金属汽车模型等等。

摆放物件尺度，应视地方面积大小考虑用品的大小。用品数量可以用一个、七个、八个，三个数分别是乾艮坤的先天八卦数。最好摆放十二生肖铜制公鸡。

2. 西方兑位缺角

西方兑位缺角，会影响家中的小孩身体健康，家人易患咽喉疾病、肺病、呼吸系统疾病、声音嘶哑等症。西方兑位五行属金，因此西方兑位有缺，可以在兑位摆放类似于乾位缺角使用的化解物件。

3. 南方离位缺角

若南方离位缺角，就会严重影响家中小孩的身体健康和财运、事业，家人易患心脏病、目疾等症。要化解南方离位缺角所形成的煞气，就在离位上安放材质五行属木或火的物件，物件的形状以长方形为吉，颜色以绿色、红色和紫色为佳。如绿化盆景、红色方形的中国结、大红喜字、挂竹木画、根雕、森林挂画、大红灯笼、大电视等等。最好摆放十二生肖的铜马。

4. 东方震位缺角

东方震位缺角，就会影响着家里儿子，其胆气较弱，肝气不足，没有决断力，魄力不够，活力较差等等，缺角严重者易患肝胆顽疾。住宅的东方缺角，就在东方震位上摆放材质五行属水或木的物件，形状以波浪形和长条形为上吉，颜色以绿色、蓝色和黑色为佳。如鱼缸、绿化植物盆栽、酒水柜、饮水机、挂竹木画、根雕、功夫茶具、水景盆栽等。最好摆放一个铜兔。

5. 东南方巽位缺角

东南方缺角，就会影响家中女儿的身体健康和财运，家人易患肝病和抽筋等症。同时，东南方是住宅的文昌位，若东南方缺角，则家中子女头脑反应迟钝，记忆力差，学习成绩很难拿到名次。

东南方巽位五行属木，因此东南方位有缺，可以在巽卦位置安放类似于震卦的物件。最好摆一个铜兔。

6. 北方坎位缺角

北方坎位缺角，对家中的儿子相当不利，家人容易患肾病、耳聋、膀胱等疾病。若住宅的北方坎位缺角，就在坎位安放材质五行属金或水的物件，物件的形状以波浪形为上吉，颜色以白色、黑色、蓝色为佳。如金属大圆钟、酒水柜、水柱灯、鱼缸、洗衣机、冰箱、海底世界、北极图画、金属制轮船模型等等。最好摆放一个铜老鼠。

7. 东北艮位缺角

东北方艮位缺角，对家中的少男相当不利，家人容易患上脾胃病、手指关节麻痹痛疼，鼻部也容易出现毛病。若住宅的东北艮位缺角，就在艮位安放材质五行属火或土的物件，物件形状以方形为吉，颜色以红色、黄色和紫色为佳。如方形的中国结、大红双喜字、大红灯笼、大型山水画（以山体为主）、大型假山盆景（不用水的）、大的石头摆件、紫水晶山，最好摆放一个陶瓷牧童骑牛，也可以在艮位安装红、黄电灯，并常开。

8. 西南坤位缺角

西南方坤位上缺角，对家中的主妇（老母）相当不利，家人容易患上脾胃病、腹部疾病等。西南与东北方位五行同属土，因此西南坤位有缺，可以安放类似于东北方使用的物件。

总之，住宅中某方位缺角，运用安放物件与物品的方法，一定要考虑家居住宅的实际情况，选用的东西要美观又实用，既能起到补充缺角卦位五行气的作用，又符合家庭生产、生活实际需要。

二、房屋突角的化解方法

房屋的突角与缺角恰好相反，突角是指某个位置凸出的情况。就运势而言，凸出比凹入好，因为凸出给该方位带来的是正面的效果。

若凸出的面积不大的话，影响比较小，可以忽略；若凸出的面积比较大的话，就会影响整个平面的外观，还会对家庭成员的身体造成负面的影响，需要做出适当的改善。

如果住宅某个方位凸出面积较大的话，就在凸出的位置上摆放化泄该方位五行气的物件，所摆放的物件不要求大和多，以防过度泄气造成负面影响。同时要对凹入的地方进行处理、补救，用一补一泄来解决住宅平面不规整的问题。

从方位上讲，住宅凸出的位置最好不在东北方，因为东北方为易经中的艮卦，对应人物是家中的少男，在人体上对应的是胃部、背部、鼻子、手指、关节等等，还代表阻塞、堵塞、肿瘤、肿块等，所以住宅东北方有明显凸出，会破坏家居住宅的风水，家里人容易患上肿瘤、囊肿、增生等病变。若东北艮位凸出面积较大，就在艮位上放置一些属于金的物件，用以化泄艮土之气，如两枚硬币、两个铜钱、一个圆形铜钟、开口玻璃瓶（兑卦）、两根铁通、金属徽章等，以兑卦（兑的先天八卦数为二）与艮构成山泽通气，化解多余闭塞的土气，起到四两拨千斤的功效。

坤卦代表人的腹，坤位凸出面积大时，家中会出肥肚子的人。若家中有人肚子凸出很大，好像女人怀孕一样，就首先察看住宅的西南方是否有凸出的情况。如果西南坤位凸出很明显，说明家中的大肚人与此有关，那么不需要吃减肥药，只要在坤位摆放金属饰物或其他金属物件，把坤卦多余闭塞的卦气消除后，家人的肚子也会渐渐地消平的。一和二分别是先天八卦中的乾金与兑金之数，在坤卦摆放金属饰物，最好选用乾的先天八卦数一。

第二节　形煞的构成及其化解方法

形煞，就是房屋外部峦头形状不佳，构成不利住宅的煞气。这种煞气是指站在住宅大门或窗口处，眼睛所见到的一些不吉利的峦头形状，正对着房屋的大门或窗户，那些不利住宅的峦头部分称为住宅外部煞气。虽然这种单纯的外部煞气，不会直接对主人产生太大的危害，但必然会影响住宅风水。为了减少外部峦头煞气对住宅风水的影响，就要运用风水物品进行化解。

现将几种重要的形煞及化解方法论述如下：

1. 尖煞

尖煞是指屋外有尖形物射向住宅大门。在门口处往屋外看，视线近处看到楼台尖形墙角或亭角，或尖锐的艺术雕塑品等尖锐物体，直射到门口或窗户，可以称为犯尖射煞。

在农村，经常见到住宅前面近处有一座峦头如笔，高耸而起插入天际的高峰，这种情况就是尖煞；在城市中很少见到住宅前面有山峰出现，但一些大厦最上层呈三角尖形，如果大厦上层的三角尖形不正冲住宅的大门或窗户，就不构成尖射煞，因为三角尖朝上，没有冲射大门或窗户，所以不会破坏住宅的风水。如果顶层有三角尖状的大厦所居的方位合理（东南方或一四飞星会聚的方位），那么不仅没有煞气，还可以作为住宅的文笔峰论。

尖煞化解方法及风水用品：

当确定住宅受到尖煞冲射后，必须要设法化解尖形煞气。化解尖煞最佳的风水用品就是八卦化煞罗盘和八卦凹镜，只要把这些化解物品放置在被尖煞冲射的方位，就可以有效地化解尖煞。

2. 枪煞

俗语曰：一条道路一条枪。枪煞是一种无形的煞气，是指一条直长的走廊或通道直冲家门，构成枪煞冲射。

从玄空飞星风水理论来说，如果住宅大门处于房屋飞星盘中旺星飞临的方位，宅主不但无灾，反而有发财升职之象，这就是所谓的“冲起乐宫无价宝”的真正含义；相反，如果住宅大门处于房屋飞星盘中衰死凶星飞临的方位（如二黑、三碧、五黄、七赤方位），此方位的飞星组合成凶煞时，枪煞必然会影响宅主家人的身体健康，易生疾病，易遭血光之灾，必须运用物品进行化解，方能保平安。

枪煞化解方法及用品：

住宅大门前犯枪煞时，化解此煞气的方法有两种：如果是农村房屋犯枪煞，就在大门前摆放一块写上“泰山石敢当”五个字的石碑或大石头，把石碑贴在大门旁的墙壁上，可以阻挡冲射而来的直路煞气；如果是城市中高楼大厦里的高层住宅大门，受到走廊直冲，就在门前设置屏风或悬挂珠帘，可以阻挡走廊直冲大门的煞气。屏风的效果较好。

3. 天桥镰刀煞

在大城市里，人多车多，交通繁忙，为了疏导交通，每座城市里都会出现天桥。如果天桥出现在大厦楼宇（包括住宅楼、商业楼宇、工厂大厦等）的贴身位置，那么天桥对楼宇就会产生一定的磁场作用。

一般地说，天桥的形状会对大厦楼宇构成吉凶关系，这种吉凶关系主要从天桥对大厦楼房的环抱、反弓、直路三种形状体现出来。如果天桥把楼宇遮盖，那么楼宇里住户主人身体容易生暗病，运气不顺，工作压力大；如果天桥是环抱楼宇的形状，即在大门或窗户处能看到天桥向楼宇弯曲环抱的桥面，且弯曲的桥面似河流一样，天桥属于虚水，那么这种形状不会对大厦楼宇里的住户构成危害，若天桥弯曲的桥面恰好处在房屋飞星盘中向盘旺星方位时，则天桥自然会给房屋带来很好的财运；如果天桥是反弓的形状，而且弓背的一面靠近房屋，那么这种情况属于大凶之象，可以说这层楼宇中的住户犯了镰刀煞，因为天桥像一把半月形的镰刀向着楼宇劈来。房屋犯镰刀煞的一方如果是房屋飞星盘中凶星飞临的方位，那么犯此煞气容易发生血光之灾、是非纠缠、破财等等，流年凶星飞临同论。

镰刀煞化解方法及用品：

凡是由天桥反弓造成镰刀煞的房屋，可以在家中安放开光的神像、挂一串五帝古钱或摆放麒麟一对，放在犯煞的方位上化解煞气。

4. 天斩煞

在城市中，最常见的是天斩煞。

天斩煞，是从本身居所的大门或窗户向外望，看见前方有两座大厦靠得很近，大厦之间形成一道相当狭窄的空缝间隙，仿佛大厦是被从天而降的利斧所破，一分为二。若两座大厦形成的空缝间隙对着住宅门窗，则该宅就犯了天斩煞。

天斩煞对住宅风水影响极大，会使宅主发生血光之灾、手术及危险性很高的疾病等。若天斩煞位于住宅的背后，则主人容易受小人暗害。

天斩煞的化解与使用物品：

化解天斩煞，可以运用大铜钱和五帝古钱，悬挂在煞气冲来的方位，用朱砂与白酒开光后，灵验度极高。如果煞气离住宅很近，就用一对麒麟摆在煞气冲来的方位挡煞，麒麟的头部要向煞气方位。

第三节　制化门前五行煞气的方法

住宅的大门前有五行煞气冲射时，可利用大门的颜色（包含门前脚踏垫的颜色），把冲来的煞气克制或化泄掉。如果是铺面大门犯煞，那么还可以利用经营行业的种类五行来克制或化泄冲来的煞气。

1. 大门遇金煞

大门遇金煞，可用火色（即红色和紫色）克制；也可以用水色（即黑色和蓝色）化泄。

以煞气主体形状来论，圆形或半圆形的主体五行属金，若此形物体挡住大门，则门犯金煞，应当克制或化泄，可保平安。

以八卦方位来论，来自西方的煞气称为金煞。若住宅大门向西，门前有煞气冲射大门，那么可以说大门犯了金煞。有一点需要注意，虽然西方五行属金，但形成煞气的事物主体形状各有区别，有尖状的，有四方形的，有长条形的，有圆形或半圆形的，有波浪起伏形的等等，而且各种形状各具独特的五行属性，因此在化解金煞时，应认真研究综合分析煞气的五行特性，采取有效可行的化煞措施，才能收到最佳的化解效果。

以实物的五行来论，门前有圆形金属物，给宅带来的煞气更大，应采取化泄的方法进行化解。

2. 大门遇木煞

大门遇木煞，可以用金色（即白色、银色或杏色）克制；也可以用火色（即红色和紫色）化泄。

以煞气主体形状论，长条形状物体的五行属木；以八卦方位来论，来自东方和东南方的煞气称为木煞；以事物本性来论，门前的树木带有很大的煞气。

3. 大门遇水煞

大门遇水煞，可以用土色（即黄色、棕色或橙色）克制；也可以用木色（即青色和绿色）化泄。

以煞气的主体形状来论，波浪起伏形状的物体五行属水；以八卦方位来论，来自北方的煞气五行属水，称为水煞；以事物性质论，真水产生的煞气更大。

4. 大门遇火煞

大门遇火煞，可以用水色（即黑色和蓝色）克制；也可以用土色（即黄色、棕色或橙色）化泄。

以煞气主体形状论，尖状物体的五行属火；以八卦方位来论，来自南方离卦方位的煞气，称火煞；以事物性质论，门前的火炉或火堆带来的煞气更大。

5. 大门遇土煞

大门遇土煞，可以用木色（即青色和绿色）克制；也可以用金色（即白色、银色或杏色）化泄。

以形成煞气的物体形状论，四方形状的物体五行属土；以八卦方位来论，来自东北方和西南方位的煞气五行属土；以事物性质论，门前的方形土堆与巨石带来的煞气更大。

第九章　办公营业场所

第一节　办公营业场所选址原则

在风水活动中，对宅地的选址原则，主要考虑环境与人的协调关系，要使居住空间环境条件能够满足人的生活、心理和生理上的需求。商务办公场所和店铺的选址，与家居住宅的选址具有相似之处，除了应该考虑到住宅风水的因素外，还要认真勘察办公场所或店铺所处的环境风水对经营生意的影响。

商务办公场所和店铺风水选址学问，比住宅风水选址学问更为深奥，商务办公场所和店铺风水的吉凶，不仅能直接决定经营生意的好坏，还会对经营生意的主人心理、生理和生活产生直接的影响。因此，应认真正确对待商务办公场所和店铺的选址工作，不可有丝毫的马虎大意。

一、藏风聚气原则

风水之道，得水为上，藏风次之。风水的最理想模式是“藏风”与“聚气”，保持小环境的生气旺盛，不被疾风吹散。因为生气是化生万物的根本，没有生气就意味着穴场周围环境失去了生机，没有生机就是凶的表现。

水，是大地的气脉和精血，就像人体内的血脉一样，其重要性是不可比拟的。在商务活动中，非常讲究人气和财气，因此作为商务办公场所，应选择一个理想的藏风聚气之地。

选择办公楼时，千万不能脱离“藏风聚气”这个重要的风水原则。在选择办公场所时，不能忽略“风”与“气”这两项重要因素，“风”是指轻轻吹拂而来的和风，“气”是指流动空气中生旺的五行之气。

二、繁华地段原则

繁华地段，是指市镇上人流密集而带有喜庆气氛的地段。

从风水学的角度上说，有人的地方就有生气，人愈多，生气就愈旺。若商务办公场所和经营生意场合的店铺能乘生气，就能带来生意兴隆的繁荣景象。

例如，店铺的选址。城市中的繁华地段是商品交易活跃的地方，若把店铺开在繁华地段，就能较好地为聚密的人口提供商品消费上的方便，又能起到商品促销的作用，可轻而易举地将生意做得红红火火。但是，如果在偏僻人稀的地段开设店铺，那么就会因顾客少而使商店显得冷冷清清，最终会严重影响店铺的正常收入。

三、前面开阔原则

风水学主张家居住宅的屋前明堂要开阔，接纳八方生气，怡养宅主全家人。同样道理，商务办公场所和店铺的面前广阔，也能纳八方生气，迎接四方顾客。按照这一条原则，在商务办公场所和店铺选址的时候，也要考虑办公室和店铺正前方的开阔度，前面不宜有很高的围墙，更不宜有电线杆、广告牌和大树等过大的遮挡物正冲大门和主窗户。这样，不仅有利于经营者面向四方，又不会影响经营者和顾客行人的视野，还有利于商店经营的商品信息的传播。风水学把这种商品信息的传递，叫做气的流动。有了气的流动，就会有生机的存在。

四、坐北朝南原则

在古代，人们选择阳宅基地时，大都力求坐北向南的宅基地。坐北向南的住宅，在炎热的夏季可以避免太阳暴晒产生的热气影响，在寒冷的冬季可以避免来自北方寒冷气流袭击，同时可以取暖和杀菌。民间有句俗语：“大门朝南，子孙不寒；大门朝北，子孙受罪。”由于我国处于地球的北半球，地面南北跨纬度很广，各地区分布于热带、亚热带、温带及寒带不同地区，因此建造坐北向南的阳宅，应根据各自所处的纬度地区适当选择南向偏东或南向偏西作为最佳朝向。从考古资料上发现，新石器时代半坡氏族遗址所有的房屋的朝向都是坐北朝南的，当时的人们提倡子午朝向。建造子午朝向的阳宅，安置门主灶三要的方位必须合乎法度，否则易患心脏病、高血压等病症。

商务办公楼宇和经营商品店铺的基址，同样可以参照住宅选址的做法，选择坐北向南的铺面最好。

五、周围形势和谐原则

办公楼宇后有靠山依托，主有助力，亦可避免强风吹袭。风水术语有云：“气乘风则散”，如果办公楼宇四周空荡无靠，风向气流急促，就会导致财运的损失，亦主没有贵人扶持，命运的起跌会较大。

古代风水学上把房屋的前后左右，称为“左青龙，右白虎，前朱雀，后玄武”。这是以坐北向南的房屋来定配这些名称。因左边为东方，五行属木，为青色，故喻为青龙；右边为西方，五行属金，为白色，故喻为白虎；前边为南方，五行属火，为红色，故喻为朱雀；后边为北方，五行属水，为蓝色，故喻为玄武。风水学发展到当代，一般风水师已经把这四个兽名单纯地冠于一所房屋的前后左右，而不用去理会房子坐向了。办公楼宇的后面玄武方有高楼大厦做为靠山，左右青龙白虎方均有如侍卫般站立守护的大厦竖立，前面朱雀方有一片宽阔的空地作为明堂，此种形势可招来贵人相助，对声名利禄均有所助益。

屋外环境要清静，无冲煞。论办公场所，不仅只论办公室本身，还应论及周边环境，因此必须勘察邻近楼宇、河流或巷道，有无锐角侵射的煞气存在，出入的道路有无污秽之气。周围环境好，就会有利于人们的身体健康；周围环境煞气严重，就会对人的身心健康构成危害，这就是阳宅学上所谓的磁场感应对人的身心构成有利或不利的影响。

六、光线充足，空气对流原则

吉屋必须光线充足，切忌屋内阴气过重。光线充足加上空气对流、清爽，房屋自然光亮有气，有益于人的身心健康。

屋相的气色要光明、精彩。古书有载：阳宅之祸福先观其气。屋宇虽旧而气色光明、精彩，必兴；屋宇虽新而气色黯淡，必败。办公场所的气色和家居住宅的气色同论。

第二节　办公楼宇选择原则

一、选择商务办公楼层的法则

选择好了商务楼之后，接下来就应该选择楼层。一座商务办公楼的外在环境和地形道路，对楼层房间的风水会产生影响，在同一栋楼里，由于存在着人的命相五行与层数五行的相生相克关系，因此不同的楼层，会对使用者产生不同的影响。

在中国传统文化中，不同的五行存在着相生相克的关系。五行相生关系是：金生水、水生木、木生火、火生土、土生金；五行相克关系是：金克木、木克土、土克水、水克火、火克金。

楼层的五行是根据河图数五行决定的；一楼与六楼，五行属水；

二楼与七楼，五行属火；三楼与八楼，五行属木；四楼与九楼，五行属金；五楼与十楼，五行属土。若楼层数大于十数，则五行属性按其尾数算。

人的命相五行，根据人的出生年份生肖来算。生肖属鼠（子）和猪（亥）的人，五行属水；生肖属虎（寅）和兔（卯）的人，五行属木；生肖属蛇（巳）和马（午）的人，五行属火；生肖属龙（辰）、狗（戌）、牛（丑）和羊（未）的人，五行属土；生肖属猴（申）和鸡（酉）的人，五行属金。

论吉凶的方法：如果楼层的五行生人的命相五行，或楼层的五行与人的命相五行比和，以吉论；如果人的命相五行生楼层的五行，以泄耗论；如果人的命相五行克楼层的五行，以中等论；如果楼层的五行克制人的命相五行，以大凶论。

二、勘察办公楼宇内部布局的原则

第一步：先找出中心点，然后从此中心点分布八大方位。

第二步：察看大门、办公桌、神位等所在方位是否合理。

（1）若大门或办公桌处于延年吉位，则可尽纳八宅延年方之吉气，主上下和睦、身体健康、人缘佳，大利对外公干事业，易得好声名。

（2）若大门、办公桌或神位安置于天医吉位上，则可尽纳八宅天医方之吉气，主身体健康强壮，能旺财，招贵人。

（3）若厨房安置于五鬼凶位上，则会吸纳五鬼方之凶气，主无端惹祸，意外手术，破财官非，此为单位或住宅之一大弊病。

（4）神位上的摆设，必须符合天、地、人三才的要求，即是神像安放在神位的最高处象征天，其他风水物品（或祖先牌位）安放在中间象征人，地主（土地公和土地婆）安在最下面象征地。神位安放在吉方纳气点或伏位，主平静安稳，人很舒服；神位安放于凶煞方，也可以达到镇压煞气之效。

第三节　不同行业经营场所选址的要求

一、店铺的选址

从经济学理论的角度来说，城市里的繁华地段，是商品交易活跃的地方，若把店铺开在这里，就可以将销售的商品主动迎向顾客，既能为聚密的人口提供商品消费上的方便，又能起到商品促销的作用，轻而易举地将生意做得红火。

相反，如果将店铺开设在偏僻人稀的地段，那么顾客少，商店显得冷冷清清，会严重影响店铺的正常收入。人代表生气，没有人光顾商店，商店里就会缺乏生气；生气少了，阴气就会旺盛而占据上风，店铺的生意就会因此走向萧条的景况；阴气过盛，严重者还有可能损伤店主的元气，生意亏本，致使商店破产。

商铺

店铺的选址，可以参照住宅选址的做法，选择坐北向南的铺面较好。因为，作为经营商品的店铺，若能避免了日晒和寒风的影响，在经营商品销售时，就可以把店门全部打开，使所销售商品的信息全面对外开放，顾客或行人可以一目了然。

如果由于店铺地址的局限，店门必须向东、向西或向北开，那么夏冬两季就要采取措施消除煞气的影响。在夏季上午时分，向东的店铺，阳光照射到店内，会带来火热之气；向西的店铺，阳光照射到店内，阳光会带来火辣辣的热气。风水学上称这种热气为煞气，对商店的经营活动十分不利，可在店前设置遮阳伞、挂遮阳帘或搭遮阳篷等，以避免烈日的直接照晒。在冬季，向北的店铺，要在门前挂保暖门帘或设置遮挡寒冷北风的设施，再在店内安装暖气设备，让店内温度回升，造就一个适合人们进行正常经营活动的环境。

二、书店的选址

书店选址，既要符合风水法则，又要符合生意之道，两者不可相互矛盾。书店选址可以遵循以下四大规则：

1. 学校附近地段

书店经营项目以书籍和磁带为主，这些商品的主要消费人群为学生。

如果把书店设在学校附近，就能方便学生去书店购买自己喜爱的书籍和供学习参考用的图书和磁带音像制品。

2. 居民住宅区地段

书店设在住宅区地段，可以方便居民购买家庭生活用的图书音像制品和家庭娱乐类的书刊杂志或影碟制品。设在居民住宅区的商务办公场所和店铺风水选址店，应以家庭杂志和娱乐类书籍为主。

3. 交叉街道的拐角位置

交叉街道的拐角位置，是位于两条街道的交叉处，汇集两条街道的人流，有很多过往的行人。若把书店设在这个地方，那么这个书店就会成为人流的停滞点，可以增加图书音像制品等销售量。

4. 设于三岔路位置

三岔路口，位置十分显眼，是开设书店非常理想的地理位置，如果经营有方，就能产生“三角效应”。

书店

三、加油站的选址

加油站是石油化工行业的终端销售系统，其经营状况的好坏会直接影响整个行业的经营状况。

加油站的五行属火，其销售的成品油具有易燃、易爆、易受热膨胀和流动的特点，还有一定的毒性，因此在选址与环境布局时，要尽量避免火性物质，完善消防器材，否则物极必反，火灾祸患无穷。

若想加油站经营得好，就要从选址上做文章，站稳脚根。

1. 大城市加油站的选址原则

在大城市中，商业区和购物区的车流量和客流量比较大，而且比较集中，这些区域是建设加油站的首选位置。再者，大城市的主要干道、十字路口，交叉路口及城市的出入口处，也是车流量较大的地方，在这些地方建设加油站也是很好的选择。

2. 中小城镇加油站的选址原则

中小城镇的商业区一般都是位于市中心，而市中心是城市主干道的必经之地，因此中小城镇在建设加油站时，要以城市主干道和城镇出入口为首选。另外，国道线和高速公路的入口处，也是建设加油站的理想位置。

加油站

四、大型商场的选址

大型商场的选址与店铺选址的要求基本上是相同的。

城市里的繁华地段顾客多，是商品交易活跃的地方，最宜开设商场。可为聚密的人口提供商品消费上的方便，又能把生意做得红红火火。

如果将商场开设在偏僻人稀、交通落后的地段，就会因顾客少而使商场生意显得冷冷清清，会严重影响店铺的正常收入。商场的选址，可以参照住宅选址的做法，选择当运旺山旺向或坐北向南的朝向最好。

商场门前不宜有大树。不管是任何性质的房屋，门前有大树都是不吉利的。假如商场门口正对着大树，可用卦数造物之法和五行生克

大型商场

原理，解决门前有大树煞气的问题，或者在门上方挂一个八卦镜。

五、工厂的选址

工厂的风水涉及很广，其中最主要的是车间与办公室之间的关系。

车间克办公室，或办公室克车间的工厂，十个有九个是领导和职员的关系不好，容易出现逆反或压制的现象，或发生工人对老板有人身攻击行为，或老板压制工人造成伤亡事故。工厂中的车间与办公室之间的风水关系是相当重要的。

选择工厂地址，要重点考虑工厂的正前方要开阔，不能有任何障碍物遮挡，比如围墙、电线杆、广告牌或较大的树木等。工厂门前开阔，面向四方，有利工厂经营产品信息的传递。风水上把这种信息的传递，叫做气的流动，有了气的流动，工厂就有活力。

工厂的大门，不宜朝向不吉祥的建筑物。风水学中所说的不吉祥的建筑物，主要是指烟囱、卫生间、殡仪馆、教堂、医院及大型养猪场等，容易让人感到心理不适的建筑物。这些建筑物中，有的黑烟滚滚、有的臭气熏天、有的嚎哭、有的病吟，都带浓重的阴灵煞气信息，容易使工厂的经营者精神不振、心气不畅。

工厂大门

第四节　不同经营场所装修布局的要求

一、大型商场内部装修的基本要求

1. 商场的进出口不宜设在同一方位上

大型商场里摆设的商品种类很多，但顾客进入商场后所要购买的商品品种是有限的，加上商品都是经分类后摆设在货架上，顾客不需要在商场里绕走，就很容易找到自己所需购买的商品。当他们选购了商品后，就会马上离开商场的，对商场里销售的其他商品一无所知。为了让进入商场的顾客能尽可能看见商场里大部分推销的商品，以增加商品出售的可能性，应该把商场的进出门设置在相距较远的不同方位上，让顾客购买到了自己满意的商品后，绕过很多商品货架，才能到达出口（大门）。这样设计的目的，在于让顾客无意中了解到商场里的商品种类，即使现在不购买，也能给顾客留下一个深刻的印象，为下次购买提供了信息。

2. 不可在商场设置高声震荡音响

有些商家，为了在商场内部营造喜庆的气氛，在商场里面设置高声音响设备，播放震耳欲聋的音乐。其实，这样的做法很不好，因为高音刺耳的音乐在风水学中被称为声煞，属于凶煞的一种，很容易使人自然而然地产生烦躁的情绪，对商场的经营与促销活动只能起到负面的影响。若要用音乐来营造商场的喜庆气氛，最好播放轻柔雅致的乐曲，给顾客听觉上舒适感，这样可以增加顾客在商场里的逗留时间，使顾客留连忘返，增加顾客消费的可能性。

3. 扶梯不能直冲商场大门

大型商场里设置扶梯，不能直冲着商场的大门，因为风水学中的气，“喜回旋，忌直冲”。若商场里的扶梯直冲大门已经形成格局，就可以用货架遮挡，尽量避免顾客一进门就看见扶梯，不然的话，商场里来的顾客多数是闲逛的，真正购买商品的很少。

4. 商场里装潢的颜色要合理

商场装潢颜色非常重要，一般可以用红色等比较明快的颜色，让人处于一种相对兴奋的状态，可激起人们对商品购买的欲望。

从风水角度来说，商场内部的装潢颜色，要与商场主人的命局、商场的朝向以及销售商品的五行属性相结合。事物的五行属性分为金、水、木、火、土五大类，具体确定商场内部的装潢色调，方法极为繁复，必须请专业的风水师设计。

5. 商场的咽喉——门

商场的门是商场的咽喉，是顾客出入与商品流通的通道。按照风水的说法，门是纳气之口，门不宜做得太小。若商场的门做得过小了，就是缩小了气口，不利于纳气，使气的流入量减少减慢，从而减少商场内的生气，增加死气。

同时，对于经商活动来说，商场的门做得过小，就会使顾客出入不便，还会造成人流拥挤，最终影响商场正常的营业秩序。

二、酒店内部布置的要求

1. 鱼缸的放置

在风水学中，鱼缸是用来镇煞的风水物品，就是说鱼缸应该放在屋内的凶方或放在房屋朝向的凶方位置压制凶煞。

酒店里放置鱼缸，应该注意以下几点：

(1) 鱼缸中的水面高度最好和鱼缸顶面有 3 至 5 寸的距离。

(2) 鱼缸中要用活水，而且水要从最上面的一层向下流动。

(3) 鱼缸应放在凶方。

2. 卫生间的设置

卫生间要压在凶方，这是简单的布置方法。但是布置高层酒店或饭店，就要特别注意，上层楼的卫生间不宜设在楼下的收银台上面，或压在下一层楼的办公室或厨房之上，否则后果不良，财运阻滞，求财艰难。

3. 炉灶的安置

依照中国传统风水学的说法，炉灶安放的基本法则是：坐凶向吉。就是说炉灶应该设在房屋（酒店）的凶方，而灶口（煤气灶指开关）应该朝向吉方，这是炉灶放置的唯一法则。

这里所说的凶方与吉方，是根据八宅风水理论中的游年八宅规则定方位的，不是福元八宅理论中的东四命与西四命的吉凶方位。

4. 财位的运用

采用玄空飞星法确定财位，是港台地区当今最为流行的方法。运用飞星法寻找财位十分麻烦，每年甚至每月、每日的财位都有所不同，往往会给户主带来很多不便，显得无所适从。

依据八宅派的法则，可以相对简单地定出财位，财位的位置就在进门对角线所指向的房屋中堂位置和斜对角线左偏与右偏 45° 的靠墙位置。

财位宜亮不宜暗。在财位上放置一棵常绿植物，可以起到催财作

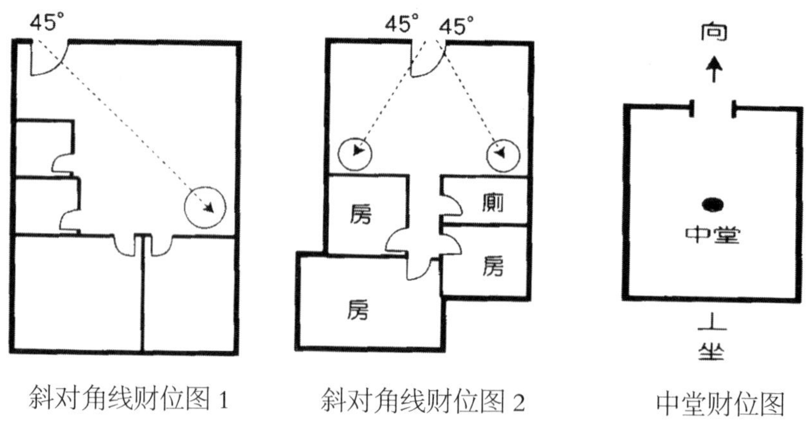

斜对角线财位图 1　　斜对角线财位图 2　　中堂财位图

用，但不能放置仙人球、仙人掌一类有刺的植物。

5. 不宜在“鬼门线”上开门

任何建筑物，都有一个被中国传统的“家相学”称为“鬼门线”的区域，具体所指的范围是房屋内部从西南中间 15° 到东北中间 15°，一线贯穿整个建筑或房间的一个区域。在这个区域内绝对不可设置大门，若在此开门，就成了实实在在的“鬼门”了，属于大凶之宅。

酒店的大门位于“鬼门”的化解改良方法有两个：（1）将位于“鬼门线”的大门封闭，在吉位上重新开门；（2）若没有办法改开门

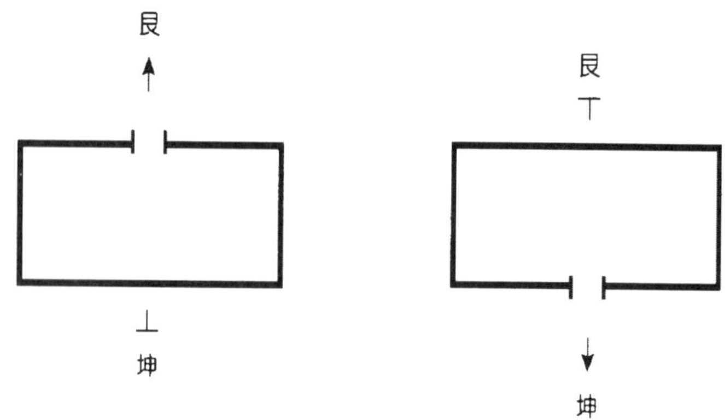

大门在东北方艮位 15° 范围，为外鬼门　　大门在西南方坤位 15° 范围，为里鬼门

位，可在门口放置一对石狮，再在进门处铺设克制凶煞的特殊颜色的地毯，具体使用什么颜色，要根据店主的八字命局与酒店朝向的情况而定。

如果运用以上两种病后求医的办法，都不能达到化煞的效果，那么最好当机立断，放弃此店不用，或者请有名望的大师来调理。

6. 楼梯冲门的化解法

无论酒店有几个层面，楼梯冲门都是典型的败财相，现向大家公布两种解决方法：

(1) 在酒店大门和楼梯口之间放置屏风，屏风的质料、颜色以及屏风上的装饰图案，都要根据酒店的朝向和店主的八字命局的五行喜忌而定。

(2) 可以放置关公像镇宅。关公是武财神，要放在一进门就能看见的中堂财位上，一定要面向大门安放。这样，一方面可以压制门外煞气进入店内，另一方面可以揽住财气。

第五节　办公室的布局

公司的老板或称领导、主管，是一个公司的灵魂人物，在单位的办公室中，他们的办公场所的重要性就像一个人的大脑中枢，其方位或装饰上存在弊病都有可能给公司引出一系列不如意的问题。因此，老板办公室的方位设置相当重要，必须选择在最重要的方位上。

一、老板的座位风水

老板的座位，从原则上来说，应放在单位办公室内最重要的方位上，而且又是室内的不动方。但是，最好的方法是配合老板的八字命理格局来定位，选择出符合老板命局喜用神的五行方位，使人体磁场和方位磁场相辅相成，以增强事业的自然助力。普通做法是：老板的八字缺木，办公桌应该摆放在东方或东南方；八字缺火，办公桌应该摆放在南方、东方或东南方；八字缺金，办公桌应该摆放在西方或西北方；八字缺水，办公桌应该摆放在北方或西方、西北方。这只是针对老板一个人的说法，但大公司里每天上班的人不止老板一人，董事、监事等人天天都要上班，最好将每个人的八字和老板的八字列表，请一位八字风水高手，分析找出每个人的吉利方位与坐向，做一次总安排。

老板的办公座位确定后，接着就要确定办公桌在办公室里的摆放位置，办公桌不宜摆放在办公室门口对冲的方位上，一定要转个方向才好。办公室位置选定后，再在西北方位做文章。

二、老板办公室内的间隔

从原则上来说，办公室内要有隔间，特别是私人公司更要有适当的隔间，不可让外人一进门就一览无遗。

办公室内隔间，应以风水的动线原理和职层区分法则等做为原则，做精心设计。动线原理方面，要考虑气流顺畅、明显简单，要宽直，不可乱设弯道，不可在动线上堆置杂物；职务区分方面，职位越高者，其座位就越往后面靠。

办公室内部隔间后，大门不宜正对着老板或部门办公室的门，否则大门的纳气容易直冲而进，引发口舌是非；办公室内的卫生间门，不宜正对着大门，一进办公室大门就正视着卫生间的门，这是极差的设计，属于凶运前兆。

老板办公室一定要单独一间，不可采用开放式办公，因为公司业务是有一定机密性，应当加以屏蔽。私人公司老板或主管领导的办公室宜大小适当，且带有雅气，不可大而无当，否则会对事业和生意发展不利。一般个人办公室在 $20m^2$ 到 $30m^2$ 之间即可，若面积在 $30m^2$

至 $50m^2$ 之间，虽然从一定程度上可以显示老板的地位，但在风水学上是属于不佳的格局。

三、老板办公室宜吸纳东方之气

紫气东来，办公室宜吸纳东方之气。在八卦中，东方震卦代表事业运，若想自己的事业能够成功，并且能够顺利发展，就必须将东方之气吸纳到办公室气场中来，这种东方之气可以助你一臂之力，使事业充满活力，积极向上。

吸纳东方气流，稳住东方磁场的方法有下面两种：

1. 在办公室（或家里）的东边放一个碗，每天早上在碗里面盛满清水，这样能为自己带来更多新鲜的水气场。水与东方的木性相生，可以帮助增强清晨新生的气场，若将这碗水放在东方太阳可以直射到的地方，那么清晨的新生气场就会更加强烈。

2. 在办公室的东方位置上放上植物，可以增加东方气场，植物所蕴藏的木气也能更好地纳入这种气场。

老板个人办公室设在东方位置，若在工作时又能朝东而坐，就能直接纳入东方之气，若不能朝向东方，就朝东南方向。

四、老板办公台的摆放方法

当老板（领导）搬进新的办公室后，怎么确定自己办公桌的理想方位与坐向呢？

1. 方位的选定原则

一是采光要充分，能满足个人工作特征和性格特征的需要；二是顺应地球磁场的需要；三是顺应地球自转方向的需要。

2. 办公桌的摆放坐向

办公桌摆放坐向有八个方位之别，每个方位都有利有弊。其利弊如下：

⑴ 坐西朝东的办公桌：有利于进取，并且能够更加细心、自信、乐观；弊端之处是会导致人的野心勃勃，自高自大。

⑵ 坐东朝西的办公桌：有利于积蓄财富，生活满足且增加浪漫感；弊端是会使人惰性增加，并且容易招惹桃花。

⑶ 坐北向南的办公桌：有利于激情四溢、引人注目、社交活跃；弊端是容易使人的压力增大、感情波折、口角是非增多。

⑷ 坐南向北的办公桌：有利于成熟稳重、创造潜能和独立自主；弊端是容易使人提心吊胆，事业趋于平凡。

⑸ 坐西北向东南的办公桌：有利拓展领导的才能，增强领导的责任感，提高领导的尊贵地位和信用；弊端是容易使人刚愎自用、固执、疲劳过度。

⑹ 坐东南朝西北的办公桌：有利于增强领导的能力，博得众人的信任和尊敬；弊端是容易使人变得我行我素、傲慢虚伪，无理干涉他人。

⑺ 坐西南向东北的办公桌：有利于自我提升、目标明确和勤奋工作；弊端是容易使人贪婪自私、过分紧张和鲁莽行事。

⑻ 坐东北向西南的办公桌：有利于公司员工间的和谐、节约开支，得贵人相助；弊端是容易使人的依赖性增强、过分小气和懦弱、首尾两端。

以上八种办公桌的坐向中，一般以坐西北向东南和坐东南向西北的坐向最为吉利。

3. 办公座椅应背后有靠

在办公室风水中，老板（领导）的办公座椅占据很重要的地位，因此在摆放时应符合如下要求：

（1）座椅背后要有靠墙（靠山），不宜悬空。座椅后有实墙相当重要，可把它视为风水之道中的靠山，有此靠山，人就无后顾之

忧。经考察，古代宫廷中皇帝的座椅，均是选用天然大理石做为后背，椅背上的花纹以隐隐的山景为佳，这就是座后有靠山的道理。

古人说："眼观五路，耳听八方"，就是说人的座椅后面三路观察不利，从心理方面来说，座椅背后空荡荡，缺少安全感，担心背后受袭，背靠实墙就可坐个心安理得。

（2）若座椅后面没有实墙做靠山，就要有效地采取变通之法，把矮柜或屏风设在座椅后，做"人造靠山"，也可以起到补救作用。

4. 老板办公台的摆设忌讳

老板办公台摆设方位不适宜，领导者在工作时会有不顺畅的感觉。

办公台摆设，主要有下面四种忌讳：

（1）忌座位背门。

（2）忌冲门而坐。

（3）忌座后有窗。

（4）忌贴近走道和窗户。

以上四种情况，对于经商老板来说是十分不利的，会受不良气流影响，时间长久了，就会扰乱人的精神，容易使人身体失去阴阳平衡。

五、老板（领导）办公室适宜悬挂的字画

办公室内光线较暗、采光不足时，可以在墙壁上挂字画来弥补。

办公室内挂牡丹花或向阳花等壁画，可收阳刚之气，弥补采光的不足，使室内生气增旺，对老板（领导）办公有利。

按照传统上的做法，山水画挂在厅里的中堂上，要观其水势流向，图画的水势向屋内流以吉论，不可向外流。因为水象征财气，若水势向客厅的大门方向流去，则意味着财往外流。

象征富贵荣华的牡丹花图画，象征年年有余的莲花和锦鲤图画以及象征健康长寿的松柏常青图画等等，都是吉利的字画，若摆放在适

当的位置上，则可发生良好的磁场感应，对人的身心健康和运气都能起到增吉的作用。

当代人追求环境质量，常常在布置办公室上用了很大的功夫，尤其是对壁挂图和字画的选择方面，参照传统的风水学观点来设计布置办公室，无论选用名人字画、艺术家名画，还是艺术照片、山水照片等，都能使每一间办公室的不利因素变为有利因素，活跃办公氛围。

1. 适宜挂的吉祥图画

悬挂花草、植物、山水画，或悬挂鱼、鸟、马、白鹤、凤凰等吉祥动物画。

九鱼图、三羊图、都是吉利图画，图中的鱼与羊均是吉祥动物。

除以上的吉祥动物画外，还可以挂些青蛙戏水、猴王献瑞和八骏图等画。可以挂些日出图、潮光山色等等，可以给人带来松驰和舒适之感。

在办公室内和家居客厅中，不可乱挂画，所挂的壁挂图和字画，一定要符合自己的身份地位，不同的职业或职位要挂不同的字画，以达到和谐统一。

2. 不宜悬挂的图画

最好不要把虎、鹰、龙等猛兽图画挂在办公室内或客厅中，若需要挂时，要将画中猛兽的头部向上，使其形成防卫的格局，但要特别注意，千万不可将猛兽的头部向着卧房门或座椅上威胁自己。若是部队军官的办公室中堂，就可以挂老虎像，有雄霸天下，威震四方的功效。

3. 马的摆放方法

在风水学中，很少用马来化煞，主要是因为它不像狮子和龙那样威猛，不懂得躲避危险，缺乏化煞的功效。

但是马有生旺的作用，因此把马的塑像摆放在旺位，可很快达到捷足先登、马到成功之效。

⑴ 摆放马的方位

马，应该摆放在南方以及西北方。

马摆在南方的原因，是因为马在十二地支中属于午，而午位是在南方，所以把马摆放在南甚为适宜。

西北方亦适宜摆放马的塑像，原因是中国的马匹大多数产自西北的新疆和蒙古，所以把马匹的塑像摆放在西北方是适得其所。

马的塑像适宜摆放在南方和西北方，这是一般情况而言，若想在短期内对事业及财运有帮助，那就要把马摆放在当旺的财位上。

⑵ 摆马的数目

确定了摆放马匹的方位后，接着就应确定马匹的数目。摆放马匹的数目，一般以二匹、三匹、六匹、八匹、九匹较为适宜，尤其以六匹最为吉利。因为“六”与“禄”谐音，所以六匹马一起奔驰，就有“禄马交驰”的好意头。最忌的数目是摆放五匹马，因为用五匹有“五马分尸”的忌讳。

提醒大家注意，在风水摆设上，马虽然有生旺的作用，但马对生肖属鼠的人带有冲克强烈信息，故生肖属鼠的人不宜在屋内摆放马的塑像，也不可挂马的图画。

若公司老板的生肖属虎、狗、羊三种中的任何一种，在其办公室里摆放马对他们特别有利。

4. 龟饰物的摆放方法

龟是吉祥的“四灵兽”龙、凤、龟、麒麟中的一种，在当代住宅与办公楼中，很多人喜欢饲养乌龟，摆放铜龟或石龟饰物。龟能吸取天地山川灵气的精华，所以它特别长寿。

⑴ 用龟化煞效果好

龟虽然行动缓慢，似乎没有自卫能力，但是它懂得忍辱负重，在遇到危险时，便会把头尾和四肢都缩入坚厚的龟壳内，使凶猛的敌人对它无可奈何，终能度过难关。因此，当办公场所遇到一些特殊凶险的冲煞时，用狮子坐镇来硬拼，倒不如用龟来化解，以柔制刚才符合风水学中“凶煞宜化不宜斗”的原则。

⑵ 龟的材质种类

按材质分，龟类饰物的有几种，即有木龟、石龟、瓷龟和铜龟。

⑶ 用铜龟化煞法

铜龟的化煞效果好，建议在以下几种情况下，用铜龟化煞。

① 阳台对着天斩煞气。

② 阳台直对冲射而来的街道。

③ 阳台对着尖角冲射。

④ 阳台对着锯齿形建筑物。

⑤ 阳台对着反弓路。

⑷ 石龟与铜龟各有不同的用处

若是阳台对着五行属火的形煞，宜用石龟化解。因为石龟五行属土，土可以泄耗来冲的火形煞气，所以用石龟化泄火煞的效果很好。

⑸ 活龟的化煞方法

若在办公室受到尖角冲射之处，摆放玻璃或瓷盆，内贮清水，饲养数只龟，不但可以美化室内环境，而且可达到化煞的功效。

⑹ 龙龟的化煞方法

龙龟的形状与龟没有大分别，它是龟身龙头，实际上是龙的品种。据传说，龙生九子，龙龟排行第一，在风水化煞方面，龙龟不仅有龟的忍辱负重的天性，又具有龙的威武刚强的韧性，是风水化煞的最佳物品。在屋内悬挂龟壳或龙龟饰物，只要对准冲射而来的尖角，可达到化解的功效。

六、老板办公室尖角冲射的化解法

尖角会给人一种卡住喉咙的感觉，也构成视觉和心理上的压力，这对办公室风水影响极大。若有尖锐的墙角冲射老板办公室的门，便会对人造成极大的影响和伤害，小则破财，严重者可能会影响公司老板的身体健康。

化解尖角的方法：

1. 用木柜把尖角填平

要使木柜依尖角而立，把尖角嵌入其中；或把尖角隐藏起来；或经装饰，把尖角圆化，使尖角在视觉效果上不再突兀。

2. 对尖角进行绿化

对于小的尖角，可以把一盆高大而浓密的常绿植物放在尖角位，遮挡尖角，这样既可隐藏尖角，又可以绿化空间；对于大的尖角，可以根据尖角的走势设计框架，在框架上面栽种美化的植物，减轻尖角对人带来心理不适和压迫的影响。

3. 在尖角位置摆放鱼缸化解

用鱼缸的水化解尖角，可令尖角位的气流大有回旋余地，可以削减尖角给人的压迫感，不但符合风水之道，也可以美化办公室的环境。

4. 用曲面木墙把尖角遮掩

用曲面的木墙把尖角完全遮掩起来，然后用吉祥的字画把新建的木墙进行装饰，画面以山水景象为好。这样，不仅可借高山之势来镇压尖角给人带来的不利因素，也可以起到美化办公室的作用。

七、老板办公室横梁压顶的化解法

直者为柱，横者为梁，梁柱均是用来承托房屋重量的不可缺少的构件，关键的一点是不要把梁柱设计于室内显眼的位置，否则会对办公室风水和人的心理造成不良影响。

办公室的梁柱主要分为两种，即墙柱与独立柱。地板面与天花顶相连的靠墙柱，称为墙柱，这是房屋的结构柱，是避免不了的；

另一种是当代建筑设计中，出现的竖立在房屋空间中的柱子，称为独立柱。

化解方法：

1. 对墙柱的处理方法

化解连墙柱的方法，可以用书柜、酒柜、陈列柜等，将墙柱遮掩起来，使它与办公室中相邻的部分浑然一体。

2. 化解办公室中的独立柱的方法

独立柱一方面使人的视野受阻，另一方面又限制了室中的活动空间，必须进行巧妙的设计，才能有效地利用空间，又能开阔人的视野，消除其对人产生的不利影响，化腐朽为神奇。对于独立柱的处理，可以把特别显眼的柱位作为办公室的分隔线，将办公室设置成两个空间，一间做办公室，一间做会客厅。

八、老板办公室器具摆放的忌讳

老板的办公室装潢，不宜太豪华，室内颜色以乳白色和象牙色为佳。最好应依据老板的八字五行喜忌进行装饰布置，以达到十分好处为佳，千万不可把办公室装潢得像夜总会那样。

器具、物品摆设应注意如下几点：

1. 办公室的白虎方（西方），不可有震动的机器或马达；右方不可安装冷气机或抽风机。

2. 办公桌的右方，不可以安置水族箱，也不可放置影印机。

3. 办公室的白虎方（西方）忌安放水族箱，宜放在青龙方（东方）为佳。也不可安在办公桌的白虎方（西方）。

4. 办公室的内外，尽量在青龙方（东方）用事，不可在白虎方（西方）用事。

5. 影印机不宜摆放在办公室的白虎方（西方）。

6. 办公室白虎方（西方）屋顶上不可设水池。

7. 办公室内不要放置藤类盆景。

8. 办公桌的桌位旁边不可太凌乱，天花板要清爽舒畅，桌前不要有屏风，也不要放酒橱。

9. 办公室中的装饰颜色应尽量用明朗浅色，特别是能量较大的办公桌颜色。装潢颜色必须结合老板的四柱命局五行喜忌进行布置。

10. 办公室的镜子不可安在正冲门位的地方，否则易生口舌是非，易患咽喉炎和头痛等症，还会使人心乱和情绪不稳。

11. 办公桌前不可挂镜子，否则镜子照着主人，会使人心神不定、食欲不振。

办公室内，一进门直视的方位为办公室的靠山位，不可安装镜子照门，否则是非多，还会使人发不明脾气。

12. 办公室内，镜子应安在光线暗淡的地方。

13. 办公室内的保险柜，应放在办公室的西南方。若西南方不可放置保险柜，就放在其他比较隐蔽的地方，但绝对不宜对着门口，否则财来财去，花钱如流水一样，耗财连连。

九、办公室里摆放与预防电脑辐射的方法

医学证明，长期处于高电磁辐射的环境中，会使人的血液、淋巴液和细胞原生质发生改变，电磁辐射过度时，会严重地影响到人体的血液循环功能、免疫功能、新陈代谢功能和生殖系统。电脑屏幕发射出的低频电磁辐射微波，会导致 10—19 种病症的发生，其中流鼻水、眼睛痒、颈背痛、短暂遗忘、暴躁和压抑等是最常见的。

预防电脑辐射的方法如下：

1. 经常使用电脑的人，要注意保护皮肤清洁。因为电脑荧光屏的静电会将荧光屏上聚集的灰尘转射到人的脸部和手的皮肤裸露处，容易引发皮肤斑疹和色素深沉，严重者会引起皮肤病变。

2. 电脑摆放的位置要正确。电脑辐射最强的是背面，其次是左右

两侧，屏幕的正面辐射波最弱，因此要避免电脑对人体造成强烈的影响，就应把屏幕的背面朝着没有人坐的地方。操作电脑者，以能够看清屏幕上的文字或数据为准，人体和电脑的距离至少要有 50 cm至75cm，这样可以减少电磁波辐射的伤害。

3. 电脑操作人员连续工作一小时后，应该休息 10 至 20 分钟。休息时，可扭扭腰脊、做眼操和远眺天空，或做一些提神醒脑的动作。

4. 电脑工作室要保持通风透气和干爽。室内光线要适宜，不可过亮或过暗。

5. 在电脑桌旁，摆放一些绿色植物，可以有效地降低电脑磁场对人体的影响，放芦荟、橡胶树等均可，但不可摆放仙人掌和仙人球，因为仙人掌与仙人球带刺，容易招来煞气，对人的心理会造成不良影响。仙人掌和仙人球只能摆放在卫生间里，或摆放在阳台上。

6. 电脑操作结束后应洗脸。

7. 经常使用电脑者，平时应该勤于锻炼身体。要多吃一些对眼睛有补益的食品，如鸡蛋、鱼类、鱼肝油、胡萝卜、菠菜、地瓜、南瓜和动物肝脏等；多吃含钙质高的食品，如豆制品、骨头汤、牛奶、瘦肉和虾等；多吃富含维生素的新鲜水果和蔬菜；饮茶能降低电脑辐射的危害。

十、时钟宜挂于日出的东方

在中国的传统观念中，钟有其特殊的意义，它既有八卦的功能，又有风水轮的效应。当代的时钟，韵律的滴答声很有规律性和节奏感，时钟的摆动和打鸣声可以振动室内的气能。在室内无人时，气是静止的，钟的摆动能令室内的气运动起来，使室内充满生气和活力。

办公室和客厅里均可挂时钟，但不宜把钟挂在厅堂或办公室的中堂处，人一进门就看见钟不吉，故宜挂侧旁为吉。办公室内的钟只需挂一个。

最适宜挂时钟的方位是青龙方和朱雀方。无论是座钟还是挂钟，它的时、分、秒针都是不停地运行的，在办公室的朱雀方摆放时钟吉祥的理由，是因为朱雀方是前方，前方为动方；在办公室的青龙方摆放时钟吉祥的理由，是因为“四灵兽”方位中，青龙方为吉方，故办公室（或客厅）的左方适宜悬挂时钟。

一般地说，最吉利的悬挂时钟方位是日出的东方，最不吉利的悬挂时钟方位是日落的西方。

第六节　公司办公室的布置

老板办公室风水在整个公司风水中占着重要的位置，往往左右着公司的兴衰成败，因此布置老板办公室风水是个大问题，但是职员办公室风水也是不容忽视的。如果把老板比作月亮，那么职员就是天上的星星，没有公司每一个职员的出色表现，公司就无法取得辉煌成就。职员办公室的风水布局好了，就能激起他们的干劲和热情。可以说，职员是公司发展的最有力的燃烧剂，是公司走向辉煌的最大资本，因此布局好职员办公室的风水也是相当重要的。

一、　职员工作台朝向的风水

从风水的角度来看，工作台的朝向不同，会让人吸纳不同的气能，从而使人有着不同的工作状态。

1. 朝东面

能提升人的活力，增强信心，使人雄心勃勃。对从事计算机和信息技术的工作最有益处。

2. 朝东南

可提高人的创造力和交际能力，并使人坚持不懈地工作和沟通。

对从事市场营销、旅游工作的人士最有好处。

3. 朝南面

能使人思维敏捷，善于表达。对从事销售、公关、市场营销和娱乐业的人士最有利。

4. 朝西南

可以提高人的素质，巩固与别人的合作关系。对从事人力资源、建筑和服务之类工作的人士最有利。

5. 朝西面

可增强财务意识，提高完成工作的能力，并能让人容易感到满足。对从事财务、会计和投资方面工作的人士最有益处。

6. 朝西北

可以提高人的组织能力和领导能力，增强人的责任感。对管理层和决策的工作最有利。

7. 朝北方

可让人的头脑冷静而灵活多变。对从事培训和钱币流通工作的人最有益处。

8. 朝东北

可以使人刻苦耐劳，充满动力和竞争意识。对从事贸易和建筑工作的人士最有益处。

二、 职员办公室的装潢颜色

1. 低矮的办公室宜用浅色

在办公楼中，每间办公室的大小高低都不同，有些房子很高，容易使人产生空旷和冷清的感觉；有些办公室的面积很大，但房子很矮，会使人产生压抑感。要调节建筑本身带来的不适感，就要善于运用色彩来协调。

深色可以使人产生收缩感，而浅色可以使人产生扩张感，使办公室显得高大。对低矮的职员办公室，最好用浅蓝和浅绿色做墙面颜色，不要用米黄色，因为米黄色会让人感觉昏昏欲睡，若有灰尘，就会显得陈旧。但地面一定要用深色，避免使人感到头重脚轻，深棕色可以用于地面。

2. 阴暗的办公室宜用暖色

办公室内的阳光充足，可以使人心情愉快；背阴暗淡的办公室，容易让人觉得清冷，没有精神。

对于背阴暗淡的办公室，在很多时候都是依赖人工光源来调节采光的，因此装饰背阴暗淡的办公室不宜使用冷色调的颜色，而应该选用砖红和橘红等暖色系的颜色，让人觉得温暖，而且墙壁上不要使用反光性能强的颜色，否则会使员工的眼睛受到光线刺激而疲劳，精神低沉，降低员工的工作效率。

3. 创意人员的办公室宜用明亮色调

职员的工作性质，也要和办公室使用的色彩相适应。

如果要求工作人员细心和踏实地工作，就要使用清淡的颜色布置办公室，例如科研机构等单位；如果想工作人员的思维活跃，就要使用明亮、鲜艳与跳跃的颜色点缀办公室，刺激工作人员的想象力，例如创意策划部门。

三、 职员办公室摆屏风与植物化煞法

在办公室里设置屏风和摆放植物，是风水操作中常用的化煞挡煞方法。

1. 植物与屏风的选择

(1) 化煞植物的选择

应尽量使用阔叶绿色的植物，因为绿叶的阔叶植物，才能挡住劣质的磁场，其他颜色的小叶子植物或蔓藤类植物不行。

⑵ 屏风材质的选择

屏风的材质非常重要，最好是选用木质的屏风。木质屏风包括竹屏风和纸屏风在内。

塑料和金属材质的屏风效果较差，尤其是金属的屏风，其本身磁场不稳定，而且还会干扰到人体的磁场。

屏风的高度不可太高，最好不要超过一般人站立时的高度，因为屏风太高了，其重心不稳，会给人以压迫感和心理负担。

2. 下列情况可使用植物和屏风隔气

⑴ 植物盆栽隔秽气法

若座位正前方或旁边有卫生间，就可在座位与卫生间之间，放一些阔叶类大型盆栽，吸纳来自卫生间的秽气。这个盆栽不仅有空气过滤机的功效，还可以挡掉不利人体的磁场。

要注意理解，运用植物挡煞化煞，是无法百分之百挡掉所有煞气和秽气的，所起的只是一种净化气场的作用。

专门用来吸秽气的植物，要求 3-4 个月更换一次 . 若没有条件更换，就经常把它搬到外面见光换气，进行光合作用，否则吐出来的气是不干净的，会使主人蒙受污秽气的侵害。

⑵ 植物盆栽挡磁场波干扰

职员之间的座位正对时，形成人对人冲，最好在两人座位之间放一个小盆栽，消除来自对方的冲煞力和磁场波的干扰。

⑶ 植物盆栽挡走道煞气

职员座位被走廊正冲时，可以放一大型阔叶类植物盆栽，挡住来自走道的煞气。此盆栽的高度不能太高，也不可太低，只要能挡住人坐着时平看前方的视线即可。

⑷ 植物盆栽挡电器震波

座位的前方或后方有大型电器机，可用大型绿色阔叶类盆栽挡在中间即可。

⑸ 植物盆栽挡动线煞气

座位处于整个办公室的动线或出入口处，可以摆放几盆绿色阔叶植物盆栽，挡住人来人往的煞气。

四、职员办公室和家里摆设风水法

1. 铜质宝塔

职员办公室摆放铜质宝塔，象征步步高升。在家中较高的酒柜或书柜上面，安放一个铜质宝塔，放得愈高愈好。象征步步高升，可提高事业运。

2. 公鸡带冠可提高运势

摆放鸡的饰品，特别是有鸡冠的雄鸡。鸡饰品，不限材质，都有带动职场运势的功效，能让坐冷板凳的人重新获得重视。适合放在家中的西北、正北、东北、正南方，任选其中一个方位即可。

3. 黄灯旺气，增强运势

在家中客厅或者卧室内，经常保持一盏黄色小灯明亮，能够活跃气氛，增加好运，也能够摆脱僵化局面。适合放在家中的西北、正北、东北、正南方，任选其中一个方位即可。

4. 宝石能助威

用七种材质和颜色不同的石头，比如水晶、玛瑙和玉石等等，装在不限材质的容器当中，放在自己办公桌的左手边，可帮助自己消除工作中的障碍，逐渐趋于顺利。

5. 放置铜板，可使运势大顺

在办公桌的左手边放置铜板，将起到改运的效果。放 66 枚铜板表示“大顺”，放 88 枚铜板表示“大发”，放 168 枚铜板表示“一路发”。

6. 水晶洞可纳气增运

紫色水晶洞是常用的风水道具，其洞穴可以涵养好运，放在办公桌的左手边，可吸纳室外生旺之气，用来调理风水的水晶洞不能沾到水。

7. 铜马

马的性质为驿马远方，主动。凡是经常出差公干或奔走两地之人，适宜选用一对铜马摆放在写字台或家中财位上，取马到成功之意，有利健康和远行。

马为午，午属火，切忌把马放在浴室或灶头。若将马面向大门或窗口放置，则为大吉。

马经开光方有效，摆放位置和时间须请专业风水师选择。

8. 天禄

天禄是瑞兽，其腿短、有翼、双角，摆放在办公室内，代表升职快。需要开光，方能奏效。

9. 蜜蜂

是指一般画面上有蜜蜂及猴王，成为“封侯”的意思，须开光后，请专业风水师确定方位和择吉日摆放。

10. 升官印

在家中摆放升官印，最利当公务员的人士。需开光方有效，摆放位置和时间要专业。

五、职员办公室对付小人的风水布置方法

1. 石头化小人

在办公桌的右手边摆放一块石头，可以压住小人的嚣张气焰，石头摆放在右边，龙则摆放在左边。

提醒大家注意，仙人掌与仙人球均不宜摆放在办公桌上，因为它的刺容易令人产生不良的心理反应，既损己又害人。

2. 九枝红花化解其煞气

在流年“三碧”星飞临的方位插九枝红花，可化解煞气。三碧星

五行属木，是一个是非星，犯此星容易导致与小人发生冲突。只要在每年的“三碧是非星”飞到的方位插九枝红花，或用九数红色物品摆设就可化解其煞气。因为红色和九数的五行均为火，木生火则使三碧被泄气。2007 年，二黑入中宫，三碧星飞到西北方；2008 年，一白坎星入中宫，三碧星飞临西方兑宫；2009 年，九紫火星入中宫，碧星飞到东北方艮宫。以办公位置的中心点为准找出方位即可。这是玄空飞星风水的化煞方法。

3. 家里个人办公室的位置

家庭办公室最理想的位置是住宅的东方、南方、东南和西北方。

(1) 在事业开展初期，可以在住宅的东部或东南部办公，因为这两个方位比较活跃，容易引起人们的注意，有利于生意的兴旺和事务的顺利办理。

(2) 在事业发展阶段，办公室宜设在住宅的南方。这个方位能帮助办公者吸引客户，并会令所开展的业务受到普遍欢迎。南方办公，特别对公关性质的工作有极大的助力。

(3) 在事业飞跃期，办公室宜设在住宅的西北方，因为该位有益于领导、组织与协调他人的关系，巩固事业并能持续他人的尊敬。

第七节　公司生财旺职风水

一、　布局财位的方法

阳宅的财位有很多种，按风水流派来分，有八宅风水财位、玄空飞星风水财位。八宅派风水，一般皆以入门对角线指向的靠山位置为财位或进门左右两边斜对角线 45° 处为财位。

在风水学上，财气位是藏风聚气的方位。财气位有静态与动态的，布局财位时要根据其动静的性质，决定应选用的风水物品。阳宅招财首重客厅，客厅是一宅中最大的财位，其次是个人的学习工作室，若财位与个人的学习工作室位置重叠最佳，有锦上添花之效。

无论是公司办公室、商铺或是家居住宅，都有财气位。确定财气位。进门时，人站在大门框内，以正视线为基准，左右偏斜 45° 的对角线处就是财气位。

布置财气位，应该遵守下列原则：

1. 财位宜明亮，不宜昏暗。明亮的财位生气勃勃，财位有阳光或灯光照射，有生旺财位的作用。

2. 财位上应该摆放常绿植物。植物以叶大而厚的黄金葛、橡胶树和巴西铁树等最为适宜；财位不宜种植有刺的仙人掌与仙人球类植物。财位摆放的植物，应该用泥土种植，不宜用水来培养植物。

3. 公司的财位，最好选择入门对角线指向的靠山位上，因为这财位是公司财气最聚集的方位。在财位上摆放福、禄、寿三星或文武财神像，会吉上加吉，有锦上添花的作用。

4. 家居住宅的财位，最好选择入门斜对角线偏度为 45° 处。此财位为静态财位，可以摆放福、禄、寿三星塑像，也可以摆放文武财神像。若此财位在东南方的辰位上，则用养金鱼、安水缸的方法旺财，因为辰为水库，故用水旺财的力度相当大。

5. 公司办公室的财位上，可以摆放沙发椅；家居住宅卧室里的财位上，可以摆放睡床。两者对增强人的财运大有益处。财位上，不宜摆放重而大的家具，也不宜在财位处开窗，否则不聚气。财位空破的房屋为漏财屋。

二、金蟾和貔貅招财法

1. 用金蟾催财的做法

金蟾具有催财和旺财的功能。

首先，给大家介绍一段“刘海戏金蟾，步步钓金钱”的趣事。

金蟾

在中国民间，相传古代道士刘海，修炼成为“八仙”之一。刘海是五代时的人，少年时代被燕王封为宰相，后因厌倦官场，进山修道；又因戏灵物金蟾，得金钱而致富，被后代人奉为福神。民间有“刘海戏金蟾”的吉祥物，刘海手扶长串金钱钓金蟾，金钱撒到庭院前，荣华富贵万万年。

金蟾的形态十分特殊，有三只足，其大嘴咬着金钱，胸前挂有金钱。金蟾为吉祥物，可以镇宅驱邪，还可以吐宝发财，使生意兴隆，财源广进。

摆放嘴衔金钱的金蟾时，一定要将金蟾口朝向屋内，不能朝向屋外，意为把钱吐进屋内，给主人的，要摆放在住宅的财气方位上。

2. 用貔貅旺财的做法

相传貔貅是一种凶猛瑞兽，身上无鳞，无毛，有翅；头上生独角或双角，神态威武，凶猛异常，喜欢吸食魔怪的精血，并转化为财富。

貔貅有雌雄两性，雄性名为“貔”，雌性名为“貅”，但现在流传下来的都没有雌雄之分了。在古代，貔貅分为一角和两角的，一角的称为“天禄”，两角的称为“辟邪”，后来再没有分一角或两角的，多以一角造型为主。南方人称这种瑞兽为“貔貅”，北方人则称为“辟邪”。

貔貅

“貔貅”和龙、狮的作用一样，可以将邪气赶走，带来欢乐及好运。貔貅的造型很多，较为流行的造型是头上有一角，全身长鬃卷起，有些是有双翼的。用以制造貔貅的材质有很多种，有玉制、石制、木制、瓷制、铜制的貔貅。传说玉制貔貅的催财力量最强，但经实践证明，铜制的最好，对催财、改运、避邪和护身均有奇效。玉制貔貅适合夫妻、情侣佩带。

相传貔貅为讨主人开心，会咬过路人的钱给主人，故它有吸纳财气的功能，可用以招财，这是民间最常用而又最有效的催财风水用品。

风水上常用貔貅来挡煞驱邪、镇宅，古代还用它来镇墓，是墓穴的守护神。在很多古墓前，都可以看到貔貅威武勇猛的形象。

在风水运用上，貔貅的作用主要有以下几点：

(1) 有镇宅避邪的作用

将开光过的貔貅摆放在家中的财位上，可使家中的运气转好，赶走邪气，有镇宅之功效，成为家中的守护神，能保全家庭的平安。

摆放方法：貔貅是用来吸纳外财的，摆放貔貅时，必须将头向着房屋的门外或者窗外，让其吸纳四面八方的财富。貔貅的头不宜向着主人的卧床或座位，否则会将主人身上的财气吸掉，反而弄巧成拙，求福得祸。

(2) 有催财旺财的功效

在赌馆、赌场里，经常会看到用貔貅招财的做法。因为它向来喜欢金钱，能帮助人吸纳偏财，所以做生意的商人会把它摆放在营业场所或家中，用以吸纳屋外的财气。

进入家中大门，站在门框内，以正视线为准，左右偏斜 45° 的位置就是家中的财气位。公司办公室财位的寻找办法同理。财位要保持整洁明亮，在财位上放一个聚宝盆，聚宝盆的旁边摆放一只貔貅和一只金蟾，再加一个龙龟和一个元宝，可以增强聚宝盆聚财的能量，可以给主人招财进宝，带来源源不绝的财源，但旁边不可摆仙人球和仙人掌等带刺植物。

(3) 有化解五黄煞气的作用

在风水上，五黄是可怕的大杀星，它所到之方，都会令人运滞甚至使人身体出现毛病。

在五黄所到之方，安放貔貅，可以化解其凶性。若五黄飞临大门，则用一对貔貅化煞镇宅。

三、商业招财风水布局法

1. 写字台摆设风水

在公司办公室风水里，最主要的是写字台风水。不能将写字台正对着办公室的门；不能在写字台后面留有多余的空间，座椅的后面要有实墙做凭靠；不能把写字台与门正对摆设，人背门而坐。

2. 办公室的选址要避免冲煞

办公室所在的写字楼正前方有大路直冲而来，或有电线杆、变压器，大烟囱、建筑物的尖角迎门或迎窗，都叫做犯“冲煞。”冲煞距离很近，则影响极大；若冲煞距离很远，则妨碍不大。化解冲煞，可在犯煞的方位处悬挂风水化煞八卦凸镜或凹镜，或挂八卦化煞罗盘（按照午为天，子为地的挂法）。

3. 办公室要藏风聚气

藏风聚气是办公室风水的重点，因此装修布局办公室时，应把它设计成环抱聚气的格局。风水有情，生意必定兴隆。

4. 办公室风水的通则要以人为中心

办公室风水不是天地铺设的，而是人工改造的，因此布局办公司风水要以人为中心，布置一个前低后高、左精右简的格局，这样的格局才算是比较好的格局。

办公室的外局选址，最好是前面的楼宇要远一些、低一些；后面的建筑物要近一些、高一些；左边有河水或车流较缓的道路；右边的建筑物不能超过办公楼的高度；若左边有建筑物，那么右边的建筑物不可比左边的建筑物高。办公楼的前面有公园、草坪或平静的湖面，属上等风水之地。

5. 商铺风水的重点在于收银台

在商铺风水中，收银台的风水最为重要，因此设置收银台的地方，不可堆放杂乱之物，还要保持收银台的明亮。把收银台放在财位上是关键的，最好请风水专业人士布置。

6. 商店风水中主要的旺业要素

（1）商店的门是商店的咽喉，是顾客与商品出入与流通的通道，是商店兴衰成败的决定性因素。商店的门不宜做得太小，若店门做得过小，就等于缩小了气口，不利于纳气，从而使生气减少，死气增加，会给生意的兴旺和发展带来负面作用。

（2）商店的店面和内部装潢的颜色，要与店主的生辰八字、店面的朝向以及主营商品的五行属性相合。

四、炒股行业风水布局法

股市是一个高风险的行业，大成之后必有大败是不可避免的，但若有好的财运，就可以获得比较大的利益。在风水上，好的财运是可以培养的，下面介绍几条培养财运、布局风水的建议：

1. 确定财气位

进门时，站在大门框内，以正视线为基准，左右偏斜 45° 的对角线处就是财气位。

2. 要合理布置财气位

要想通过风水布置，培养炒股获利的良好运气，就必须抛开那些会不知不觉地破坏财运的习惯性布置方法，充分合理地利用财气位的生旺功能，达到招财进宝的效果。

在财气位上安财神和大肚佛，再在神桌上放貔貅和刘海戏金蟾各一个，元宝一个，加龙龟一只和聚宝盆一个；在客厅的西南方（限在八运）养风水鱼，或摆放雾化盆景、风水车；在东方和东南方摆放三盆绿色植物，但不宜放置仙人球和仙人掌一类带刺的植物。

3. 黄色水晶可以提升财运，可以随身携带，以增强炒股生财的好运气。

4. 在家内看盘的位置，座椅后背要靠墙。

5. 千万不要坐在空调或横梁的下方看盘操作；也不能坐在大门口处或背着大门看盘操作。

五、事业受挫后东山再起的风水布置

1. 办公室座位背后不能吊空

办公室座位后面的实墙，代表靠山或根基，靠山和根基对那些事业失败后想再爬起来的人是非常重要的。因此办公座椅后面，不宜吊空。

2. 住家和办公室要前低后高

住家环境要前低后高，办公室的布置也要符合前低后高的原则，即可将办公桌座椅的靠山墙上贴山水画，画中的景象以山峰龙脉为主，而在办公桌的前面可以贴湖光海景的图画，前后映照，衬托出前低后高的环境形势。

3. 住宅楼梯层数要为奇数

一楼通往二楼的楼梯级数要为奇数，即一、三、五、七、九，奇数称为“阳数”，能东山再起必是阳气旺盛；阴数是二、四、六、八、十，表示楼梯愈走愈暗。

4. 要在房屋的东边植三棵树

先给大家介绍一个典故：据说晋朝的谢安退隐在东山，但有一天他又出山了，结果做到很高的大官。从此起就有两种说法，一个说法是谢安当时就住在东山这个地方，另一个说法是他住的地方不在东山，但他家里的布置就像东山。东就是东边，又代表树木、青色。当时谢安家的东边有三棵高大青翠的大树，所以就称为东山再起。这个典故是说明，在房屋的东边种三棵树，可令宅主事业受挫后东山再起。

5. 活动区要设在阳面

向着太阳的一面称为阳面，背着太阳的一面称为阴面。活动区（书房、工作室）尽量放在阳的一边，因为向着太阳出来的东方，人的思维比较敏捷，对事物的分析和判断比较正确，可以促使人东山再起。

六、公司前台风水的布局

商业场所都会设置前台服务区，以显示企业的实力，同时又起着商业礼仪、人际交流和形象展示等作用。

前台风水和商业发展的关系十分密切。在风水学中，前台属于明堂区，也就是聚气纳气之所，是商业场所极为重要的方位。前台布局得当，自然生意兴旺，财源广进；布局不当就会泄气，甚至会产生煞气，不管是泄气还是煞气，都不利于求财，严重者则会导致企业破产倒闭。很多公司对前台的装饰极为重视，但是为什么有些公司的商业发展前景却是不尽人意呢？可以说，这是布局上存在失误。正确的前台装饰布局，要结合业主的命理、办公室的坐向方位以及从事行业的五行属性，综合设计布局才是最好的。这样布局后，客人走进厅堂时就有说不出的亲切感。

对前台的布局，主要是把前台的青龙，白虎、朱雀、玄武四灵方位布局得当，同时，门口要生旺前台，最重要的是门口方位五行不能冲克业主命局喜用神五行。还有前台方位的天花板、地面、墙壁和梁柱风水，以及门外环境，都要布局得当，才是最好的前台风水布局。

七、提高职业创造力的布局方法

1. 摆放风水狮

摆放“风水狮”，可增强人的意志力，意志力坚强的人，能把自己的事业坚持到底，并能受到美好的祝福，又能够享受到自己想法完成后的成果。遗憾的是，当今社会上意志力薄弱的人大有人在。对于意志力薄弱的人，可以借用狮子的勇猛来增强自己的意志力。

狮子是勇猛的、严厉的瑞兽，运用狮子来锻炼意志力薄弱的人，最好的方法是把狮子摆设在自己的书桌或衣橱上面，并且将狮头向着房间的入口处。这样，不仅可以防止房外的邪气入侵，还能使人的意志力和自信心大大地增强。

摆放“风水狮”是有讲究的，用时要雌雄成对，将雄狮子放置在狮子方向的左方，雌狮子放置在右方。“风水狮”还具有招财的效果，若把狮子雌雄成对，放置居家住宅的入口（大门）处，而且狮头朝外摆放，则可以镇压邪气，又可以招财。

2. 摆放黑曜石

在家中摆放“黑曜石”，可以提高人的精力。黑曜石是火山熔岩的一类物质，是从火山口喷出的熔岩，遇冷急速冷却，来不及结晶，形成了一种无结晶的块状岩石，这种岩石也就是天然的火山玻璃。

黑曜石的确有着非常强大的作用力，它不仅可以避免负面能量的干扰，还能除去难闻的霉气和晦气，不管佩戴在身上还是摆放在家中，都能对生活起到最好的保护作用。若把一串水晶手珠戴在左手，再把黑曜石手珠佩戴在右手，可以吸收掉身上排出的负面能量。

3. 摆放紫水晶

在家里摆放紫水晶，可使人做事有条不紊。

有些人上班总是迟到，开会时总是不想出席会议，忽视朋友，时间观念不强，会忘记做家务，做事缺乏规划。虽然这些小事是无足轻重的，但也会成为事业成功的绊脚石。若在家中摆放一块紫色水晶石，则可以使他做事有条有理，可提高职业的责任感，增加事业成功的倍数。

在中世纪时，只有教皇或主持教务的人才能佩戴它。相传人身上佩戴紫水晶饰品喝酒不醉；将军身上佩戴紫水晶时，能英勇杀敌，凯旋归来。

八、大门催财风水的布局方法

1. 门旁摆水可催财

合理利用大门的功能，可以为家中催财及招财。大门的方位掌管财运命脉，利用大门催财最简单的方法就是在门旁摆水。“山管人丁水管财”，有水的地方便能发挥财气的作用，除了水外，用水种植物及水瓶插花也有催财的作用，只要放在大门口附近即能生效。大门方位就是房屋内局的向首。

2. 宜开门三见

开门三见，即指开门见红、开门见绿和开门见画。

(1) 开门见红

开门见红，可使人心情舒畅。开门见红，也叫做开门见喜，即一开门就可见到红色的墙壁或带喜庆气氛的装饰品，放眼屋内，使人感觉温暖振奋，心情舒畅，喜气腾腾。

(2) 开门见绿

开门见绿，是指一开门就可见到屋内摆放整齐有序的绿色植物，生机盎然，能起到养眼明目的功效。

(3) 开门见画

一开门就能见到一幅雅致的图画，既能体现居住者的涵养，又可缓和进门后产生的仓促感。

九、阳台养花招财风水布局方法

阳台是住宅和大自然交流信息的地方，日光照射充足，适合各种色彩鲜艳的花卉和常绿植物生长，在阳台摆放一些花草树木盆景，既可以美化家居住宅的环境，又有风水方面的良好效应。

阳台上可以摆放的植物大致可分两类，即生旺类与化煞类。生旺类可以招财，化煞类可以调节气场和化泄来自外部环境的煞气。如果从阳台外望，附近山明水秀，又无任何形煞出现，就应该摆放生旺类的植物。

可摆放在阳台上的风水生旺类植物大致有以下几种：万年青、金钱树、发财树、摇钱树等等。

十、用饮水机提升财运的做法

传统的堪舆学中记载，正门对角线处是财位，与水有关的物品摆放在此，可以提升财运。除了对角线位置，明堂位也可以摆放与水有关的物品，明堂位一般是指在进门处的平移方向。

单纯以方位判断，堪舆学中认为，与水有关的物品应摆放在北方较为合宜。若放置在东南方位，则可以提升财运；若摆放在东方，则对男性的事业运和身体健康帮助较大；若放置在西南方，则对女性的财运有利。在住宅的南方不宜摆放与水有关的物品，否则容易出现好坏交错的现象。

饮水机是当代家居与办公场所里常见的一种饮水设施，其摆设位置非常重要，不仅要顾及饮水的方便，又要考虑到摆设的美观，还应该重视其浓重的水性对财运的影响。

十一、利用床位旺财的方法

阳宅风水上，安床的方位是非常重要的。如果安床的方位错误了，除了会使自已难以入眠，可能会常做恶梦，还会令人感到不安及心慌，更会使人财运不顺，财气不聚，对身体健康也十分不利。如果床位安置方位得当了，可以达到旺财或催财的效果。

一天当中有 24 个小时，人在床上度过的时间约占三分之一，因此对床铺的安置要认真考虑。在床头上不可藏污纳垢，床头的两边要安床头柜，若床头两边没有床头柜，代表此人一生无福无财，夫妻情缘浅薄。枕头的摆放是男左女右，否则犯阴阳颠倒，因为男子法天道运行为阳，女子法地道运行为阴，而人的身体是个胚胎生物，人体的阴阳就像太极的阴阳一样互为消长。阴阳法则运用得好了，就能得到好的气数，这是后天返先天的诀窍。

人的生活要快乐，家庭要圆满，夫妻的相处要和谐。孔子曰："阴阳造端乎夫妇"，在阳宅风水学里，客厅是财位，卧房是财库，如果床位摆错了，夫妻将来必定失和，甚至有外遇、分居、破财的现象发生，最终导致家庭破灭。

床的正确摆放位置：

1. 床头要紧靠实墙

床头最好要紧靠在实墙上，不可吊空。卧房中的床头位置，要紧靠实墙上，不可远离墙边，否则头顶有空气流动，磁场不稳，容易使人睡眠不好，还会造成健康方面出现问题，特别会对人的呼吸系统造成感染，或是有偏头痛的情形。

2. 在财位上摆床

客厅是财位，房间是财库，如果能利用好财位与财库方位，就可以达到聚财的效果。以卧房而言，财气的旺方，就在进门的斜对角 45° 处，财气位要保持干净，把床头摆放在财气位上赚钱比较快。另外，再在财气位上放一些圆形或盆形的聚宝盆，可起到良好的催财或旺财效果，摆放花盆、盘子、零钱、硬币、水晶与水晶洞都有聚财的效果。

第十章
阳宅调理不可缺少的五行能量

第一节　门神

中国古代的镇宅神明，是一对张贴在大门上的威武有力的画像——门神。古人认为，有一对威武有力的门神看门，什么妖魔鬼怪都不敢进入家里，因此家家户户都张贴门神。一对门神分别贴住宅大门的左边和右边，贴于左边的叫“门丞”，贴于右边的叫“护尉”。

唐代以前的门神像是“神荼”和“郁垒”的人头画像。《战国策》里记载：“画神荼、郁垒首，正岁以置门户。”说明当时每逢过大年的时候，各家各户就画神荼与郁垒的人头画像，张贴在大门的左右两边，用来避邪驱鬼。《山海经》和《封神榜》都记载神荼和郁垒这两个人。传说在东海边有一座度朔山，山上的东北边有鬼门，是鬼出入的通道，神荼和郁垒两人就镇守在那里，一看见凶神恶鬼，就把它们抓来喂老虎。因为有了这些传说，人们很相信他们二人的治鬼除妖的法力，所以便把他们的相貌画出来，张贴在大门上用来避邪驱鬼。

到了唐代，门神被秦叔宝和尉迟敬德所取代了。传说唐太宗李世民即位后，国家富强，人民安居乐业，史称“贞观之治”。李世民心里很高兴，可是在打江山的时候杀人太多，他心里又常常感到不安。尤其是在“玄武门事变”中杀了他的亲兄弟后，总是疑神疑鬼的，不得安宁。

一天夜里，李世民在梦中忽然听见门外响起一阵奇怪的哭叫声，还听见撞击房门声、敲打窗户声和房顶上有重重的脚步声。李世民赶紧叫护卫前来探护，当护卫进来时，却什么也没发现。可李世民一睡下，那奇怪的声音又响起来，吓得李世民紧紧地抓住被角，连口气也不敢呼出。就这样，一直闹到鸡叫，声音才被止住（鸡叫之时，离天亮的时间很近了，太阳即将出来，阴鬼怕见阳光）。

天刚亮，李世民又叫太监和宫女前来询问，可是这些人都说什么也没听见。李世民感到很奇怪，总以为有鬼魂在作怪。

第二天夜里，还是和头一天晚上一样闹个不休，第三天、第四天……一直闹了七个晚上。第八天早朝的时候，李世民再也忍不住了，把前几天连连受惊的事情告诉文武百官。秦叔宝奏道："臣一生杀人不计其数，如果把尸体堆起来，都有一座山那么高，可是从来没有见过鬼魂作怪。故臣从来不信鬼神。今夜，臣愿与尉迟敬德将军一起，伺候万岁，看看究竟是怎么一回事。"李世民一听，十分高兴，点头答应了。

秦叔宝与尉迟敬德二人披盔戴甲，当夜站在宫门外守护。李世民心里踏实了，不再疑神疑鬼，也就没有再听见什么声音，能够安睡了。

李世民为了酬谢秦叔宝和尉迟敬德二位将军，赏赐他们很多金银珠宝，也称赞他们说："两位将军真是门神啊！" 随后，找来许多画师，给二位将军画像，把画像悬挂在宫门的左右两边。李世民认为，画像同样可以驱邪除魔。

不久，这个画像驱邪除魔的故事在民间广泛流传，而民间的老百姓不知道李世民幻视幻听的毛病是由于精神紧张引起的，也把秦叔宝和尉迟敬德的画像贴在自己的家门上，希望同样可以获得家宅平安，不受鬼魂侵扰。就这样，民间的人们把李世民画像驱邪除魔的做法沿袭下来了，将秦叔宝和尉迟敬德尊为门神，每逢过年时，就把他们的画像贴在家门上。

家门上贴门神画像，可以破解外来煞气。

第二节　财神

一、民俗财神

民俗财神是为人招财进宝、使人发财致富的神，是中国民间普遍供奉的善神之一。在中国民间，每逢新年，家家户户都要悬挂财神像，在家中显要的位置张贴“财神到”的年画，当人们见面的时候都要互相祝愿，说一声“恭喜发财”之类的吉祥祝语。祈求财神保佑一家人生活富足，是中国每一个普通百姓的愿望，供奉财神反映人们对富足生活的追求和对美好生活的向往。

民间求财纳福的心理需求，主要反映在敬祀财神的一系列民俗活动中。特别是在新的一年到来的时候，人们更希望财神能够降临自己的家中，保佑自己的家庭在新的一年里能够顺顺利利地赚取财富，大吉大利。吉，象征平安；利，象征财富。大吉大利，象征人生在世既平安又有财，是人们求财接福十分完美的普遍心理。

我国的民俗节日——春节，是民间最隆重、最盛大的传统节日。在古代，传统春节是指从腊月初八的腊祭，或从腊月二十四日祭灶公开始，一直到正月十五的元宵节，其中以除夕和正月初一为高潮。在春节期间，我国汉族和许多少数民族，都要举行各种祭祀神佛活动与祭奠祖先、除旧布新、迎禧接福、祈求丰年的活动，以示庆祝新年。

现在，春节一般是除夕和正月初一。除夕之夜，在全国各地都有一项隆重的迎财神民俗活动，但地区不同，方法各异。在北方地区，每逢春节，除夕夜晚全家人都要围坐在一起吃饺子，因为北方以饺子象征财神爷赐给他们的元宝。吃完饺子后彻夜不眠，等待着接财神，到了初一夜晚分化迎神吉时，家家户户请回财神，供奉财神像，焚香，上供品。祭祀财神时边行礼边诵祝词：“香红灯明，尊神驾临，体察苦难，赐富百姓，远离穷魔，财运亨通，日积月累，金满门庭。”南方敬祭财神供品的内容特别讲究，供品共分三桌：第一桌为果品，有广橘，暗示生意门路广阔；第二桌为糕点，多用年糕，寓意年年高升；第三桌为正席，有猪头、全鸡、全鸭、全鱼等等，这是六畜兴旺、招财进宝、鱼跃呈祥的吉意。海南岛虽属南方之地，但海南人在春节敬祭财神的方法，与上面介绍的南方地区的做法有较大的区别，一般都是在大年初一凌晨选择日合时或贵人时迎财神，具体做法是：先在神桌上点燃鸡腿状的大红蜡烛、焚香、上供品（糖果、饼干、金果、柑橘等），迎财神行祭礼时，只有求财心理暗示，没有念祝词，行祭拜仪式后，接着燃放鞭炮。五指山市的黎族同胞迎财神的方法，与汉族的做法也有较多的区别。总之，在全国各地，都有祭祀财神的踪迹。

民俗财神属多元化，因为民俗财神并非只是一个神祇的化身，而是一群神祇。也就是说，财神是一个多元化群体，是来源于不同时代的各种神的大集合。民间各层次的人，在财神身上寄托的期望与祈求有相同的地方，也有不相同的地方，因此产生了不同财神爷的形象。

由于财神能赐人财帛，给人类带来美好的生活，所以财神成为人们心中最敬爱的神祇。由于财富的来源渠道不同，有正财和偏财之分。正财神，就是民间供奉的天宫武财神赵公明、文财神比干、智慧财神陶朱公范蠡、义财神关羽（也称武财神）、福神德财神土地公等；偏财神，就是财神爷的左右胁侍，如招财童子、进宝童子、迎祥童子、纳珍童子、财神爷的神骑——黑虎将军、三脚蟾蜍等。

除了正财神和偏财神外，还有一类被叫做准财神。这类财神尚未获得财神封号，但是由于此神能给人们带来一定的财运，承担起财神一部分职责，于是人们就将其作为财神看待，比如刘海蟾、灶公爷、沈万三、和合二仙等。如下图：

刘海蟾

灶王爷

沈万三

和合二仙

1. 天官武财神赵公明

天官武财神赵公明，是一位专司人间财富之神。世人奉祀的财神中，影响最大的当推赵公明。旧时的年画，赵公明的形象为头戴铁冠，手执宝鞭，黑脸浓须，身跨黑虎，面目狰狞，神通广大，法术高超，可和《西游记》里的孙悟空比拼，因此人们称为武财神。

民间把赵公明作为财神来供奉，主要是因为他是道教的护法四帅之一，又是张道陵修炼仙丹时的守护神。玉皇大帝（也称玉皇上帝）曾把他召到天上，封为神宵元帅，位居于护法神将之首。据《封神演义》描绘，赵公明本是"皓庭宵度天慧觉昏梵气"化生的，在峨眉山

赵公明武财神像

罗浮洞修炼成仙。到了商朝末年，周文王联盟各方诸侯，以姜子牙为帅，统率三军，讨伐暴君纣王。赵公明受纣王之托，带着两位弟子遁山急下帮助纣王战周，途中降伏一头神猛黑虎并收为坐骑。赵公明法力高强，打败了姜子牙（姜太公）麾下的几员神将，迫使姜子牙求助于陆压，寻求诛杀赵公明的方法。陆压教给姜子牙“斩魂法”，于是姜子牙夜以继日地登坛作法暗害赵公明。不久，赵公明就奄奄一息，魂归西天。姜子牙伐纣成功，当上了周朝宰相。姜子牙奉元始天尊法旨封神的时候，赵公明被封为“龙虎玄坛真君”，并改变了他原来的职责，让他只管理一些天庭的小神，手下小神有“招宝天尊萧升”、“招财使者陈九公”、“纳珍天尊曹宝”、“利市仙官姚少司”等几位掌管金钱财宝的神仙，属于财务主管之类的角色。随着《封神演义》一书的风行，人们认识到赵公明是一位掌管人间财富的神仙，便把他当做财神崇拜，又把他和手下的四位神仙合称为“五路财神”，其中赵公明就是财神爷。

2. 公正无心的文财神比干

文财神比干

比干是商朝的忠臣，天帝怜其忠贞，因其无心而不偏私，故封为财神。又因为比干是一位文臣，所以也被称为文财神。

旧时的财神有文武之分，崇文尚武的人家各有所祀，尚文的人家供奉文财神，崇武的人家敬祀武财神。文武之道，虽各有不同，但各有发财之路，古代的文财神便是比干。民俗年画中，比干的神像为文官打扮，头戴宰相纱帽，五绺长须，手捧如意，身着蟒袍，足登元宝。文财神比干的打扮与天官相似，二者的区别是：天官神志慈祥，笑容满面；文财神比干的神像面目严肃，面庞清朗。

据小说《封神演义》记载，比干是商殷纣王的叔父，是一位忠义之臣，最后被暴君纣王挖心而死。那个时候，殷纣王被九尾狐妲己迷惑，暴虐无道，荒淫失政，丧德败行，颠倒伦常，又宠信费仲和尤浑等佞臣，致使朝政腐坏。丞相比干身为纣王的叔父，责无旁贷，不时力谏纣王，但被妲己等人视为眼中钉。

一天晚上，比干应纣王之命，赴鹿台迎接群仙降临，当酒过三巡之后，他发现妲己及其被请来的神仙全是妖狐化身，于是比干暗中请镇国武成王黄飞虎诛杀妲己的妖狐族。比干还拣了一张未烧焦的狐狸制成一件袄袍，在严冬时节献给纣王，以此镇住妲己之心，使她不能安心于纣王身边。但这一做法更令妲己含恨在心，发誓要挖下比干的心，于是设下毒计要杀害比干。有一天，妲己面带病容对纣王假说自己心病复发，绞痛难当，还说小的时候曾得异人相救，若有玲珑人心一片，煎汤喝下，这病就可以治愈；若无玲珑心则会性命难保。妲己又向纣王暗示比干是一位忠贤之臣，其心必定是七窍玲珑，可以借一片来当作药吃，病愈后即还给他。纣王信以为真，立即命人急召比干。比干听闻后，既愤怒又惊恐，慌忙中打开姜子牙离开朝歌时曾给他留下的锦囊来看，内藏有符诀及救命的法术，上面是这样写的：将符烧灰入水，饮服于腹中可护住五脏六腑；剖腹摘心之后，在路途中如果见有人卖“无心菜”，你就要问：“人如果没有心会怎样？”卖菜人若答：“人若无心还能活着！”你就不会死。但卖菜人若答：“人若无心立刻就会死！”你就会死去！此时比干顾不得那么多，立即依照锦囊内暗示的方法做了。他到了朝殿上即破口大骂妲己害人误国，纣王是个彻底的昏君。骂完后便拔剑剖腹，但是他的血并没有流出来，比干将手伸往腹内把心摘了出来，掷在地上，掩住衣袍，一句话也不说，他一言不发，骑马飞奔跑了好几里路，忽然听见一个妇人大声叫卖“无心菜”，比干立即勒马问道：“人如果没有心会怎样？”妇人回答：“人若无心立刻就会死！”比干顿时大叫一声，血如泉涌，一命呜呼了。

比干被人尊奉为财神的说法是：第一，民间传说比干因服了姜子牙的灵丹妙药并未死去，而是隐姓埋名来到民间散发财宝。比干生性耿直中正，公正无私，心被挖后成了无心人，还在民间给百姓布施财宝，正是因为他无心无向，办事公道，所以被后人奉为财神；第二，姜子牙助周灭纣成功后，奉元始天尊的法旨封神，比干被封为“文曲星君”。从此以后，在科举年代里，大多数读书人均以考取功名为重，而财禄富贵都从科举中去求取，因此奉比干为“文财神”。庙坊间的文财神像大多以“福星、禄星、寿星”作为吉星组合，成三星拱照之势，寓意福禄寿齐全。禄星即是文财神比干，其造型仪容慈祥，眉扬目秀，唇红齿白，两耳垂珠，五绺长须，头戴顶级文官帽，身穿紫缎锦罗官袍，腰环金银玉带，手捧元宝财帛，脚穿官靴，位于福寿两星中间。

3. 忠义财神关羽

义财神关羽，就是以忠诚信义为资本的关公。义财神，也称为武财神。

关羽做人忠诚，很讲信义，因此极受商人重视。中国商人经营生意，向来讲“信用”、“信义”，为了证明自己做生意是“货真价实”，故以关羽为榜样而祀奉他。一些商人总希望合作伙伴以诚实的态度和自己合作经营生意，都信奉关帝君，祈求合伙人不要因贪而乱。但有些以拳头打斗来讨生活的人，也都敬佩关羽的义气，很欣赏他过五关斩六将的英勇行为，因此都拜祀关羽，想借以鼓励自己。在中国、新加坡、马来西亚，甚至凡有中国人的地方，都可见到人们祭拜关帝的踪迹，都希望以义生财，故把关帝称为义财神。

关羽是三国时期蜀国大将，“桃园三结义”中的老二，也称“关圣帝君”，简称“关帝”。北方又把关帝称为“关老爷”。

在中国，关羽是一个家喻户晓、妇孺皆知的人物，本为道教的护法四帅之一，当代道教主要把他当作财神来供奉。从近代以来，越来越多的人把关公作为全能保护神、行业保护神和财神。《民间新年神像图画展览会》的作者说：“关公被人视为武神、财神及保护商贾之神。人遇有争执时，求彼之明见决断。古时人们又向彼求雨，又可求病人药方，被人视为驱逐恶鬼凶神之最的有力者。”

据《三国演义》载：关羽因憎恨恶豪倚势凌人，于是杀死恶豪，后奔走江湖。东汉末年，与刘备和张飞“桃园结义”，誓共生死，同起义兵，争雄天下。建安五年，曹操出兵大败刘备，刘备投靠袁绍。曹操擒住了关羽，看中了关羽勇武绝伦且为人忠义，于拜他为偏将军。后来，曹操察觉到关羽并没有久留之意，便用高官、美女和大量金银珠宝来收买他，但关羽丝毫不为钱财、美色和名利所动。当关羽得知刘备在袁绍处后，立即封金挂印，过五关斩六将去寻找刘备。刘备自立为汉中王后，封关羽为五虎大将之首将。曹操得知后非常愤怒，与司马懿合谋，联合孙权共取荆州。刘备拜关羽为“前将军”，让关羽都督荆襄郡事，并令关羽攻取樊城。关羽在攻取樊城时，不幸中了东吴吕蒙之计，痛失荆州，夜走麦城，兵败被擒，不屈而亡。

关羽遇难后，阴魂不散，荡荡悠悠，到荆州当阳县玉泉山的上空大呼：“还我头来！”。山上的老僧人普静听见后，对他说：“今非昔比，一切都不要说了……今天你被吕蒙所害，就大呼‘还我头来’，那昔日被你杀害的颜良、文丑等人的头，他们去向谁索要呢？”关羽听后恍然大悟，于是皈依了佛门。

据史书记载：关公战死后，东吴派人将其首级斩下，送至魏都城洛阳，曹操将其厚葬于洛阳城南面二十里的地方，并建造“关林庙”纪念其忠义与勇敢。自古就有“关公头枕洛阳”之说，因此洛阳的

“关林庙”香火不绝。古代统治阶级从封建道德的角度出发，大肆宣扬关公的忠孝节义，使民间对关公的信仰在较短的历史时间里蓬勃发展，庙宇不断增多，全国建造关公庙的数量曾经超过二十万座。

关羽一生忠义勇武，坚贞不二，受到佛、道、儒三家的崇信。明清时代，关羽极为显耀，有“武王”和“武圣人”之尊，由此关羽被世人附会成为具有司命禄、治病除灾、驱邪避恶等全能法力，民间各行各业对“万能之神”关帝顶礼膜拜。人们之所以奉关公为财神，大概是因为关羽不为金银财宝所动，与一些世间贪利之徒形成鲜明的对比，尤其是商贾们都敬佩关公的忠诚和信义，希望关公作为他们发财致富的守护神。另外，人们希望商贾坚守诚信进行交易，把关公奉为公证人，来维护传统的道德秩序。

在民间，关公是位武财神，又是义财神，是保护商贾之神。关帝庙里抽的签最准、最灵验，不少文人都十分崇拜，也吟诗推波助澜。明清两代全国关帝庙多如牛毛，清乾隆时期，仅北京就有二百六十多座。现在民间对关帝的信仰又进入了新阶段，出于市场经济的需要，国内外崇拜关财神的人越来越多，供神的场所除了道教宫观，还有佛教场所和商业场所，乃至家中都可以看到各色各样的关公神像。据统计，目前北京已有一千多座关帝庙；小小的台湾省有一百六十八座关

站立式忠义财神关帝神像

看书关公神像

帝庙，新竹县后山普天宫的关羽神像连同台座高达四五十米；新加坡等海外有华人的地方大多供有关帝神像，把他视为义气的象征，更是保护神和财神。

4. 福德财神土地公

土地公就是福德财神，其职能之一是保护本区生灵的安全和财产。土地神职位虽小，但其权力覆盖广宽。

福德财神土地公与土地婆像

古代称福德财神为“社神”，俗称“土地”、“土神”、“土地神”、“土地公”、“土地爷”、“土地财神”、“福德爷”、“福德正神”，其配偶则称“土地婆”、“土地奶奶”。土地公就是地方的护卫土地的神仙，他的功能是造福乡里，施德百姓，因此又称为“福德正神”或“福德财神”。土地神是民间最普遍供奉的神祇之一，是殿观、墓园、山林、城乡、村社、店铺、住宅等的守护神，其职能除了保护本区生灵的安全和财产外，还管治阴间的鬼魂，故对各地区民生的影响力较大。在中国，土地庙散布于各地，甚至每家每户都供奉土地公，祈求衣食无缺、福泽无恙，多遇贵人，财源称心等切身愿望。相传，懂得法术的相士，可以运用符咒施法，召请土地神为他们办事。

土地神，是掌管九州大地土地事宜实权的神明。据《左传》和《礼记》记载：土神即是句龙，是炎帝十一世孙共工氏的儿子，他辅佐颛顼平定九州，能管理有关土地事宜，便做了颛顼的土地官，死后被封为上公。古人认为，凡是有人烟的地方，必祭土地神。

据民间传说，人死后头七日，土地神派遣属下境主的土地小神，执招魂幡引领亡魂入地狱，接受阎王或城隍的审判。如死者在生前是个有修行、积德、行善的人，可以得成仙成神的果报，可以投生人间享受富贵；如果死者在生前作恶多端，就要入地狱受刑罚，以还在世的孽债，当刑满后才能轮回转世。

5. 招财进宝的偏财神——五路财神

民俗财神中的偏财神，与正财神一样，职司金银财宝、迎祥纳福。民间所谓的正财神是文武财神，在正财神之外，还有偏财神，这是按财神所在的神像位置而言的。

民间所说的“五路财神”是指“五路神”的财神。在《封神演义》中，五路财神指的是赵公明元帅、招宝天尊萧升、纳珍天尊曹宝、招财使者陈九公和利市仙官姚少司。五路是指东南西北中五方，意为出门受五路财神保佑可以得好运、能发大财。五路财神都是吉祥神，也是民间吉庆年画中常见的形象，他们深受人们的爱戴和崇拜。

每年正月初五是五路财神的生日。要迎接五路财神，须于初四日晚上举行迎神仪式，准备果品、糕点及猪等祭祀用品，请财神喝酒。主人手持香烛，分别到东南西北中五方财神方位迎接财神。五位财神接齐后，拜毕，焚化财神纸马。到初五凌晨，主人先打开大门，向财神表示欢迎，燃放鞭炮，祈求一年“生意兴隆，财源茂盛”。接着，一家人聚在一起喝路头酒，一直喝到天亮。

《封神演义》中有记载：利市仙官本名姚少司，是大财神赵公明的徒弟，后被姜子牙封为迎祥纳福之神。所说的“利市”包含三层含义：一是指做买卖时得到的利润；二是指吉利和运气；三是指喜庆或节日的喜钱（压岁钱等）。“利市”在俗语中是得财走运的意思，如人们常说“讨个利市”。古人说的“利市三倍”，是形容做买卖生意能获得厚利，此言出自《周易·说卦》：“（巽）为利市三倍。”意为做生意的都想“获利三倍，乃至三十倍、三百倍”。因此利市仙官受到了民间，尤其是商人的欢迎，每逢农历春节，人们都会将利市仙官像贴在门上，以图吉利、招财进宝。人们信奉他，是希望得利市财神保佑生活幸福美满，万事如意。到了当代，每逢春节，人们（特别是商人）在把利市仙官图画贴到门上的同时，还配以“招财童子”，且对联写道：“招财童子至、利市仙官来”，祈求财源广进、吉祥如意。

二、佛教财神

佛教财神很多，下面给读者介绍一些常见的佛财神。

1. 弥勒佛——化身布袋和尚

弥勒佛发愿要给予一切众生安乐，使人们得到更丰厚的财富、更深层的心灵，以及更安逸的生活环境。

弥勒，意译为“慈氏”，是慈悲为怀的意思。佛经中，慈悲就是除去痛苦，给予欢乐。弥勒是姓，名为阿逸多，意为无能胜。弥勒生于古代印度南天竺一个大婆罗门家族，大婆罗门在印度是高贵的种族。弥勒与释迦牟尼佛祖是同一时代的人，释迦牟尼佛预言弥勒菩萨将来会继承自己的衣钵，示现世间，教化众生，同时还预言了弥勒将会先于佛陀离开这个世间，全身释放紫色金光，上升到弥勒净土——兜率天。兜率天是佛教欲界中的天界，意译为“妙足”。兜率天分为内外两院，内院是弥勒居住的欲界净土，外院是诸神的公园。兜率天虽然在欲界，但由于受弥勒愿力的加持变得庄严神圣，四周散发着怡

五路财神像

人的香气，财宝与甘甜的清泉从洁净的地上涌出；如意的果树香气四溢，树上挂满衣物和财宝，可随意取用；地上长出没有稻壳的稻米，金银珠宝更是铺满各处。

由于弥勒能赐予世人无限的财富与福禄，又是未来佛，因此信众很多。在我国，信众对弥勒佛的信仰也是由来已久，弥勒的传说更是世人皆知。五代后梁时期，在浙江奉化有一个胖和尚，是明州（今浙江宁波）人。他的形象十分特殊，身体矮胖而且袒胸露腹，手里经常提个大布袋，所以人们都叫他布袋和尚。平时，他总是笑呵呵的，经常帮人预测未来吉凶，给穷苦心善的人们施予财富。有一天，布袋和尚盘腿端坐在奉化岳林寺庙前的磐石上面，口中含着偈语说："弥勒真弥勒，分身百千亿；时时示世人，世人自不识。"说完这句偈语后，便安然圆寂了。人们联想到他平日的言谈举止，认定他就是弥勒佛的化身，来到人世间度化众生，于是就按照他的外貌形态特征，塑造了现在的弥勒佛像。明代，明太祖朱元璋曾下令，让全国寺院都造大肚弥勒佛像，放置在天王殿中。慈眉善目，笑口常开的大肚弥勒，一直被中国的佛教信仰者供奉至今，并影响到东南亚一带的国家和地区。

铜造镀金弥勒坐像，面部的表情塑造细腻，写实逼真，神韵生动，笑口常开，弯眉细长，双目微启，鼻翼宽阔，大耳垂肩；双手扶膝，袒胸露腹，右手轻捻佛珠，左手紧握乾坤袋；身披袈裟，衣纹流畅，衣缘刻饰花纹美观。如右图：

铜造镀金弥勒坐像

2. 功德智慧像大地中的宝藏——地藏菩萨

地藏菩萨是诸微妙功德伏藏，俱诸解脱珍宝，能使五谷丰盛，获得福德和财富。

地藏菩萨，也叫做地藏王菩萨。顾名思义，是指潜伏在大地的一块宝藏都是地藏。藏，就是宝藏或储藏之意，地藏的意思是如同大地一样能承载万物，藏着无数财宝资源，包含着无数善根种子。《地藏王菩萨十轮经》中说："安忍不动犹如大地，静虑思密知秘藏"，意思是说地藏菩萨的忍辱第一，像大地能承载万物一样接纳所有污秽，把一切罪业给予他，他都能欣然接受，宁愿承载一切众生的种种罪业；静虑则是说地藏菩萨具有不可思议的禅定智慧，具足圆满，地藏菩萨不但具有高尚的德性，还能背负众生的所有苦难，遍知一切秘藏与佛法的秘密法要，因此称其为地藏。

地藏菩萨塑像

在中国，信奉地藏菩萨的信众很多，位于安徽省青阳县西南部的九华山，就是全国最大的地藏菩萨道场。每年七月，都有不少信徒从全国各地来到九华山，在佛塔下膜拜，甚至虔诚地通宵达旦为地藏王菩萨守塔。

在人世间，我们的工作、生活、职业都与大地紧密相连，信奉和修持地藏菩萨，能够使世人具有无尽的财富和福缘，不但能使愿望圆满，而且身体也会自然地像大地一般安稳、健康。

3. 千手千眼观音

千手千眼观音能遂众生所愿，能使种种珍宝、资粮与财富增长，能使众生事业成功，乃至菩提成就。

千手千眼观音，又简称千手观音、大悲观音。千手观音能破除地狱道众生的三种障碍，施与财富、安乐众生。

据密宗经典《千手千眼观世音菩萨广大圆满无碍大悲心陀罗尼》中记载，观世音菩萨在过去无量劫中，他跟随如来修行菩萨道，闻听如来宣讲"大悲心陀罗尼"，并发誓言，要使一切众生得到利益和安乐，不度尽众生誓不成佛。于是，他用了无量劫的时间从地狱道、恶鬼道、畜生道、人道中超度众生无数。当他从天界回来时，惊诧地发现地狱道众生丝毫没有减少，他悲叹自己的力量和智慧的微弱，开始怀疑自己的誓言，顷刻间他的身体炸裂。他凭借仅有的一点力量和信念，向诸佛祈求。这时奇迹出现了，在无数诸佛菩萨的加持下，观音菩萨被炸碎的身体再次聚拢成形，全身长出千手，每一种都长有一眼。顿时十方大地全然震动，十方诸佛放射出超过日月的强大光明，诸佛如来以金色手为其摩顶，号称千手千眼观音。

千手千眼观音

观音菩萨再次发出大悲誓言：我将为一切众生做大利益，千手护众生，千眼观世间一切事物，度一切众生，广大圆满，没有障碍。

在家中供养千手千眼观音菩萨，可以得到消灾、增财、敬爱、降伏四种成就法。特别是安观音像于家宅的延年位上，不仅可以增财、消灾，而且还可以延年益寿。如坐西南向东北的住宅，可以在家庭中西北方延年位上安观音像。

大慈悲观音的圣像有：两臂观音、四臂观音、十二臂观音、十八臂观音、三十八臂观音、四十臂观音、四十二臂观音、四十八臂观音、七十四臂观音等等，这些都是千手千眼观音菩萨的简化形式。

4. 如意轮观音

如意轮观音，意译为振多摩尼，音译为如意珠轮，因手持如意宝珠和轮宝，故名如意轮观音。如意轮观音，能破除天道

如意轮观音像

众生的三道障碍，能使众生获得资财、富贵。如意轮观音势利威德得以成就，并具足资粮、福德慧解，深受众人爱敬。

如意轮观音一手持如意宝珠，象征拥有世间的一切财宝，并施予众生；一手持金轮，象征能转动一切妙法，并能广度众生。如意轮观音多为坐像，有两臂、四臂、六臂、八臂、十臂、十二臂等多种坐像，比较常见的是六臂圣像。

5. 准提观音

准提观音，能守护众生远离一切灾障，并使之得以增财、增禄和长寿。据说，准提观音常来世间，摧毁一切众生的惑业，施与众生财宝和财缘，并能使众生消灭罪障。诵其真言，能远离贫苦，获得财富，令夫妇和睦，还能止小儿夜啼。准提观音的功德广大，因此备受信仰，尤其是妇女。

准提观音像

准提观音的形象为二臂至八十四臂等九种，结跏趺坐于出水莲花上，下有二位龙王支撑，显示其功德无量，能消除一切苦厄、获得财富，增进福德智慧，使众生延年益寿。下图是清代北京绢画准提观音像：

此准提观音塑像为三目十八臂准提观音像，结跏趺坐于莲花座上，面部与手足渲染精致，立体感极强；中间两臂合掌，其余十六臂持剑、斧、螺、瓶等法器；下有水花波浪，有极为精细的描金纹样，身光底色涂金，上绘五色波纹状光芒，金光灿烂。

6. 金刚童子——阿弥陀佛的化身

金刚童子是阿弥陀佛的化身，可以使众生远离灾祸，求得财宝财源。

对于阿弥陀佛，人们都非常熟悉，从前的僧人见面总要互道一声

“阿弥陀佛”，因为佛教徒都坚信，只要一心一意地念诵阿弥陀佛的法号，在他的宫殿中就会长出一朵莲花，上面写着自己的名字，到临终前，阿弥陀佛就会用这朵莲花来接引自己到达西方极乐世界。

金刚童子像

如果世人们供奉金刚童子，并修持金刚童子法，可以得丰富的财宝，增益财富，还能避鬼怪，远离灾祸。

第三节　安神佛的方位

一、神位佛坛的坐向

坐向是风水学中一个专用的名词概念，风水学分为形势派和理气派两大流派，聪明而严格的风水师，二者都不会偏废，并且善于把二者结合起来，准确地推算出风水的吉凶。房屋坐向的吉凶十分重要，要判断房屋坐向的吉凶，风水师必须偏重于理气方面的吉凶准绳。一般而言，神位不是很重视坐向，只要神位坐于吉方就可以了，但是供奉诸神佛，就要讲究神佛像的坐向了，否则相当于安错了神位。

二、诸佛神位

1. 如来佛和阿弥陀佛

中国人最喜欢供奉的佛有两个：一是释迦牟尼佛祖；二是经由释迦牟尼介绍给人间的阿弥陀佛。由于阿弥陀佛传下的法门广为中国佛弟子修持及宏传，故阿弥陀佛和中国人甚有缘，供奉者甚众。

(1) 如来佛

释迦牟尼佛祖

如来佛祖，也称释迦牟尼佛祖，是西方极乐世界的尊者。在西牛贺洲天竺灵山鹫峰顶上修得丈六金身。

佛经上对“如来”是这样解释的：“乘真如之道而来”、“如实而来”。即“如”称为“真如”，是绝对真理；“如来”是一个通用名词，它是“佛陀”的异名。“佛”是“佛陀”的简称，是Buddha的音译。佛陀的含义是“觉者”或“智者”。“佛陀”是古印度的字，佛教给它冠于三种含义：①正觉；②等觉；③遍觉(即自己觉悟)。

“如来”的意思是说，佛是掌握着绝对真理来到世上说法以普渡众生的圣者。如来佛祖，神通广大，法力无边，是西方极乐世界的最高统治者、最高法力神通的代表、慈悲济世修真正善的佛。佛坛坐向：坐西向东，坐西北向东南，坐北向南。

(2) 阿弥陀佛

阿弥陀佛

在家里设置阿弥陀佛的神位，必须注意方位。由于阿弥陀佛的净土在西方，就是说他的家在西方，他从居所遥看地球凡间众生，从西方望向东方。依据这个道理，阿弥陀佛神位摆设于家宅内的西方最为吉利，象征他从西方净土，垂见家宅中的所有成员，给予庇佑。坐西则必须向东，故阿弥陀佛应坐在西方，面向东方，能观尽家中每一个角落。

2. 观世音菩萨

观世音菩萨

观世音菩萨最受中国人欢迎，可以说是中国第一菩萨。从阿弥陀佛的角度来看，观世音菩萨为西方净土的眷属，所以把阿弥陀佛和观世音菩萨、大势至菩萨，合称为西方三圣。观世音菩萨与阿弥陀佛一样，神位也应该是坐西向东，象征自西方极乐净土面向东方，垂看世人。在家宅内，象征垂看这个家宅的吉凶，给予庇护。观世音菩萨和中国人特别有缘份，在中国有一道场，即浙江省宁波市的全国四大佛教名山之一——普陀山，普陀山是观世音菩萨最为异象展现的地方。很多拜观世音菩萨的信众，在参访普陀山时，经常见到观世音菩萨显灵。因此，供奉观世音神位，把他的神像朝向自己的普陀山道场，查看中国地图，依据家宅的位置来比对普陀山的方位，就可以定出最佳的观世音菩萨神位的坐向。如果不以上述两个原则来立观世音菩萨的神位，就算为安错了神位，不过观世音大慈大悲，不会对这个问题斤斤计较。

3. 药师佛

药师佛是大医王，虽然供俸药师佛的人较少，但他是甚为灵验的一位佛。在家宅中的天医位供俸药师佛，利于除病、保障身体健康和消灾延寿，也可以求取世间资财，以获得身心安全。药师佛（也称叶师佛）是东方佛，他的一方净土位于东方。敬拜药师佛的弟子死后，药师佛会引领自己的弟子，带弟子们往于该处。因此，东方是药师佛的家，他自东方居所垂向西方，俯察凡间众生吉凶，施法加持。依上述常理，药师佛神位必是坐东向西，没有其他选择，若安于其他坐向，则都算安错了神位。

在我国的封建社会时期，地位是最尊贵的人就是皇帝。金鸾殿是皇帝的坐位，只要我们弄明白皇帝的坐位和大门口之间的关系，就会明白应该如何确定神位和门口的关系了。古代皇帝的龙座，必是坐后向前，正正对着大门口，所有从大门进入大殿的臣子，他都一目了然，没有遗漏；各地各级的衙门，大官吏办理案件或其他大人物都是坐后向前，正正对着衙门的大门口，没有任何例外。这是古时对尊贵官员或人士坐位的安排原则，若弄明白了这个原则的奥秘，那么就清楚了神位和门口的关系。

药师佛

从风水学理论来说，一切煞气、妖气都是从大门口进入住宅里的，因此在家中安设神位最宜把神坛在住宅的靠山位上，正正朝着大门口。这样，由神明坐镇家宅，目视四面八方，没有遗漏，能镇从门而入的一切煞气与妖魔鬼怪。赌博场、歌舞厅以及一些带有色情性质的偏僻场所，人群十分复杂，均为幽灵聚会的地方，容易招致邪魔妖孽，若在坐山方位安设神坛，神位正正向着大门口，就可以借助神明之力，压倒一切邪魔鬼怪。

神位应该正正对着大门口，人站在门外，可以遥遥的望到神位，但若受环境限制，不能达到这个要求，就把神位向着大门口的方向，即坐在住宅的后方玄武位，面朝着朱雀方，左右得青龙白虎护持，最为吉利。但若相反地把神位安在住宅的前面朱雀方位，背靠前朱雀方的墙壁，面向宅的后方玄武位，青龙白虎方位倒置，形成“倒骑龙”的情况，好像神明面壁，什么也看不到，对家宅没有多大祝福作用，神明也有心无力，以凶论。

三、煞气之方不可安神位

1. 厨房与卫生间之间的位置，凶气凝聚，不宜安神位。
2. 乌烟瘴气的位置，不宜安神位。
3. 厨房里不宜安神位；卫生间里更不宜安神位，否则全家遭殃。
4. 夫妻共同卧室里，不宜安神位。
5. 横梁之下不宜安神位。
6. 神位不宜与电视机靠得太近。
7. 神位不宜与金鱼缸一起摆放。
8. 在电器的下方，不宜安神位。
9. 在挂大时钟的下面，不宜安神位。
10. 在窗口处，不宜安神位。
11. 神位不宜和风水车摆放在一起。
12. 在住宅中的狭窄过道处，不宜安神位。

第十一章　民居故事与传说

在中国民居的特有文化中，祖先们在生活中留下了许多动人的故事和传说，经过世代的演化与流传，有些已经成为民居文化的独特景观。

第一节　“福照壁”的故事

在陕西的关中地区，农村人都喜欢在院子中建个“照壁”，有的是用全砖砌的，有的以石块为基，用青砖砌成。照壁上面有的绘花鸟山川风景画，有的刻成浮花，有的仿照名人墨字笔迹刻字装饰，但大多数只写一个大“福”字，当地人叫做“福照壁”。

这个风俗，传说是从明朝开始的。相传朱元璋推翻元朝后，当上了明朝皇帝，一些元朝遗老对新朝廷的统治不满，常常以恶言中伤朱元璋。为了维护明朝政权，朱元璋的太史刘基建议颁布法律，明文规定：凡侮君犯上者一律斩首。

明朝法律颁布后，很少有人再攻击明朝政权，也没有人敢说皇上的坏话了。

有一年春上，一个叫朱升的忠臣为了颂扬明朝的太平盛世景象，在自己的大门内砌了一堵照壁，照壁上贴了自己写的墨字“光天化日”。路过的行人看见这字样写得苍劲有力，又是颂扬当朝的，便纷纷模仿起来，朱升的字迹很快传遍城乡。有一天，朝中的大奸臣胡惟庸出外闲游，看到一个村子里家家户户的照壁上都写着“光天化日”的墨迹字样，而且下方还署有“敬临朱升书”的字样，便心里不快起来。因为在朝廷中，他的官位比朱升高，而百姓却敬仰朱升三分，自己反倒没有名气，于是他便起了陷害朱升的心。

胡惟庸回朝后，便向朱元璋暗地参了朱升一本。言说朱升对当朝不满，书写“光天化日”来诬骂朝廷，又将墨书传给城乡百姓，阴谋煽动人民造反。朱元璋听后问胡惟庸仅凭四个字断言朱升煽动百姓造反何以见得？胡惟庸说：“万岁曾在少林寺当过和尚，朱升所写的‘光天’是说万岁头顶亮得发光，可映照青天，‘化日’两字是指万岁当年过着化斋的日子。这不是揭万岁的老底吗？”朱元璋听了，十分生气，便下旨御林军三千，限在三日内清抄朱升一家及所有亲友，按法律斩尽杀绝。

这件事被忠臣刘基知道后，立即上殿保奏。在朱元璋打江山时，刘基曾出计献策，出生入死，在疆场征战，为大明王朝立过汗马功劳，刘基也是朱元璋信得过的大将。刘基与朱升也很要好，是生死之交的挚友。他冒死上殿保奏，引经据典向朱元璋说明，“光天化日”是歌颂太平世道，绝不是“诬君犯圣”。又以事实证明胡惟庸，曾经诬陷忠臣良将，欺君哄圣，阴谋扰乱朝纲的罪恶行为。朱元璋听了刘基之言后，认为说得有理且有事实依据，便道：“胡惟庸胆大包天，敢在朕的面前玩儿戏！”于是传旨将胡惟庸满门抄斩。

除掉了胡惟庸家族，大明法律更得民心，百姓以为朱升全家及亲友幸免一死是老天爷降福的，因此将照壁上的“光天化日”墨字改为“福”字。

第二节　影壁的传说

在古代很早的时候，河南社旗地区出了一个巧手泥巴匠，名叫王得财。王得财不仅手艺好，又是个孝子，人们对他都格外尊敬，不管

给谁家盖房子，主人总要尽力好好招待他。

有一天，一个姓赵的人请他盖房子，王得财临走时给母亲磕头请安，才随那个姓赵的人上路。最初，赵家人对王得财的招待十分大方，顿顿饭菜都少不了鸡鸭鱼肉，王得财心里很欢喜。但后来却有了变化，王得财留神观察，无论是早晚的哪一顿饭，都没有鸡大腿上桌，顿顿让他吃蔬菜和啃鸡骨头。他越想越生气，就想撂下活儿回家，但又觉得这样一走没有道理，会对不起主人，又会被人家说自己贪吃喝，没有出息。于是，就没有走，忍着气继续把房子盖完。

房子盖得很快，到了安房脊的时候，王得财想起师父说过：盖房子时，若在房脊的缝里放一个手推小车的泥巴人，就会使主人家慢慢变穷。在盖房的后半段日子，总觉得主人招待不好，王得财心里有气，就暗地里捏了一个手推小车的泥巴人，安在房脊的夹缝里。

盖房完工了，主人支付了工钱，又递过一个瓷坛说："王师傅，我看你是个大孝之人，家中老娘年纪大了，应该补养身子。这坛子里有几十个鸡大腿，你带回家去给老娘捎个心意吧！"王得财一听这话，突然间脸上全红透了，他明白了自己错怪了主人家。他心里反悔地想，倘若那个泥巴人真的把主人家搞穷了，那么自己就成了一个没有良心的人，要是当着主人的面把房脊里的推车泥巴人扒出来，又不好看，只有使个破法才是上策。想着，想着，王得财不接东西，在院里转了一圈，然后对主人说："赵大哥，我看你家这么大的院子，又大门冲二门的，实在不好看，干脆把剩下的砖头全部用上，再垒个影壁墙吧！"主人很高兴地接受了王得财的说法，于是王得财就动起手来，拿出十二分手艺，把影壁墙垒得又结实又好看。王得财心想，有了这堵墙，小车就推不出大门了，主人家也就不会破财了。

王得财的做法，主人家不知道其原因，看了影壁墙既能遮挡门户，又美观大方，还夸王得财是个巧手鲁班呢。

后来，人们见影壁墙确实有很大的好处，就在自家盖的房屋院子里垒上一个，你垒我也垒，渐渐成了风俗，甚至越传越远。当今社会里，人们在自己房屋的客厅中设置玄关，就是由影壁墙演化而来的，主要用于化解来自室外的直冲气流形成的煞气，保护宅气的安静，防止宅内旺气外泄，达到避凶趋吉的效果。

影壁墙

第三节　泰山石敢当的传说

在我国河北省的农村，常常见到刻着“泰山石敢当”字样的石碑。据老年人说，这是镇宅石，有驱鬼避邪的功效。

很早以前，泰安府有个王员外，老两口年过半百，只养一个独生女儿。女儿自幼三门不出，二门不上，整天在家学诗作文，又温柔孝顺，父母爱如掌上明珠。女儿到了二十三岁那年，还没有出嫁，王员外要她招一个倒上门的女婿，但都因高不成、低不就未能如愿。在这年的正月十五日那天，泰安城里元宵灯节办得特别红火，姑娘第一次和左邻右舍姐妹们一起去灯市观灯。灯市上的花灯五光十色、鲜艳夺目，街头巷尾接连不断地点燃鞭炮。突然，一声如雷的大礼炮响了，把对面一辆骄车的辕马震惊了，马拖着轿车四处狂奔乱跑，众人惊恐万状，左躲右闪，此时王姑娘被吓得一头晕倒在地。当她被人扶起后，举止离奇，言语癫狂，变成了一个疯子。

老两口看到女儿这个模样，真比挖心摘肝还要难受。四处求医问药，但是不见好转。邻居们为王员外想出个办法：在方圆几十里的城乡遍贴求医告示，告示上写明，如能治好女儿的病，愿以家产一半奉敬，若是未婚男子，愿将女儿许为婚配。

泰山脚下住着一个青年石匠，他诚挚厚道，乐于助人。原来，元宵节那天，同居村里的财主叫长工套车，随他的女儿去观灯市，但因长工的心病发作，不能随同其女儿套车上路，特来邀请好友石匠替自己赶车。石匠答应替他赶车，哪料灯市上车马受惊后四处乱跑，把王姑娘吓得昏倒在地，石匠也不知道她伤着没有。事情发生后，虽然没有人来找麻烦，但心里总是感到内疚。石匠见了求医告示后，心情很不平静，他突然想起父亲临终前交给自己治疗疯病的秘方，便找出来看了又看，想了又想，然后直奔王员外府里来了。

王员外见这个青年衣着简朴，谦恭敦厚，不像江湖骗子，便热情接待并讲述了女儿得病的经过。石匠暗里明白了，果然是自己赶车失误肇下的祸端。于是，石匠叫把病人扶出视诊，但见那姑娘散发披头，面黄肌瘦，呆呆地目视窗外，悲哭诉道："奴已死去多年了，怎奈阎王不收屈死之鬼，害得我尽在灯市游离，快快替我祈祷上苍，也好早日归阴，免得再受马踏车碾之苦。"石匠说："小姐善良贤惠，文质彬彬，只是过于懦怯，一次灯市受惊，就以为自己长辞人世了，你不是还好好的吗？你的二老堂前还需要你尽孝心呢。我家里有祖传镇惊丹，到时候给你服上一剂，可保你痊愈。回房休息去吧！"

姑娘进房休息后，石匠吩咐王员外，一面找几个姑娘哄着女儿三天三夜，不让她睡觉；一面在后院挂上百盏彩灯，备上百面鼓和百面锣，还有百串鞭炮；再请一百名男女，从中选出一名文静标致的女子，衣着古香色清，朴素淡雅；到了第四天，姑娘已经困极，可让她睡觉，晚饭后在后院里要把一切布置妥当，就像真灯市一样。王员外按照石匠的吩咐，一切都安排妥当了，石匠赶来马拉轿车，叫被选定的那个文静的女子坐在轿车里，又叫王员外把疯姑娘抬到后院。一切都准备就绪，石匠把长长的马鞭在空中一甩，顿时鞭炮声震天，锣鼓齐鸣，把疯姑娘从梦中惊醒。这时灯火辉煌，众人喝彩，炮声震天响，轿车猛奔过来，在病人身边不远的地方停下来，车上飘飘然地下来一个天仙般的女子，站到王姑娘面前，细声细气地说道："上次惊车，使姑娘受惊得病，现特送来石氏祖传灵丹，姑娘服下便可痊愈。"说罢，捏起一个小红纸包，交给王姑娘，便袅袅上车去了。王姑娘如大梦初醒，她感到眼前灯市并不可怕，所有的人都对她很和善，送药的天仙更使她感激。半年来，她第一次露出笑容，向护在身旁的母亲和邻居姐妹说："我要回家吃药，我要回家。"从此，王姑娘的病被完全治好了。

王员外招了石匠为上门女婿，举行婚礼那天，左右乡邻和四方亲友都来庆贺。从此以后，石匠给王姑娘治病的事像长了翅膀一样传到外乡府，前来求医的人源源不断，使得石匠忙得接应不过来。于是，石匠就想出一个办法；在石块上刻写"泰山石敢当"五个字，求医的人来了就给他一块，就像自己亲自到病人家一样。

泰山石敢当

原来这位石匠就是姓"石"，名字叫做"敢当"，居住在泰山脚下。石匠去世后，人们就自己动手，在石块上刻"泰山石敢当"五个字，把石碑嵌在自家的屋墙上。这样，一代一代地传下去，刻有“泰山石敢当”这五个字的石碑，竟成了防病祛邪和平安吉祥的标志了。

第四节　八卦村的传说

近几年来，国家一级文物保护单位、全国最大的诸葛亮后裔聚居地——浙江省兰溪市诸葛村，以其神秘文化与文物古迹，引来了无数海内外游客，成为浙江旅游的热点。

南宋末年，诸葛亮二十世孙诸葛狮迁居浙江兰溪。为了纪念先祖诸葛亮，他按九宫八卦阵图式精心设计，构建了“诸葛八卦村”。村落布局十分奇巧罕见，高低错落有致，气势雄伟壮观，结构精巧别致，空中轮廓优美。它是自古以来的中国第一奇村。

位于诸葛村九宫八卦图中心的钟池，一半水塘一半陆地，两面各设一口水井，形成具有象征意义的鱼形太极图。钟池周围构筑的八条弄堂向四周辐射，使村中的所有民居自然归入坎、艮、震、巽、离、坤、兑、乾八个方位。村外有八座小山环抱诸葛村，构成天然的外八卦阵形。当游客步入村中纵横交错的古巷时，产生似连非连、半通不通、曲折玄妙之感，感悟到杜甫的“功盖三分国，名成八阵图。江流石不转，遗恨失吞吴。”的内涵。

据传，在明清时，诸葛村有18座厅堂，18口井和18条主巷，阴阳相克，祥瑞气升。至今，八卦村保存完好的有大公堂、丞相祠堂、大经堂、崇行堂、春晖堂、文与堂、燕贻堂、敦多堂等11座大厅堂。村民中流传“不为良相，便为良医”识草用药蔚然成风，医药高手名士众多，广开药行遍布全国各地，天一堂与大经堂便是其中之一二。此外，还有清代乾隆御题的“文成药行”等。更为可喜的是，他们始终保存着善良质朴的民风，在村陌街巷，游人可以随意进入农家歇脚聊天，赏花观景。不到诸葛村，就不会明白这个聚居着4000多名诸葛后裔的村庄包容的内涵。

中国第一奇村有三奇：

一奇是全村绝大多数村民都是1700多年前蜀国宰相诸葛亮的后代。换句话说，满村人几乎全是姓诸葛，或是嫁到诸葛家的妇女，只有极少数不是诸葛家族的成员。

据中国全国第七次诸葛亮学术研讨会（1993年10月13日在诸葛八卦村举行）时的统计，全国诸葛亮的后代共约16000人，单单一个诸葛八卦村就聚居了四分之一（约4000人），堪称全国第一。

二奇是：这个村布局精巧玄妙，从高空俯视，全村呈八卦形，房屋与街巷的分布走向恰好与历史上写的诸葛亮九宫八卦阵暗合。

三奇是：这里完整保存了大量元明清三代的古建筑与文物（最久远的距今700余年）。700多年来的朝代更替、社会动乱、战火纷飞，不知多少中国名楼古刹、园林台阁，或焚于战火，或毁于天灾，但这座大村庄却像个世外桃源，远离战火，避过天灾，躲过人祸。

从当地人讲的几件往事，便可知这样的布局具有防卫功能：1925年北伐战争期间，南方国民革命军肖劲光的部队与军阀孙传芳的部队，在诸葛村附近激战三天，竟然没有子弹炮弹落入村子，整个村庄安好无损。

抗战时期，一队日军从村外高隆岗大道经过，竟然没有发现这个村庄。只有一次是日军飞机投弹，炸毁村里一所房子。

村中建筑各家各户，面面相对，背背相依，巷道纵横有如迷宫，似通却闭。外人进村，如果没有熟人带路，往往进得出不得。据说，曾有盗贼混入，找不到出路，结果束手就擒。

据历史记载，诸葛亮的第十四世孙诸葛利在浙江寿昌县任县令，死在寿昌。他是浙江诸葛氏的始祖。诸葛利的儿子诸葛青于北宋天禧二年（公元1018年）迁居兰溪，诸葛青的一个儿子诸葛承载在兰溪传了十代，到诸葛狮举家迁到高隆（即现在的诸葛八卦村）。那是元代中期，约在公元 1340 年前后。

诸葛亮的后代，以诸葛承载这一系诸葛家族秉承先祖诸葛亮的教导，“不为良相，便为良医”，他们精心经营中医药业，所制的良药畅销大江南北，积累了不少财富。现在诸葛村的大经堂（中药展览馆），便是诸葛承载家族在中医药业成就的集中展示。

诸葛八卦村每年有两个最重要的日子，那就是农历四月十四日诸葛亮的诞辰，及八月二十八日诸葛亮的忌日。在这两个日子，全村人都要参加隆重的祭祖大典，配合大典还要举办热火朝天的庙会及请戏班来演戏。

全村是一代忠臣名相的后裔，当然都牢记先祖《诫子书》的教导，因此诸葛村的民风淳朴，村里可以夜不闭户、路不拾遗。

第十二章　四灵兽的起源

四灵兽源于古人对星辰与动物的崇拜。一些道观的山门内，一左一右有两位威武的神将塑像，左边是青龙神，叫孟章神君；右边是白虎神，叫监兵神君。他俩的职责是守卫道观山门，就像佛庙山门中的“哼哈二将”一样。

道教本有以青龙、白虎（还有朱雀、玄武）为护卫神的说法，而青龙、白虎的名目，来源于古人对星辰的崇拜。早在战国时期，我国就有了“二十八宿”和“四象”的说法，二十八宿中的东方七宿——角、亢、氐、房、心、尾、箕，很像龙的形象，因位于东方，按阴阳五行给五方配五色之说，东方色青，故古人称为“青龙”。青龙与白虎、朱雀（朱鸟）、玄武合称“四象”，又称四方四神。这四方之神，在当时已被广泛用于军队阵列，以为保护神。军队行军的时候，队伍呈“前朱鸟而后玄武，左青龙而右白虎”的列式，在旌旗上画上四兽，用来标明前后左右之军阵，用以鼓舞士气，战无不胜。前人论及其作用时说：“如鸟之翔，如龟蛇之毒，龙腾虎奋，无能敌此四物。”（《十三经注疏·礼记曲礼上》）。

青龙

白虎

道教兴起后，把青龙、白虎、朱雀、玄武作为护卫神，以壮威仪。(《抱扑子·杂应》)中述老子《太上老君》形象时称："左有十二青龙，右有二十六白虎，前有二十四朱雀，后有七十二玄武"，着实威风。从此以后，四象被人格化，还给起了名字。青龙叫"孟章神君"，白虎名"监名神君"，朱雀称"陵光神君"，玄武为"执明神君"。后来，玄武在同伴中脱颖而出，一步登天，跃居"大帝"高位而独显。老子出巡时，左右护卫的青龙、白虎出息不大，只当了道观的守门官，有时也给老子庙把守大门。宋朝时，岳阳地区的老子祠内，就有青龙、白虎二神像，替老子看门。

青龙、白虎二神君塑像，最精美者当首推武当山紫霄宫、五龙宫内的四尊。塑像高达丈余，着铠持械，威严肃穆，神态鲜明，栩栩如生，是元代著名宗教雕塑家刘元一派的传世佳作。

朱雀鸟形

"四象"即青龙、朱雀、白虎、玄武，玄武为"四象"之一。我国古人早在殷代前后，就把春天黄昏时出现在南方的若干星星想象为一只鸟形，同时把东方的若干星星想象为一条龙，西方的若干星星想象为一只虎，北方的若干星星想象为龟蛇形象。二十八宿体系形成以后，就把它们分为四组，每组七宿形成动物形象。《书·传》称："四方皆有七宿，可成一形。东方成龙形，西方成虎形，皆南首而北尾；南方成鸟形，北方成龟形，皆西首而东尾。"

到了春秋战国时期，五方配五色的说法流行后，四象就分别配上了颜色，成为东方青龙，南方朱雀，西方白虎，北方玄武(龟蛇)。从史料记载来看，我国四象最先产生，在创立四兽的同时，也创立了二十八宿。所谓二十八宿，即我国古代天文学家将黄道(太阳和月亮所经天区）的恒星分成二十八个星座，称“二十八宿”。“宿”者，指星的位次和集合体，即一撮星也。二十八宿以北斗（大熊星座）斗柄所指角宿为起点，由西向东排列，它们的名称与四象的关系为：

东方苍龙七宿：角、亢、氐、房、心、尾、箕；

北方玄武七宿：斗、牛、女、虚、危、室、壁；

西方白虎七宿：奎、娄、胃、昴、毕、觜、参；

南方朱雀七宿：井、鬼、柳、星、张、翼、轸。

四象七宿分布图如下：

东方苍龙图

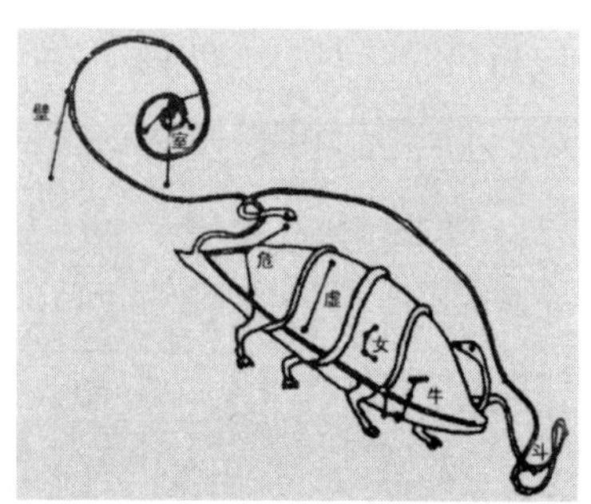

北方玄武图

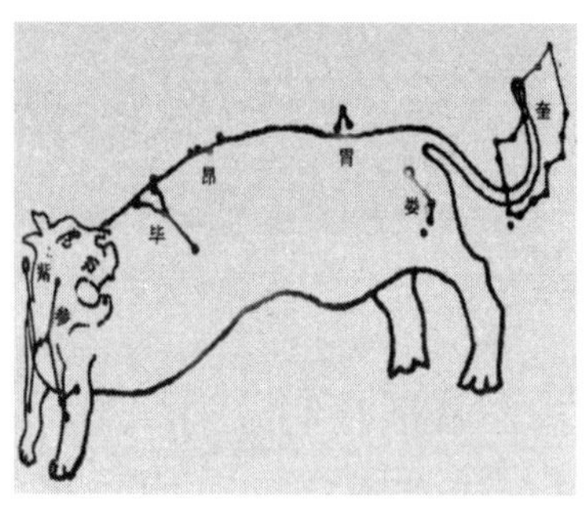

西方白虎图

南方朱雀图

古人崇拜星宿是因星体的存在和运行有着极大的神秘感，同时人们还根据星辰来确定方位和测定季节时令。二十八宿与三垣（紫微垣、太微垣、天市垣）结合在一起，成为我国古代划分天空区域的标准。二十八宿体系不仅是古人观测日、月、五星位置的坐标，而且有些星宿还用来测定岁时季节的变化，所以最初的二十八宿体系是与农业生产有密切关系的。至于二十八宿与四象相配，当与古人对动物的崇拜有关。

四象之龙、虎、雀、龟蛇，在原始动物崇拜中，都被视为灵物与神物，并成为一些部族的图腾。龙之崇拜自不待说，虎是猛兽，古人认为其能镇鬼避邪。东汉的应劭写《风俗通义·祀典》："画虎于门，鬼不敢入"，"虎者，阳物，百兽之长也。能执搏挫锐，噬食鬼魁。今人卒得恶遇，烧虎皮饮之。系其爪，亦能辟恶。此其验也。"古人还认为白虎是一种祥瑞："德至鸟兽"，则"麒麟白虎到"。朱雀即朱鸟。商族即崇拜玄鸟图腾，将玄鸟看成是自己的始祖。

至于龟蛇，也是古代有名的神灵。龟为"四灵"（龙、凤、麟、龟）之一。早在殷商时代，就已有神龟知人情、知吉凶，可充当神人之间媒介的迷信。龟之所以被神化而具有上述神性，大概在于它的身体很小但生命力却极强这一点上。《史记·龟策列传》载云："南方老人用龟支床足，行二十余岁，老人死，移床，龟尚不死。龟能行气导引。"古人可能根据龟能长寿这一特点，而引伸出其阅历长、见识多，有预知未来的灵性。

玄武（龟蛇合体）

由于认为龟有神性，故早在殷代，即用龟甲为占具来占卜吉凶。《淮南子·说林训》就说；"必问吉凶于龟者，以其历岁久矣。"

《博物志》也称："龟三千岁，游于卷耳之上"，"故知吉凶"。《史记·龟策列传》曾对占卜用龟甲作了详细描绘："神龟出于江水中，庐江郡常岁时生龟长尺二寸者，二十枚输太卜官，大卜官因以吉日剔取其腹下甲。龟千岁内满尺二寸。王者发军行将，必钻龟庙堂之上，以决吉凶。今高庙中有龟室，藏内以为神宝。"文中还谈到龟能"明于阴阳，审于弄德。先知利害，察于祸福"，能保佑胜战，以及长生不老，行气导引，使人致富等神性，竟称"龟者天下之宝也"！

有名的"河图洛书"这一典故，亦与龟有关。《易·系辞上》谓："河出图，洛出书，圣人则之。"传说伏羲氏时，有龙马从黄河出现，背负着"河图"；有神龟从洛水出现，背负着"洛书"。于是伏羲根据这种"图"、"书"画成了八卦，此即《周易》之来源。

甚至古人命名，也有灼龟观兆的习俗。屈原在《九叹》《离世篇》中，自叙其名字来源云："兆出名曰正则兮，卦发字曰灵均。"被视为茶圣、茶神的唐人陆羽，他的姓名亦由占卜而得。

早在先秦，就有人喜用"龟"取名，以象征长寿。春秋战国时，宋国有公于围龟；汉代时有际龟，朱龟；三国曹魏有刘龟；南北朝元魏有叱列伏龟；唐宋时，以"龟"命名的人更多，最著名者如唐玄宗时的流行歌曲演唱家李龟年，唐末著名文学家陆龟蒙；南宋时，有弹劾奸相秦桧的殿中侍御史黄龟年。有趣的是，南宋大诗人陆游，晚年隐居绍兴时，曾以龟壳做了一顶仅2寸高的小帽子，极其精巧。陆游晚年还自号"龟堂"，取龟之三义：龟贵，一义；龟闲，二义；龟寿，三义。"鼻观舌根俱得道，悠悠谁识老龟堂"，这正是陆老夫子晚年自适的生动写照。由此亦可看龟的声望之高。

龟还与成都城有不解之缘。成都别称"龟城"。此典见晋·干宝《搜神记》卷十三。

龟还曾与帝位、官爵乃至货币发生过关系。周时即有"龟人"这一官职，如有祭祀，“龟人”即奉龟前往，以示隆重。古时还将元龟（大龟）与九鼎（夏禹铸九鼎象征九州）合称“龟鼎”，作为传国大宝。帝王迁都，必要迁移龟鼎，故龟鼎又比喻帝位。诸侯、丞相、大将军等高官的金印常铸成龟形印纽，所以后来官印又通称“龟纽”。辞官不干了叫“解龟纽”。

早在夏时，龟贝成为货币之一，在春秋战国时还在流行。秦朝废弃，至汉朝又有龟币出现，所谓“龟币”是币上铸有龟纹，王莽时有龟币多种。

唐时，还曾以“龟袋”作为官员的饰物，三品以上龟袋饰以金，四品饰以银，五品饰以铜。唐代著名诗人太子宾客贺知章，有一天在长安城内紫极宫与李白邂逅，大喜，呼李太白为“谪仙人”，遂邀其进酒楼畅饮。不巧，当时贺知章分文未带，他马上随手解下身上所佩金龟袋，交给老板换酒喝，与谪仙人喝了个一醉方休。贺知章性格放达纵诞，与李白、张旭等狂客十分亲密，为“醉中八仙”之一。贺知章“因解金龟，换酒为乐”的典故，也成为古代文坛的一段佳话。

龟肉富有营养价值，是珍贵佳肴，龟能入药，龟版、龟龄集都是著名的中药补药。我国民间还有养龟的风气，珍贵的绿毛龟，小若铜线，清心爽目，被视为吉祥物。

龟在唐代之前，一直是走宏运，名声很好。不料自唐以后，龟的声望一落千丈，变成了个下流货色。“乌龟”成了詈人之词。这是后话。

古人对于蛇的崇拜，也是由来已久。

所以，北方玄武七宿其实并非酷似龟形和蛇形，倒是古人将所崇拜的动物形象联想附会而成。故玄武信仰是源于古代的星辰崇拜与动物崇拜。

玄武之称谓，最早见于《楚辞》中屈原的《远游》：“时暖曃其党莽兮，召玄武而奔属。”对“玄武”的解释，古人有以下几种说法。

1. “玄武”即龟。《礼记·曲礼上》云：“（军）行，前朱鸟而后玄武……”

孔颖达疏云：“玄武，龟也。”

2. “玄武”乃龟蛇。《楚辞·远游》洪兴祖补注：“玄武，谓龟蛇。位有北方，故曰玄。身有鳞甲，故曰武。”

朱熹《朱子语类》卷一百二十五：“玄，龟也；武，蛇也。”

3. “玄武”为龟蛇合体、龟与蛇交。《文选》卷十五张衡《思玄赋》曰：“玄武为龟蛇合体、龟与蛇交。《文选》卷十五张衡《思玄赋》曰：“玄武宿于壳中兮，腾蛇蜿而自纠。”李善注云：“龟与蛇交曰玄武。”《后汉书·王梁传》：“《赤伏符》曰：‘王梁主卫作玄武’。”《重修纬书集成》卷六《河图帝览嬉》：“北方玄武之所生，……镇北方，主风雨。”

综上所述，“玄武”即古代神话传说中的北方之神，其形为龟蛇相缠。至于“龟与蛇交”也着实让人奇怪。根据当代生物学理论，龟与蛇是不能交配的，犹如风马牛不相及，所以其中必有奥妙。古人认为雄龟不能性交，因而只好听任雌龟找来蛇与之交配，这大概也是后来人们称纵妻女与他人淫的男人为“乌龟”的由来。

玄武人神化。玄武是由最初的星辰神，被改造为动物神，而最终又被改造为人格神。由星辰崇拜而为人格神，是一条重要的造神之种。斗姆、太白金星、南北斗、福禄寿，乃至文昌帝君等，都是从这条路上走过来的。

最初，人们把玄武神只是看成龟蛇两种动物。龟蛇同时出现，即为玄武“显灵”。南北朝北魏太和八年（484 年）有个姓朱的老道人去游庐山，“忽见蟠蛇如堆缯绵，俄变为巨龟。访之山叟，云是‘玄武’。”（唐·段成式《酉阳杂俎·续集》卷三）

五代于狄的《灵应录》载：“沈仲霄之子于竹林中，见蛇缠一龟，将锄击杀之，其家数十口，旬日相次而卒。有识者曰：‘玄武神也’。”

玄武在宋代身价倍增，并被人格化。这与宋代诸帝推波助澜分不开。宋初太祖时，即有真武、天蓬等为天之大将的传说。宋真宗天禧元（1017年），在军营中发生了一件事。据宋·高承《事物纪原》卷七载：

营卒有见龟蛇者，军士因建真武堂。二年闰四月，泉涌堂侧，汲不竭，民疾疫者，饮之多愈。

真宗听此事，下诏就地建观，赐名“祥源”。这大约是中国最早的真武庙了。后来宋真宗封玄武为“真武灵应真君”。

玄武最初加入道教，不过最极其普通的一个小神，与青龙、白虎、朱雀常作为道教护法神，以壮威仪。